Lehrbuch der isländischen Sprache

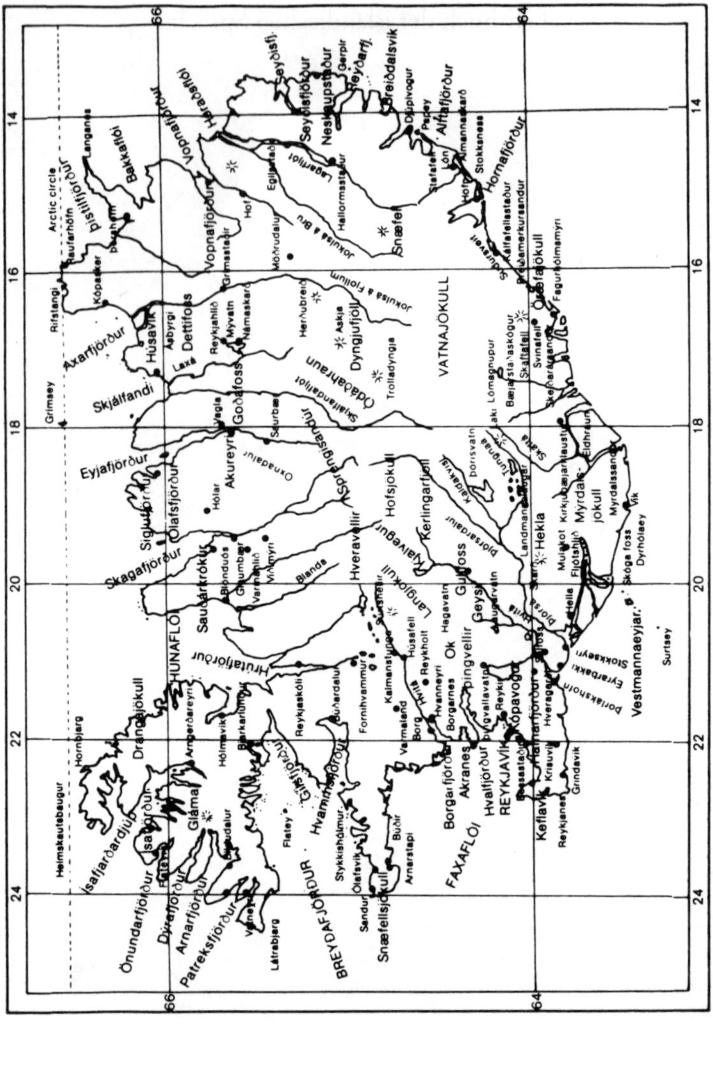


*Karte von Island*

Magnús Pétursson

# Lehrbuch der isländischen Sprache

*Mit Übungen und Lösungen*

HELMUT BUSKE VERLAG
HAMBURG

*Zu diesem Lehrbuch ist eine Begleit-CD lieferbar (ISBN 978-3-87548-473-1), auf der Aussprache- und Grammatikübungen sowie die Lesestücke zu hören sind.*

Bibliographische Information der Deutschen Nationalbibliothek

Die Deutsche Nationalbibliothek verzeichnet diese Publikation in der Deutschen Nationalbibliographie; detaillierte bibliographische Daten sind im Internet über ‹http://dnb.d-nb.de› abrufbar.
ISBN 978-3-87548-471-7

4., durchgesehene Auflage 2006

 Druck und Bindung: Druckhaus Nomos, Sinzheim. Werkdruckpapier, alterungsbeständig, hergestellt aus 100 % chlorfrei gebleichtem Zellstoff. Printed in Germany. *www.buske.de*

# VORWORT

Vorliegendes Lehrbuch der isländischen Gegenwartssprache oder des modernen Isländischen beschreitet gegenüber seinen deutschsprachigen wie auch anderssprachigen Vorgängern in mehrfacher Hinsicht neue Wege. Auf Grund seiner Erfahrungen mit anderen Lehrbüchern hofft der Verfasser mit diesen Neuerungen dem Lernenden den Zugang zur isländischen Sprache zu erleichtern.

Das Lehrbuch ist so abgefaßt, daß es sich sowohl zum Selbststudium als auch zum Studium unter der Leitung eines Lehrers eignet. Deshalb werden allen Übungen Lösungen beigefügt und Einzelheiten der Grammatik in einfacher Weise erläutert. Der Lernende sollte sich von Anfang an die Regeln der Aussprache gründlich einprägen. Leider ist es nicht möglich, isländische Rundfunksendungen auf dem europäischen Festland zu hören. Er kann daher die Aussprache nur nach Regeln lernen, darf jedoch zuversichtlich erwarten, daß ihn auch das Selbststudium zu einer annehmbaren Aussprache führen wird. Zu einer weiteren Unterstützung wurden Tonbandkassetten hergestellt.

Isländisch steht als germanische Sprache in engem Verwandtschaftsverhältnis zur deutschen Sprache. Im Gegensatz zu dieser, die sich im Laufe ihrer Geschichte sehr stark geändert hat, weist das Isländische eine viel größere Stabilität auf und hat sich seit dem 9. Jahrhundert nur geringfügig geändert. Vor allem hat sich die morphologische Struktur gut erhalten. In der Aussprache sind größere Veränderungen, die zum Teil durch die Orthographie verschleiert werden, eingetreten. Als Folge seiner morphologischen Stabilität fällt dem Anfänger der große Formenreichtum des Isländischen auf.

Die Substantive konnten in diesem Buch in 60 Paradigmen oder Flexionsmuster zusammengefaßt werden, und andere Wortklassen haben ebenfalls viele Paradigmen. Doch sollte man bei diesem Formenreichtum nicht übersehen, daß es bedeutende Regel-

mäßigkeiten gibt, die es ermöglichen, sich die Paradigmen sehr schnell anzueignen. Viele Paradigmen sind in der Tat nur geringfügige Varianten eines Haupttyps. Der Lernende wird schnell die Regelmäßigkeiten erkennen und dabei feststellen, daß die Schwierigkeiten nicht so groß sind, wie es anfangs scheinen mag, jedenfalls nicht größer als bei einer anderen Fremdsprache.
Isländisch gehört nicht zu den häufig gelernten Sprachen. Wer sich für Isländisch interessiert, wird daher in der Regel ein Einzelgänger bleiben. Obwohl Isländisch gegenwärtig nur von rd. 256000 Menschen gesprochen wird, gehört es zu den großen Kultursprachen der Erde. Wer Isländisch beherrscht, dem ist sowohl die alte als auch die neue isländische Literatur in ihrem ganzen Reichtum zugänglich. Nur ein kleiner und geringer Unterschied trennt das moderne Isländisch vom Altnordischen (Altisländischen), der Sprache also, in der die Eddagedichte und die isländischen Familiensagas geschrieben wurden. Das Studium der modernen isländischen Sprache eröffnet deshalb eine glanzvolle und eigenartige Kulturwelt, an der zwar alle germanischen Völker ihren Anteil gehabt haben, den Isländern aber die Aufgabe zufiel, dieses Kulturerbe zu retten und es vor der Vergessenheit zu bewahren.

Hamburg, Februar 1980 Magnús Pétursson

## VORWORT ZUR 2. AUFLAGE

Nach überraschend kurzer Zeit ist eine zweite Auflage dieses Lehrbuches notwendig geworden. Druckfehler und einige andere offensichtliche Ungenauigkeiten wurden korrigiert, aber das Textmaterial ist weitgehend unverändert geblieben. Fehlende Wörter im Wörterverzeichnis sind ebenfalls ergänzt worden. Die Bibliographie wurde erweitert und auf den neuesten Stand gebracht. Als besonders wertvolle Ergänzung zu diesem Lehrbuch möchte ich auf das folgende Buch hinweisen:

COLIN D. THOMSON: Íslensk beygingafræði – Isländische Formenlehre – Icelandic Inflections (Helmut Buske Verlag, Hamburg 1987)

Thomsons Buch enthält nahezu vollständige Angaben zu den Flexionen und Konjugationen der modernen isländischen Sprache und zwar synchronisch betrachtet und nicht aus der historischen (diachronischen) Perspektive wie in den meisten anderen Büchern, die modernes Isländisch behandeln. Für jeden, der modernes Isländisch lernen will, wird das Buch Thomsons unentbehrliches Nachschlagewerk und Hilfsmittel sein.

Die erste Auflage dieses Buches ist von der Fachwelt überwiegend positiv aufgenommen worden. Für folgende fünf wertvolle Besprechungen zur ersten Auflage habe ich zu danken:

1. JÓN FRIÐJÓNSSON: Íslenskt mál og almenn málfræði **3**, 159–167 (1981)
2. ANATOLY LIBERMAN: Scandinavian Studies **54**, 169–171 (1982)
3. ULRICH GROENKE: Island-Berichte der Gesellschaft der Freunde Islands, 23. Jg., Heft 3/4, S. 137–139 (1. Dezember 1982)
4. ISAO YAKAME: Nihon-Aisurando Kenkyūkaikaihō **2**, 6–8 (1982)
5. G. V. VORONKOVA: Kalbotyra **26** (3), 135–136 (1986)

Für andere wertvolle Hinweise, die ich in dieser Neuauflage zu berücksichtigen versucht habe, habe ich den folgenden Herren ganz besonders zu danken:

Herrn Dr. Owe Gustavs, Rostock; Herrn Gunnlaugur Ingólfsson, Reykjavík; Professor Anatoly Liberman, Minneapolis; Professor Sadao Morita, Tōkyō; Herrn Dr. Helmut Vogler, München und Herrn Hubert Wieczorrek, Geesthacht.

Meinem Verleger, Herrn Helmut Buske, möchte ich besonders danken, daß er keine Mühe gescheut hat, um diese Neuauflage drucktechnisch optimal zu gestalten.

Hamburg, im September 1986 Magnús Pétursson

# VORWORT ZUR 3. AUFLAGE

Nach relativ kurzer Zeit erweist sich eine Neuauflage dieses Lehrbuches als notwendig. In dieser dritten Auflage sind zahlreiche kleinere Veränderungen vorgenommen worden. Druckfehler wurden korrigiert und einige im Wörterverzeichnis fehlende Wörter ergänzt. Trotz alledem besteht kaum Hoffnung, daß alle Fehler ausgemerzt werden konnten. Für Hinweise und Bemerkungen, die zur Verbesserung dieses Lehrbuches beitragen könnten, wäre ich sehr dankbar.
Die zweite Auflage dieses Lehrbuches ist Gegenstand einer beachtlichen Besprechung von Ernst Walter in Nordeuropa-Studien **24**, 102–104 (1989). In dieser neuen Auflage habe ich versucht, soweit wie möglich, den Anregungen dieser Besprechung Rechnung zu tragen. Es war jedoch nicht möglich, alle Kritikpunkte zu berücksichtigen, da dies dazu geführt hätte, ein völlig neues Lehrbuch zu verfassen. So bleibt auch die Neuauflage weiterhin ohne einen Hinweis auf die Sprachgeschichte. Es ist meine Überzeugung, daß die effektivste Lernmethode einer Fremdsprache so weit wie möglich die inneren Zusammenhänge des jeweiligen Sprachsystems berücksichtigen sollte. Mir sind einige sehr gute Sprachlehrbücher bekannt, die nach diesem Prinzip vorgehen. Ich wollte versuchen, es in meinem Lehrbuch zu verwirklichen. Die Kenntnis der Sprachgeschichte ist sicher nützlich, aber nicht unbedingt notwendig, um die isländische Sprache der Gegenwart zu lernen.
Die Bibliographie ist um einige Werke ergänzt worden. Besonders möchte ich auf das Werk von Christine Jörg »Isländische Konjugationstabellen / Icelandic Conjugation Tables / Tableaux de Conjugaison Islandaise / Beygingatöflur íslenskra sagna« (Helmut Buske Verlag, Hamburg 1989) hinweisen, welches eine wertvolle Ergänzung zu diesem Lehrbuch darstellt. Das Werk von Jörg ist besonders gut zum Nachschlagen geeignet.
Schließlich möchte ich allen danken, die mir sowohl mündlich

als auch schriftlich Anregungen für eine Neuauflage haben zukommen lassen. Ich hoffe, daß diese dritte Auflage davon profitiert hat.

Hamburg, im September 1991 Magnús Pétursson

## VORWORT ZUR 4. AUFLAGE

In der vierten Auflage sind nur wenige Änderungen vorgenommen worden. Die Texte sind unverändert geblieben und die Darstellung der Grammatik ebenso. Im wesentlichen habe ich mich auf notwendige Aktualisierungen und das Korrigieren von Fehlern beschränkt. Die Aussprache- und Grammatikübungen sowie die Lesestücke kann man sich jetzt auf einer Begleit-CD anhören. Auffallend ist, daß in den Jahren seit dem Erscheinen der 3. Auflage recht viele neue Wörterbücher erschienen sind, die ich in die Literaturliste aufgenommen habe. Diese neuen Wörterbücher sind der Ausdruck der starken Veränderungen, die sich in Island in den letzten Jahren vollzogen haben. Island ist nicht mehr ein isoliertes Land. Zahlreiche Flüge nach Europa und Amerika verbinden es täglich mit der Außenwelt. Die Zahl der Immigranten aus der ganzen Welt, die in Island eine neue Heimat gefunden haben, ist sprunghaft gestiegen. Die Zahl der Besucher und Touristen, die das Land innerhalb eines Jahres besuchen, übersteigt inzwischen die Einwohnerzahl, die mittlerweile 295.000 erreicht hat. Diese großen Veränderungen verlangen verstärkt Kommunikation mit der Außenwelt und daher Wörterbücher und andere Hilfsmittel. Island befindet sich zur Zeit in einer Phase starker Industrialisierung, die im Land bereits zu erheblichen sozialen Veränderungen geführt hat. In Zeiten der Globalisierung hat Island als Industriestandort stets an Bedeutung gewonnen. Das Lernen der isländischen Sprache zieht daher immer mehr Menschen an und ist für viele Menschen unentbehrlich geworden. Ich hoffe, daß mein Lehrbuch all denen, die sich für Isländisch interessieren, weiterhin eine gute Hilfe sein wird.

Hamburg, im August 2006 Magnús Pétursson

INHALTSVERZEICHNIS

## Hand- und Lehrbücher des Isländischen

*Blöndal, Sigfús og Ingeborg Stemann:* Praktisk lærebog i islandsk nutidssprog (København 1959, 3. Aufl.)

*Einarsson, Stefán:* Icelandic. Grammar, Texts, Glossary. (The Johns Hopkins Press, Baltimore 1972, 6. Aufl.) [*Gut und ausführlich*]

*Einarsson, Stefán:* Linguaphone Icelandic Course – Námsskeið í íslenzku (Linguaphone Institute, London 1953)

*Eskeland, Ivar og Magnús Stefánsson:* Lærebok i islandsk (Oslo 1963)

*Friðjónsson, Jón:* A course in modern Icelandic (Tímaritið Skák, Reykjavik 1978) [*Gut, aber nicht zum Selbststudium geeignet, da es keine Angaben zur Aussprache enthält*]

*Fries, Ingegerd:* Lärobok i nutida isländska (Biblioteksförlaget, Stockholm 1976) [*Gut, aber vielleicht in einigen Teilen etwas knapp*]

*Glendening, P. T. J.:* Icelandic (Teach Yourself Books, London 1985, 10. Aufl.)

*Jónsson, Jón Hilmar:* Islandsk grammatikk for utlendinger (Málvísindastofnun Háskóla Íslands, Reykjavík 1984)

*Jónsson, Jón Hilmar:* Øvelseshefte i islandsk grammatikk for utlendinger (Málvísindastofnun Háskóla Íslands, Reykjavík 1984)

*Jónsson, Snæbjörn:* A Primer of modern Icelandic (Oxford University Press, London 1941, 2. Aufl.)

*Kvaran, Eiður S. und Fingerhut, Otto:* Lehrbuch der isländischen Sprache (2. verb. Auflage, Greifswald 1940)

*Orgland, Ivar og Frederik Raastad:* Við lærum íslenzku – Lærebok i islandsk (NKS-Forlaget, Oslo 1976)

*Polyglott-Sprachführer:* Isländisch (Polyglott-Verlag, Köln und München 1968)

*Svavarsdóttir, Ásta og Jónsdóttir, Margrét:* Íslenska fyrir útlendinga. Kennslubók í málfræði (Málvísindastofnun Háskóla Íslands, Reykjavík 1988)
*Svavarsdóttir, Ásta:* Æfingar með enskum glósum og leiðréttingalyklum við bókina »Íslenska fyrir útlendinga« (Málvísindastofnun Háskóla Íslands, Reykjavík 1989)

## Allgemeine Übersichten über die isländische Sprache

*Halldórsson, Halldór (Hrsg.):* Þættir um íslenzkt mál eftir nokkra íslenzka málfræðinga (Almenna Bókafélagið, Reykjavík 1964)
*Haugen, Einar:* Die skandinavischen Sprachen. Eine Einführung in ihre Geschichte (Helmut Buske Verlag, Hamburg 1984) [*Behandelt das Isländische in gesamtskandinavischer Perspektive*]
*Orešnik, Janez:* Studies in the Phonology and Morphology of Modern Icelandic (Helmut Buske Verlag, Hamburg 1985) [*Feine Untersuchungen zur Phonologie und Morphologie des modernen Isländischen*]
*Pétursson, Magnús:* Isländisch (Buske, Hamburg 1978)

## Grammatik

*Árnason, Kristján:* Íslensk málfræði (2 Bände) (Iðunn, Reykjavík 1980)
*Guðfinnsson, Björn:* Íslenzk málfræði (Ísafoldarprentsmiðja, Reykjavík 1946)
*Guðmundsson, Valtýr:* Islandsk Grammatik. Islandsk Nutidssprog (H. Hagerups Forlag, København 1922) [*Photomechanischer Nachdruck, Reykjavík 1983*]
*Gunnarsson, Jón:* Málmyndunarfræði (Iðunn, Reykjavík 1973) [*Erste generativ-transformationelle Grammatik des modernen Isländischen*]

*Halldórsson, Halldór:* Íslenzk málfræði handa æðri skólum (Ísafoldarprentsmiðja, Reykjavík 1950)
*Jörg, Christine:* Isländische Konjugationstabellen/Icelandic Conjugation Tables/Tableaux de Conjugaison Islandaise/ Beygingatöflur íslenskra sagna (Helmut Buske Verlag, Hamburg 1989)
*Kress, Bruno:* Laut- und Formenlehre des Isländischen (VEB Max Niemeyer Verlag, Halle 1963) [*Sehr gut*]
*Kress, Bruno:* Isländische Grammatik (VEB Enzyklopädie, Leipzig 1982) [*Vermutlich die ausführlichste Grammatik des modernen Isländischen, die bis heute verfaßt worden ist*]
*Smári, Jakob Jóh.:* Íslenzk málfræði (Reykjavík 1923)
*Thomson, Colin D.:* Íslensk beygingafræði – Isländische Formenlehre – Icelandic Inflections. Ein Lehr- und Tabellenbuch in drei Sprachen Isländisch – Deutsch – Englisch (Helmut Buske Verlag, Hamburg 1987) [*Ein unentbehrliches Hilfsmittel für jeden, der modernes Isländisch lernen will*]

## Syntax

*Guðfinnsson, Björn:* Íslenzk setningafræði handa skólum og útvarpi (Ísafoldarprentsmiðja, Reykjavík 1938)
*Halldórsson, Halldór:* Kennslubók í setningafræði og greinarmerkjasetningu handa framhaldsskólum (Reykjavík 1955)
*Matthíasson, Haraldur:* Setningaform og stíll (Bókaútgáfa Menningarsjóðs, Reykjavík 1959)
*Smári, Jakob Jóh.:* Íslenzk setningafræði (Reykjavík 1920) [*Die beste und ausführlichste Syntax des modernen Isländischen, die bis heute erschienen ist*]

## Phonetik und Aussprache

*Bergsveinsson, Sveinn:* Grundfragen der isländischen Satzphonetik (Metten & Co., Berlin; Munksgaard, Kopenhagen 1941)

*Einarsson, Stefán:* Beiträge zur Phonetik der isländischen Sprache (Brøggers Boktrykkeri, Oslo 1927)

*Garnes, Sara:* Quantity in Icelandic: Production and Perception (Hamburger Phonetische Beiträge 18. Helmut Buske Verlag, Hamburg 1976)

*Guðfinnsson, Björn:* Mállýzkur I (Ísafoldarprentsmiðja, Reykjavík 1946)

*Guðfinnsson, Björn:* Breytingar á framburði og stafsetningu (Ísafoldarprentsmiðja, Reykjavík 1947; 2. Aufl. Iðunn, Reykjavík 1981)

*Guðfinnsson, Björn: Um íslenzkan framburð:* Mállýzkur II (Studia Islandica 23. Heimspekideild Háskóla Íslands og Bókaútgáfa Menningarsjóðs, Reykjavík 1964)

*Kress, Bruno:* Die Laute des modernen Isländischen (Schulze & Co., Berlin 1937)

*Pétursson, Magnús:* Les articulations de l'islandais à la lumière de la radiocinématographie (Klincksieck, Paris 1974)

*Pétursson, Magnús:* Aspects acoustiques et articulatoires du phonétisme islandais (Service de Reproduction des Thèses, Université de Lille-III, Lille 1974)

*Pétursson, Magnús:* Drög að almennri og íslenskri hljóðfræði (Iðunn, Reykjavík 1976)

*Pétursson, Magnús:* Drög að hljóðkerfisfræði (Iðunn, Reykjavík 1978)

## Wörterbücher

*Arnalds, Hrefna; Ingibjörg Johannesen, Halldóra Jónsdóttir:* Dönsk-íslensk orðabók (Ísafoldarprentsmiðja, Reykjavík 1992)

*Árnason, Mörður; Sigmundsson, Svavar; Thorsson, Örnölfur:* Orðabók um slangur, slettur, bannorð og annað utangarðsmál (Bókaútgáfan Svart á Hvítu, Reykjavík 1982) [*Wörterbuch über Slang im Isländischen*]

*Bergsveinsson, Sveinn:* Isländisch-deutsches Wörterbuch (VEB Enzyklopädie-Verlag, Leipzig 1967) [*Klein, aber gut*]

*Berkov, V. P:* Islandsko-russkij slovar' (Gosudarstvennoe Izdatel'stvo inostrannyx i nacional'nyx slovarej, Moskva 1962) [*Sehr gut*]

*Blöndal, Sigfús:* Íslenzk-dönsk orðabók (Prentsmiðjan Gutenberg, Reykjavík 1920-1924) [Photomechanischer Nachdruck, Reykjavík 1980] [*Gut und umfassend*]

*Bogason, Siguriður Örn:* Ensk-íslenzk orðabók (Ísafoldarprentsmiðja, Reykjavík 1966)

*Brynjólfsson, Ingvar G.:* Isländisch-deutsches, deutsch-isländisches Wörterbuch (Langenscheidt, Berlin-München-Wien-Zürich 1993)

*Böðvarsson, Árni:* Íslensk orðabók handa skólum og almenningi (Bókaútgáfa Menningarsjóðs, Reykjavík 1983) [*Einziges isländisch-isländisches Wörterbuch; sehr gut*]

*Böðvarsson, Árni:* Íslensk orðabók. Önnur útgáfa, aukin og bætt (Mál og Menning, Reykjavík 1992) [*Stark erweiterte Auflage des einzigen isländisch-isländischen Wörterbuches; sehr gut*]

*Cleasby, Richard, Gudbrand Vigfússon and William A. Craigie:* An Icelandic-English Dictionary (Oxford 1957, 2. Aufl.)

*Einarsson, Hróbjartur:* Norsk-íslensk orðabók (Universitetsforlaget, Oslo-Bergen Tromsø 1987)

*Ellertson, Björn:* Íslensk-þýsk orðabók (Iðunn, Reykjavík 1993)

*Gunnarsson, Freysteinn:* Dönsk orðabók með íslenzkum Þýðingum (Ísafoldarprentsmiðja, Reykjavík 1957, 2. Aufl.)

*Haraldsson, Helgi:* Rússnesk-íslensk orðabók / Russko-islandskij slovar' (Nesútgáfan, Reykjavík 1996) [*Ein sehr umfassendes und gutes Wörterbuch*]

*Holm, Gösta (Hrsg.):* Svensk-isländsk ordbok / Sænsk-íslensk orðabók (Walter Ekstrand Bokförlag, Lund / Almenna Bókafelagið, Reykjavík 1982) [*Ein ausgezeichnetes Werk mit einer kurzen grammatischen Übersicht, die sich sehr gut zum schnellen Nachschlagen eignet*]

*Hólmarsson, Sverrir; Sanders, Christopher; Tucker, John:* Íslensk-ensk orðabók (Iðunn, Reykjavík 1989)

*Jónsson, Jón Hilmar:* Orðastaður. Orðabók um íslenska málnotkun (Mál og Menning, Reykjavík 1994*) [Wörterbuch über Sprachverwendung mit vielen Erklärungen zu idiomatischen Ausdrücken*]

*Magnússon, Ásgeir Blöndal:* Íslensk orðsifjabók (Orðabók Háskólans, Reykjavík 1989) [*Wörterbuch zur Etymologie isländischer Wörter; enthält viel interessante Information auch für Lerner des Isländischen*]

*Ófeigsson, Jón:* Þýzk-íslenzk orðabók (Ísafoldarprentsmiðja, Reykjavík 1953, 2. Aufl.) [*Sehr gut*]

*Pind, Jörgen; Friðrik Magnússon, Stefán Briem:* Íslensk orðtíðnibók (Orðabók Háskólans, Reykjavík 1991) [*Isländisches Häufigkeitswörterbuch; enthält sehr viele und interessante Information zu vielen Aspekten der isländischen Sprache*]

*Sigmundsson, Svavar (Hrsg.):* Íslensk samheitaorðabók (Styrktarsjóður Þórbergs Þórðarsonar og Margrétar Jónsdóttur, Háskóla Íslands, Reykjavík 1985) [*Erstes Synonymwörterbuch des modernen Isländischen*]

*Sörenson, Sören:* Ensk-íslensk orðabók (Örn og Örlygur, Reykjavík 1984) [*Sehr gut*]

*Stefánsson, Þór; Dóra Hafsteinsdóttir:* Frönsk-íslensk orðabók (Örn og Örlygur, Reykjavík; Dictionnaires Le Robert, Paris 1995)

*Taylor, Arnold R.:* Icelandic-English/English-Icelandic Dictionary (Hippocrene Books, New York 1990)

*Toorn-Piebenga, G. A. van der:* IJslands woordenboek: IJslands-

Nederlands / Nederlands-IJslands (Van Goor Zonen, Amsterdam / Brüssel 1985)
*Turchi, Paolo Maria:* Íslensk-ítölsk orðabók (Iðunn, Reykjavík 1994)
*Widding, Ole; Haraldur Magnússon; Preben Meulengracht Sørensen:* Íslenzk-dönsk orðabók (Ísafoldarprentsmiðja, Reykjavík 1976)
*Zoëga, Geir T.:* Íslenzk-ensk orðabók (Reykjavík 1942, 3. Aufl.)

**Isländische Literatur**

*Barüske, Heinz (Hrsg.):* Moderne Erzähler der Welt. Island (Horst Erdmann Verlag, Tübingen/Basel 1974)
*Einarsson, Stefán:* A history of Icelandic literature (The Johns Hopkins Press for the American-Scandinavian Foundation, New York 1957)
*Einarsson, Stefán:* Íslenzk bókmenntasaga 874–1960 (Snæbjörn Jónsson & Co., Reykjavík 1961) [*Umfangreichste und beste Übersicht über die isländische Literatur von 874 bis 1960*]
*Jónsson, Finnur:* Den oldnorske og oldislandske litteraturs historie I–III (København 1920–1924, 2. Aufl.)
*Kristjánsson, Jónas:* Eddas und Sagas. Die mittelalterliche Literatur Islands. Ins Deutsche übertragen von Magnús Pétursson und Astrid van Nahl (Helmut Buske Verlag, Hamburg 1992)
*Nordal, Sigurður:* Íslenzk menning I (Reykjavík 1942) [*Sehr gute und einsichtsvolle Sicht auf die alte isländische Literatur*]
*Pétursson, Hannes; Helgi Sæmundsson:* Íslenzkt skáldatal a–l og m–ö (Bókaútgáfa Menningarsjóðs og Þjóðvinafélagsins, Reykjavík 1973–1976) [*Kurzgefaßte Übersicht über die isländische Literatur in Form einer Enzyklopädie*]
*Steblin-Kamenskij, M. I.:* The Saga Mind (Odense University Press, Odense 1973) [*Originelle und beachtliche Theorie zur Frage der Entstehung und der Wahrheit in den alten isländischen Familiensagas*]
*Sveinsson, Einar Ól.:* Íslenzkar bókmenntir í fornöld (Almenna

Bókafélagið, Reykjavík 1962) [*Gute Übersicht über einen Teil der altisländischen Literatur*]

*Vries, Jan de:* Altnordische Literaturgeschichte, 2 Bände (Walter de Gruyter, Berlin 1964–1967, 2. Aufl.) [*Sehr gut*]

### Lesetexte

*Jansson, Sven B. F.; Gunnar Leijström; Sigurður Þórarinsson:* Íslenzkir leskaflar. Ett urval av nyare isländsk prosa (Svenska Bokforlaget Norstedts, Stockholm 1949) [*Gut gewählte und kommentierte Auswahl von moderner isländischer Literatur*]

### Sprachverwendung und Sprachgebrauch

*Böðvarsson, Árni:* Íslenskt málfar (Almenna Bókafélagið, Reykjavík 1992) [*Erstes Handbuch zum Sprachgebrauch im modernen Isländischen*]

### Nachtrag zur Bibliographie:

Ich möchte auf die folgende Arbeit über die Funktion und Verwendung der isländischen Hilfsverben hinweisen (vgl. S. 98–102):

*Yamaguchi, Toshiko; Pétursson, Magnús:* The speaker and the perfective auxiliaries *hafa* and *vera* in Icelandic. Language Sciences 25, 331–352 (2003)

# ABKÜRZUNGEN[1]

*abl.* Ablaut; ablautend; Ablautklasse
*Adj. adj.* Adjektiv
*adj.* adjektivisch
*Adv., adv.* Adverb
*Akk., akk.* Akkusativ
*Art., art.* Artikel
*bes.* besonders
*Dat., dat.* Dativ
*def.* defektiv
*Dem., dem.* Demonstrativ
*e-ð = eitthvað* etwas
*e-m = einhverjum* jemandem
*e-n = einhvern* jemanden
*e-r = einhver* jemand
*e-s = einhvers* jemandes
*F., f.* Femininum
*Fut., fut.* Futur
*Gen., gen.* Genitiv
*Imp., imp.* Imperativ
*Impf., impf.* Imperfekt
*Ind., ind.* Indikativ
*Indef., indef. (ind.)* indefinit, Indefinita
*Inf., inf.* Infinitiv
*Inter., inter. (int.)* interrogativ, Interrogativa
*intr.* intransitiv
*koll.* kollektiv
*Komp., komp.* Komparativ
*Kon., kon.* Konjunktion
*Kond., kond.* Konditional
*Konj., konj.* Konjunktiv
*Kons.* Konsonant
*M., m.* Maskulinum
*Med., med.* Medium (Mediopassiv)
*N., n.* Neutrum
*Nom., nom.* Nominativ
*P., p.* Person
*Parad.* Paradigma (Flexions- oder Konjugationsmuster)
*Part., part.* Partizip
*Part. präs.* Partizip Präsens
*Perf., perf.* Perfekt
*Pl., pl.* Plural
*Plusq., plusq.* Plusquamperfekt
*Pos., pos.* Positiv
*Poss., poss.* Possessiv
*P. P., p. p.* Partizip Perfekt
*Präp., präp.* Präposition
*Präs., präs.* Präsens
*Pron., pron.* Pronomen
*refl.* reflexiv
*Sg., sg.* Singular
*subst.* substantivisch
*Subst., subst.* Substantiv
*Sup., sup.* Superlativ
*tr.* transitiv
*unfl.* unflektierbar
*ur.* unregelmäßig
*V., v.* Verb
*vgl.* vergleiche
*vi.* intransitives Verb
*vt.* transitives Verb
*Z., z.* Zahlwort

1 In den Wörterverzeichnissen werden alle Abkürzungen klein geschrieben.

# PHONETIK

## 1.0 Schrift und Aussprache

Isländisch wird wie andere westeuropäische Sprachen mit den Buchstaben des lateinischen Alphabets geschrieben. Die Buchstaben ð þ æ sind dem Isländischen eigentümlich. Dagegen kommen die Buchstaben *c q w* und *z* in isländischen Texten nur in ausländischen Wörtern vor. Nachstehende Tabelle gibt die alphabetische Reihenfolge, die phonetische Transkription mit Beispielen und die Buchstabennamen an:

### Tabelle 1. Das isländische Alphabet

| *Nr.* | *Buchstabe* | *Name* | *Lautwert* | *Beispiele* |
|---|---|---|---|---|
| 1. | a | [a:] | [a:] | ala [a:la] »ernähren« |
| | | | [a] | alla [atla] »alle« |
| | | | [au] | anga [auŋka] »riechen« |
| | | | [öi:] | laut [löi:t] »Niederung, Vertiefung« |
| | | | [öi] | rautt [röiht] »rot« (N.) |
| | | | [ai:] | bagi [pai:jɪ] »Schaden« |
| 2. | á | [au:] | [au:] | ál [au:l] »Aluminium« |
| | | | [au] | áll [autl̥] »Aal« |
| 3. | b | [pje:] | [p] | ber [pe:r] »nackt« |
| | | | [p:] | Hebba [hep:a] (weibl. Eigenname) |
| 4. | d | [tje:] | [t] | dagur [ta:ɣʏr] »Tag« |
| | | | [t:] | Edda [et:a] (weibl. Eigenname) |
| 5. | ð | [e:ð] | [ð] | eða [e:ða] »oder« |
| | | | [θ] | maðkur [maθkʏr] »Wurm« |
| 6. | e | [e:] | [e:] | er [e:r] »ist« |
| | | | [e] | ferð [ferð] »Reise« |
| | | | [ei:] | mega [mei:ɣa] »dürfen« |

| | | | | |
|---|---|---|---|---|
| | | | [ei] | engi [eiɲcɪ] »Wiese« |
| 7. | é | [je:] | [je:] | él [je:l] »Schneeschauer« |
| | | | [je] | þéttur [θjehtʏr] »dick« |
| | | | [e:] | hér [çe:r] »hier« |
| | | | [e] | hérna [çetna] »hier« |
| 8. | f | [ef:] | [f] | fara [fa:ra] »gehen« |
| | | | [f:] | sóffi [souf:ɪ] »Sofa« |
| | | | [v] | sofa [so:va] »schlafen« |
| | | | [p] | svefn [svepn̥] »Schlaf« |
| 9. | g | [ce:] | [k] | gat [ka:t] »Loch« |
| | | | [c] | gef [ce:v] »(ich) gebe« |
| | | | [k:] | vagga [vak:a] »schaukeln« |
| | | | [c:] | leggja [lec:a] »legen« |
| | | | [kv] | guð [kvʏ:ð] »Gott« |
| | | | [ɣ] | laga [la:ɣa] »reparieren« |
| | | | [x] | lagt [laxt] »hingelegt« |
| | | | [j] | bogi [poi:jɪ] »Bogen« |
| 10. | h | [hau:] | [h] | hafa [ha:va] »haben« |
| | | | [ç] | hér [çe:r] »hier« |
| 11. | i | [ɪ:] | [ɪ:] | bitur [pɪ:tʏr] »bitter« |
| | | | [ɪ] | inni [ɪn:ɪ] »drin« |
| | | | [i] | Ingi [iɲcɪ] (männl. Vorname), illur [itlʏr] »schlecht« |
| 12. | í | [i:] | [i:] | svín [svi:n] »Schwein« |
| | | | [i] | þíddur [θit:ʏr] »aufgetaut« |
| 13. | j | [jo:ð] | [j] | já [jau:] »ja« |
| 14. | k | [kʰau:] | [kʰ] | kafa [kʰa:va] »tauchen« |
| | | | [cʰ] | kæla [cʰai:la] »abkühlen« |
| | | | [hk] | hakka [hahka] »hacken« |
| | | | [hc] | hakki [hahcɪ] »(ich) hacke« (Konj.) |
| | | | [k] | banka [pauŋka] »klopfen«, reka [re:ka] »treiben« |
| | | | [c] | reki [re:cɪ] »Treibholz« |
| | | | [x] | ekta [exta] »echt« |
| 15. | l | [etl̥] | [l] | lá [lau:] »lag« |

| | | | | |
|---|---|---|---|---|
| | | | [l̥] | allt [al̥t] »alles« |
| | | | [l:] | villa [vɪl:a] »Villa« |
| | | | [tl] | villa [vitla] »Fehler« |
| | | | [tl̥] | öll [ötl̥] »alle« (N.) |
| 16. | m | [em:] | [m] | má [mau:] »darf« |
| | | | [m:] | amma [am:a] »Großmutter« |
| | | | [m̥] | kempa [cʰem̥pa] »Held« |
| 17. | n | [en:] | [n] | ná [nau:] »erreichen« |
| | | | [n:] | brenna [pren:a] »brennen« |
| | | | [n̥] | henti [hen̥tɪ] »warf« |
| | | | [tn̥] | einn [eitn̥] »ein« |
| | | | [ɲ] | enginn [eiɲcɪn] »niemand« |
| | | | [ɲ̊] | banki [pauɲ̊cɪ] »Bank« |
| | | | [ŋ̊] | einkum [eiŋ̊kʏm] »vor allem« |
| | | | [ŋ] | langa [lauŋka] »Lust haben« |
| 18. | o | [o:] | [o:] | og [o:ɣ] »und« |
| | | | [o] | olli [otlɪ] »verursachte« |
| | | | [oi:] | bogi [poi:jɪ] »Bogen« |
| 19. | ó | [ou:] | [ou:] | ól [ou:l] »gebar« |
| | | | [ou] | hóll [houtl̥] »Hügel« |
| 20. | p | [pʰje:] | [pʰ] | poki [pʰo:cɪ] »Sack« |
| | | | [hp] | hoppa [hohpa] »springen« |
| | | | [p] | spara [spa:ra] »sparen« |
| | | | [f] | skipti [scɪftɪ] »wechselte« |
| 21. | r | [er:] | [r] | refur [re:vʏr] »Fuchs« |
| | | | [r:] | þerra [θer:a] »trocknen« |
| | | | [r̥] | herti [her̥tɪ] »erhärtete« |
| 22. | s | [es:] | [s] | saga [sa:ɣa] »Geschichte« |
| | | | [s:] | hissa [hɪs:a] »erstaunt« |
| 23. | t | [tʰje:] | [tʰ] | tala [tʰa:la] »sprechen« |
| | | | [ht] | hætta [haihta] »Gefahr« |
| | | | [t] | stóll [stoutl̥] »Stuhl« |
| 24. | u | [ʏ:] | [ʏ:] | una [ʏ:na] »gefallen« |
| | | | [ʏ] | ull [ʏtl̥] »Wolle« |
| | | | [u] | ungur [uŋkʏr] »jung« |

| | | | | |
|---|---|---|---|---|
| 25. | ú | [u:] | [u:] | úti [u:tɪ] »draußen« |
| | | | [u] | fúss [fus:] »Wut« |
| 26. | v | [vaf:] | [v] | vera [ve:ra] »sein« |
| 27. | x | [exs] | [xs] | lax [laxs] »Lachs« |
| 28. | y | [ʏfsɪlon ɪ:] | [ɪ:] | yfir [ɪ:vɪr] »über« |
| | | | [ɪ] | bytta [pɪhta] »kleines Boot« |
| | | | [i] | þyngd [θiŋkɩ] »Gewicht« |
| 29. | ý | [ʏfsɪlon i:] | [i:] | sýna [si:na] »zeigen« |
| | | | [i] | fýll [fitl̥] »Eissturmvogel« |
| 30. | þ | [θotn̥] | [θ] | þá [θau:] »dann« |
| 31. | æ | [ai:] | [ai:] | gæta [cai:ta] »aufpassen« |
| | | | [ai] | gætti [caihtɪ] »paßte auf« |
| 32. | ö | [ö:] | [ö:] | fölur [fö:lʏr] »blaß« |
| | | | [ö] | höll [hötl̥] »Schloß« |
| | | | [öi:] | lögin [löi:jɪn] »die Gesetze« |
| | | | [öi] | löng [löiŋk] »lang« (F.) |

### 1.1.0 Bemerkungen zur Lautschrift und zu einzelnen Lauten

Isländisch wird gewöhnlich mit einer Mischung bestehend aus den Zeichen des internationalen phonetischen Alphabets (API) und aus Zeichen, die auf einheimischer Tradition beruhen, phonetisch transkribiert. Eine einheitliche allgemein anerkannte phonetische Transkription gibt es nicht. Hier wird versucht, in möglichst enger Anlehnung an das internationale phonetische Alphabet zu transkribieren. Einige aus einheimischer Tradition übernommene Zeichen werden jedoch beibehalten, um die Abweichung von sonst üblichen Transkriptionen nicht übermäßig zu vergrößern. In diesem Buch bildet die südisländische Aussprache, die von zwei Dritteln der Bevölkerung verwendet wird, die Grundlage der phonetischen Beschreibung.

### 1.1.1 **Verschlußlaute**

Die orthographischen Verschlußlaute **b d g** sind stimmlos und unaspiriert. Sie klingen sehr ähnlich den französischen [p t k] in **p**as »Schritt«, **t**as »Haufen«, **c**as »Fall« (oder den deutschen **b d g** im Wortanlaut nach einer Pause) und werden in diesem Buch dementsprechend [p t c k] transkribiert.

Die einheimische Tradition benutzt im allgemeinen die Zeichen [b̥ d̥ g̊j g̊]. Von diesen Lauten bereiten nur die palatalen Verschlußlaute dem deutschen Sprecher Schwierigkeiten. Das Zeichen [c] bezeichnet einen palatalen Verschlußlaut, der mit dem Zungenrücken im palatalen Bereich mit sehr großer Berührungsfläche artikuliert wird. Dieser Laut ist im Deutschen unbekannt. Deutsche interpretieren ihn anfangs meistens als **g+j**. Die Orthographie der Palatalen ist **g+j, k+j** oder die Kombination von **g, k + í, i, ý, y, e, ei, ey, æ**. Beispiele:

gjá [cau:] »Kluft«, kjósa [$c^h$ou:sa] »wählen«, gír [ci:r] »Schaltung«, kýr [$c^h$i:r] »Kuh«, get [ce:t] »kann«, ket [$c^h$e:t] »Fleisch«, Geir [cei:r] männl. Vorname, keyra [$c^h$ei:ra] »fahren«, kæla [$c^h$ai:la] »abkühlen« usw.

Die orthographischen **p t k** bezeichnen aspirierte Verschlußkonsonanten (wie im Deutschen **p t k** in **P**ost, **T**al, **K**ohle) nur wenn sie im Wortanlaut oder als erster Laut (Silbenanlaut) eines Gliedes im zusammengesetzten Wort stehen. Beispiele:

panna [$p^h$an:a] »Pfanne«
taka [$t^h$a:ka] »nehmen«
kynda [$c^h$ɪnta] »heizen«
kol [$k^h$o:l] »Kohle«
Hákot [hau:$k^h$o:t] Eigenname

In allen anderen Stellungen klingen sie wie **b d g** [p t c k], d.h. stimmlos und unaspiriert.

### 1.1.2 **bb, dd, gg**

Die orthographischen **bb, dd, gg** bezeichnen lange Verschlußkonsonanten [p: t: c: k:]. Beispiele:

Stebbi [step:ɪ] männl. Vorname, Hedda [het:a] weibl. Vorname, leggja [leç:a] »hinlegen«, veggur [vek:ʏr] »Wand«

Die orthographischen **pp, tt, kk** dagegen bezeichnen nicht lange Konsonanten, sondern sogenannte »präaspirierte« Konsonanten, d. h. eine Verbindung von [h] + Verschlußlaut (siehe 1.2.6).

1.1.3 Wenn **p t k** vor einem anderen stimmlosen Konsonanten stehen, werden sie zu Engelauten, d. h. spirantisiert:

**p** wird zu [f]: skipta [scɪfta] »wechseln«, skips [scɪfs] »Schiffs«
**t** wird zu [θ] (selten): litka [lɪθka] »färben«
**k** wird zu [x]: taktu [tʰaxtʏ] »nimm«

In einigen Wörtern kann jedoch der erste Konsonant als Verschlußlaut erhalten bleiben. Die Bedingung dafür ist, daß der vorangehende Vokal als lang erhalten bleibt (1.8.0):
skips [scɪ:ps] »Schiffs«, litka [lɪ:tka] »färben«

1.1.4 Die Kombination **fn, fl** wird als [pn, pl] im Wortinlaut (im Wortauslaut [pn̥, pl̥]) ausgesprochen:

hafna [hapna] »ablehnen«, höfn [höpn̥] »Hafen«, afla [apla] »fischen, skafl [skapl̥] »Schneehaufen«

1.1.5 Vor **j** verschwindet **g** in der Aussprache. Die Kombination Vokal+**g**+**i** wird als Vokal+[jɪ] ausgesprochen, z. B.:

beygja [pei:ja] »Kurve«, bogi [poi:jɪ] »Bogen«

Vor **g+i** werden alle Vokale mit Ausnahme von [i u] als langer Diphthong ausgesprochen. Statt [ɪi] wird jedoch häufig [i:] ausgesprochen. Statt [ʏi] wird häufig [y:] gehört: **hugi** [hʏi:jɪ] oder [hy:jɪ] »dem Geist« (Dat. Sg. von **hugur**), z. B.:

megi [mei:jɪ] »dürfe«; bagi [pai:jɪ] »Schaden« usw.

## 1.2.0 **Die Engelaute**

Das Isländische hat folgende Engelaute: [f, v; θ, ð; s; ç, j; x, ɣ; h]. Von diesen Lauten kommen [θ ð ɣ] in der deutschen Sprache nicht vor.

1.2.1 [f v] sind labiodentale Engelaute wie die entsprechenden deutschen Laute in finden oder **w**ollen (das deutsche [v] wird meistens **w** geschrieben). Das [f] wird **f** geschrieben. Im Wortauslaut nach Vokal oder nach **r** wird **f** meistens als [v] ausgesprochen. Das [v] wird im Wortanlaut **v** geschrieben, in intervokalischer Stellung und vor **ð**, **g**, **r** und in einigen Fällen nach Konsonant jedoch als **f**. Beispiele:

fara [fa:ra] »fahren«, hörfa [hörva] »zurückweichen«, vísa [vi:sa] »zeigen«, sofa [so:va] »schlafen«, sofðu [sovðʏ] »schlaf«, höfgi [hövcɪ] »schwerer Schlaf«, hafrar [havrar] »Hafer«

Nach **ú**, **á**, **ó** verschwindet [v] häufig in der Aussprache, z.B.:

máfur [mau:ʏr] »Möve«, hófur [hou:ʏr] »Huf«, ljúfur [lju:ʏr] »gutmütig«

Für die Gruppen **fn**, **fl** siehe 1.1.4.

1.2.2. [θ ð] sind apikoalveolare Engelaute, sehr ähnlich den englischen [θ ð], [θ] stimmlos und [ð] stimmhaft, die orthographisch als **th**, z.B. in **think** »denken«, **this** »dieser«, bezeichnet werden. Im Isländischen ist die Zungenspitze jedoch abwärts und nicht aufwärts gerichtet wie im Englischen. Deshalb können die isländischen [θ ð] kaum als dentale Engelaute bezeichnet werden, obwohl solche Bezeichnung in vielen Büchern zu finden ist. Das [θ] wird orthographisch als **þ** bezeichnet, im Inlaut vor **k** jedoch als **ð**. Die Orthographie für [ð] ist **ð**. Beispiele:

þetta [θehta] »dies«, traðka [$t^h$raθka] »mit den Füßen treten«, báðir [pau:ðɪr] »beide«, sagði [saɣðɪ] »sagte«

1.2.3 Das Isländische [s] (Orthographie **s**) ist immer ein stimmloser, apikoalveolarer Engelaut. Ein stimmhaftes **s** wie es im Wortanlaut im Deutschen (z. B. sagen [za:gən]) üblich ist, ist im Isländischen unbekannt. Beispiele:

segja [sei:ja] »sagen«, vissa [vɪs:a] »Gewißheit«

1.2.4 Die Engelaute [ç j] sind palatal, [ç] stimmlos und [j] stimmhaft. [ç] lautet wie der deutsche ich-Laut in si**ch**er. Es wird orthographisch mit **hj** oder **hé** bezeichnet. Beispiele:

hér [çe:r] »hier«, hjá [çau:] »bei«, jól [jou:l] »Weihnachten«

1.2.5 Die Engelaute [x ɣ] sind velar. [x] entspricht dem deutschen ach-Laut in la**ch**en. Es wird orthographisch mit **k** oder **g** vor **s** oder **t** oder mit **x** bezeichnet, z. B.:

taktu [tʰaxtʏ] »nimm«, lagt [laxt] »gelegt«, lags [laxs] »Gesangs« (Gen. Sg.), flaksast [flaxsast] »flattern«, fax [faxs] »Mähne«

[ɣ] ist der dem [x] entsprechende stimmhafte Laut. Er kommt im Deutschen nicht vor. Er wird intervokalisch und im Wortauslaut durch **g** bezeichnet. Vor **r** und **ð** wird **g** ebenfalls als [ɣ] ausgesprochen, z. B.:

saga [sa:ɣa] »Geschichte«, vog [vo:ɣ] »Waage«, sagði [saɣðɪ] »sagte«, sigra [sɪɣra] »siegen«

Nach **ú, á, ó** verschwindet [ɣ] häufig in der Aussprache, z. B.:

nógur [nou:ʏr] »genug«, mágur [mau:ʏr] »Schwager«, ljúga [lju:a] »lügen«

1.2.6 Das isländische [h] ist ein stimmloser, glottaler Engelaut und wird im Inlaut in Wortzusammensetzungen und im Wortanlaut orthographisch als **h** wiedergegeben. Es lautet wie das deutsche **h** in **h**aben, z. B.:

hopa [ho:pa] »zurückweichen«, óhóf [ou:houv] »Luxus, Überfluß«

In den Konsonantengruppen **pp, tt, kk** und **p, t, k+l, n** wird ein [h] vor dem Verschlußkonsonanten eingeschoben. Diese

Erscheinung wird in Beschreibungen des Isländischen häufig **Präaspiration** genannt, unterscheidet sich jedoch phonetisch gesehen in keiner Weise vom [h] in anderen Stellungen. Deutsche Sprecher müssen besonders darauf achten, das [h] in dieser Stellung nicht als [x ç] oder als stimmhaftes [ɦ] auszusprechen. Beispiele:

heppinn [hehpɪn] »glücklich«, hetta [hehta] »Kapuze«, bakki [pahcɪ] »Ufer«, bakka [pahka] »rückwärts fahren«, vopn [vohpn̥] »Waffe«, vatn [vahtn̥] »Wasser«, vakna [vahkna] »aufwachen«, epli [ehplɪ] »Apfel«, gutla [kʏhtla] »plätschern«, hekla [hehkla] »häkeln«

In den Anlautgruppen **hl-, hr-, hn-** verschwindet das **h** häufig in der Aussprache und der nachfolgende Konsonant wird stimmlos ausgesprochen:

hlaupa [l̥öi:pa] »laufen« (oder [hlöi:pa])
hrífa [r̥i:va] »Harke« (oder [hri:va])
hnífur [n̥i:vʏr] »Messer« (oder [hni:vʏr])

Die Anlautgruppe **hj-** wird als [ç] ausgesprochen (1.2.4). Die Anlautgruppe **hv-** wird als [kʰv] ausgesprochen. Daneben besteht jedoch eine geographisch begrenzte Aussprachevariante [xʷ-], z.B.:

hjálpa [çaul̥pa] »helfen«, hvar [kʰva:r] »wo« (oder seltener [xʷa:r])

## 1.3.0 Die Nasale

Das Isländische hat acht nasale Verschlußlaute, die orthographisch alle mit **n m** bezeichnet werden. Davon sind vier Nasalkonsonanten stimmlos. Die Aussprache der stimmlosen Nasale bereitet Ausländern im allgemeinen sehr viel Mühe. Dem Deutschen und den anderen großen Sprachen des Festlandes sind solche Laute unbekannt. Außerhalb des Isländischen kommen stimmlose Nasale in Europa nur im Färöischen und in den keltischen Sprachen vor.

### 1.3.1 **Die stimmhaften Nasale**

**m** ist ein bilabialer nasaler Verschlußkonsonant [m] wie das deutsche **m** in **M**ann. Es kommt in allen Stellungen innerhalb des Wortes vor, z. B.:

mega [mɛi:ɣa] »dürfen«, koma [kʰo:ma] »kommen«, kom [kʰo:m] »kam«

In intervokalischer Stellung und in finaler Stellung kann [m] lang sein. In diesem Falle wird es doppelt geschrieben:

amma [am:a] »Großmutter«, þramm [θram:] »Fußstapfen«

1.3.2 Das **n** hat drei Lautwerte:

a) Vor palatalen Verschlußlauten [c cʰ] wird es als palataler nasaler Konsonant [ɲ] realisiert, der dem Deutschen unbekannt ist, z. B.:

  syngja [siɲca] »singen«, banginn [pauɲcɪn] »ängstlich«, banki [pauɲcʰɪ] (nordisländische Aussprache) »Bank«

b) Vor velaren Konsonanten [k kʰ] und in einigen Fällen, die relativ selten sind, vor [t s n] wird **n** velar ausgesprochen [ŋ]. Es lautet dann wie das **n** im deutschen Wort Kli**n**ge, z. B.:

  ungur [uŋkʏr] »jung«, banka [pauŋkʰa] (nordisländische Aussprache) »klopfen«, lengd [leiŋkt] oder [leiŋt] »Länge«, lungna [luŋkna, luŋna] oder [lun:a] »Lungen« (Gen. Pl.), hangsa [hauŋksa] oder [hauŋsa] »die Zeit verbringen«

c) In allen anderen Stellungen ist **n** ein alveolarer Nasalkonsonant wie das deutsche **n** in **n**imm, z. B.:

  ná [nau:] »erreichen«, knár [kʰnau:r] »geschickt«, án [au:n] »ohne«, snúa [snu:a] »drehen«

### 1.3.3 **Die stimmlosen Nasale**

Vor den orthographischen **p t k** im In- und Auslaut verlieren **m** und **n** in der südisländischen Aussprache ihre Stimmhaftigkeit und werden zu den entsprechenden stimmlosen Konsonanten. Im absoluten Auslaut nach stimmlosen Konsonanten verlieren **m** und **n** im allgemeinen auch ihre Stimmhaftigkeit:

[m] wird zu [m̥]
[n] wird zu [n̥]
[ɲ] wird zu [ɲ̊]
[ŋ] wird zu [ŋ̊]

Beispiele:

a) Inlaut: kempa [cʰem̥pa] »Held«, henta [hen̥ta] »passen, gelegen kommen«, hanki [hauɲ̊cɪ] »Haken«, banka [pauŋ̊ka] »klopfen«, langt [lauŋ̊t] »weit« (Adv.)
b) Auslaut: lasm [lasm̥] »Kamerad« (umgangssprachlich), gagn [kakn̥] »Nutzen« (Subst.)

Im Inlaut bilden sich somit phonologische Oppositionen zwischen stimmhaften und stimmlosen Nasalen, z. B.:

kempa [cʰem̥pa] »Held«, kemba [cʰempa] »kämmen«, henta [hen̥ta] »passen«, henda [henta] »werfen«, bankinn [pauɲ̊cɪn] »die Bank«, banginn [pauɲcɪn] »ängstlich«, banka [pauŋ̊ka] »klopfen«, banga [pauŋka] »ängstlich« (F. Akk. Sg.)

In der nordisländischen Aussprache kommen stimmlose Nasale nur im absoluten Auslaut vor. Im Inlaut werden die orthographischen **p t k** nach nasalen Konsonanten aspiriert und die Nasalen bleiben stimmhaft. Die eben zitierten Wörter lauten in nordisländischer Aussprache:

kempa [cʰempʰa] »Held«, henta [hentʰa] »passen«, bankinn [pauɲcʰɪn] »die Bank«, banka [pauŋkʰa] »klopfen«

Diese Aussprache wird jedoch nur von einer Minderheit der Bevölkerung und in einem geographisch begrenzten Gebiet verwendet. Auch bei den Liquiden (1.4.0) **l r** bilden sich phonologische Oppositionen zwischen stimmhaften und stimmlosen Konsonanten:

halda [halta] »halten«, halta [hal̥ta] »lahm« (M. Akk. Sg.), marga [marka] »viele« (M. Akk. Pl.), marka [mar̥ka] »markieren«

## 1.3.4 **Die Gruppen nn, ll und rn, rl**

In diesen Gruppen wird in fast allen Fällen ein [t] an die Stelle des ersten Konsonanten eingeschoben:

a) **nn, ll:** Der erste Konsonant wird zu einem stimmlosen [t]. Der zweite Konsonant bleibt erhalten, wird jedoch im Auslaut stimmlos [n̥ l̥], bleibt aber im Inlaut stimmhaft [n l], z.B.:
   einn [eitn̥] »ein«, einnar [eitnar] »einer« (F. Sg.), öll [ötl̥] »alle« (F. Sg.), öllum [ötlʏm] »allen« (Dat. Pl.)

b) **rn, rl:** Entweder schiebt sich zwischen die beiden Laute ein stimmloses [t] ein, oder ein solches tritt an die Stelle des jeweils ersten Lautes [r]; das **n l** wird wie unter a), im Auslaut stimmlos, bleibt aber stimmhaft im Inlaut:
   fern [fertn̥] »vier Paare« Pl. fernir [fertnɪr]
   fern [fetn̥] »vier Paare« Pl. fernir [fetnɪr]
   karl [k$^h$artl̥] »Mann« Pl. karlar [k$^h$artlar]
   karl [k$^h$atl̥] »Mann« Pl. karlar [k$^h$atlar]

Langes [n:] kommt nach **a, u, e, o, ö, i** vor, am häufigsten jedoch in Eigennamen, in Lehnwörtern und **immer** in Formen des bestimmten Artikels (2.1.1). Langes [l:] kommt faktisch nur in Lehnwörtern und in Eigennamen vor:

vinna [vɪn:a] »arbeiten«, unna [ʏn:a] »lieben«, kenna [c$^h$en:a] »lehren«, Anna [an:a] weibl. Vorname, Ellí [el:i] weibl. Vorname, villa [vɪl:a] »Villa«, brúnni [prun:ɪ] »der Brücke« Dat. Sg. von brú »Brücke«

## 1.4.0 **Die Liquiden**

Die Konsonanten **l r** werden als Liquide bezeichnet. Im Deutschen gibt es nur stimmhafte Liquiden, obwohl **l** gelegentlich im Auslaut seinen Stimmton verlieren kann (z.B. in dem Eigennamen **Trakl** [t$^h$rakl̥]). Im Isländischen bestehen zwischen stimmhaften und stimmlosen Liquiden phonologische Oppositionen (1.3.3).

1.4.1 Das isländische **l** ist eine apikoalveolare Laterale wie das deutsche **l** in **l**assen. Es ist stimmhaft in den meisten Stellungen, z. B.:

láta [lau:ta] »lassen«, ala [a:la] »ernähren«, ól [ou:l] »Riemen«

Im Inlaut vor **p t k** sowie im absoluten Auslaut nach stimmlosen Konsonanten wird **l** stimmlos [l̥], z. B.:

hjálpa [çaul̥pa] »helfen«, haltur [hal̥tʏr] »lahm«, hálka [haul̥ka] »Glätte«, ull [ʏtl̥] »Wolle«, basl [pasl̥] »Schwierigkeit, schwierige Arbeit«, rugl [rʏkl̥] »Unsinn«

Über die Anlautgruppe hl- siehe 1.2.6 und über die Gruppen ll, rl siehe 1.3.4.

1.4.2 Das isländische **r** ist eine gerollte, apikoalveolare Vibrante [r]. Es ist somit sehr verschieden von dem deutschen **r**, das im allgemeinen eine uvulare bzw. pharyngale Vibrante [R] ist. Das isländische **r** ist in den meisten Stellungen stimmhaft und kann sowohl lang als auch kurz vorkommen, z. B.:

rá [rau:] »Rahe«, bara [pa:ra] »nur«, bar [pa:r] »trug«, færri [fair:ɪ] »weniger«, barr [par:] »Nadel« (botanisch)

Vor **s p t k** im Inlaut wird **r** immer stimmlos [r̥] und auch im Auslaut nach Verschlußkonsonanten:

hárs [haur̥s] »Haares« (Gen. Sg.), harpa [har̥pa] »Harfe«, varta [var̥ta] »Warze«, harka [har̥ka] »Härte«, sötr [sötr̥] »geräuschvolles Trinken«

Über die Anlautgruppe hr- siehe 1.2.6 und über die Gruppe rl siehe 1.3.4.

## 1.5.0 **Die Vokale**

Alle isländischen Vokale können lang oder kurz sein (1.8.0). Im Gegensatz zu den deutschen Vokalen, die einen deutlichen Klangfarbenunterschied als Folge der Quantitätsunterschiede aufweisen, unterscheidet nur die Quantität die langen und kurzen Vokale im Isländischen, ohne daß hörbare Klangfarbenunterschiede auftreten. Auch die Diphthonge sind unter denselben Bedingungen wie die Vokale lang oder kurz. Da das Deutsche keine kurzen Diphthonge kennt, muß der deutsche Sprecher, der Isländisch lernen möchte, besonders auf die Aussprache der kurzen Diphthonge (die in der Anfangszeit von Ausländern häufig gar nicht als Diphthonge gehört werden) achten. Ausländische Phonetiker beschreiben häufig die langen isländischen Vokale als diphthongiert. Eine solche Diphthongierung ist für das isländische Ohr nicht hörbar. Der Lernende sollte deshalb darauf achten, daß alle isländischen Vokale nicht diphthongiert ausgesprochen werden.

1.5.1 [a] ist ein offener hinterer Vokal wie das deutsche **a** in h**a**ben. Es wird in der Orthographie mit **a** bezeichnet, z.B.:
ala [a:la] »ernähren«, alla [atla] »alle«

1.5.2 [ö] ist ein sehr offener vorderer gerundeter Vokal. Er klingt ähnlich wie das deutsche **ö** in h**ö**ren, obwohl er artikulatorisch offener ist, z.B.:
böl [pö:l] »Übel«, böll [pöl:] »Bälle, Tanzveranstaltungen«
In der Orthographie wird es mit **ö** bezeichnet.

1.5.3 [ʏ] ist ein vorderer, gerundeter Vokal mittleren Öffnungsgrades. Ihn gibt es im Deutschen nicht. Er ist sehr ähnlich dem Vokal in den schwedischen Wörtern **hus** »Haus« und **nu** »jetzt«. Die Orthographie ist **u**, z.B.:
skulu [skʏ:lʏ] »sollen«, skuld [skʏlt] »Schuld«

1.5.4 [e] ist ein ungerundeter, vorderer Vokal mittleren Öffnungsgrades. Er klingt ähnlich wie das deutsche offene [ɛ] in h**e**rb, wird jedoch artikulatorisch etwas geschlossener gebildet. Die Orthographie ist **e** oder **é** in der Verbindung [je] oder nach [ç], z.B.:
kem [c$^h$e:m] »komme«, él [je:l] »Schneeschauer«, hér [çe:r] »hier«, kenna [c$^h$en:a] »lehren«, élja [jelja] »Schneeschauer« (Gen.Pl.), hérna [çetna] »hier«.

1.5.5 [ɪ] ist ein geschlossener, ungerundeter, vorderer Vokal. Er klingt wie das **i** in b**i**tte, aber im Gegensatz zu dem deutschen Vokal, der nur kurz vorkommt, kann der isländische Vokal kurz oder lang sein. Die Orthographie ist **i** oder **y**, z. B.:

biti [pɪ:tɪ] »Bissen«, synda [sɪnta] »schwimmen«

1.5.6 [i] ist ein geschlossener, ungerundeter, vorderer Vokal. Er wird weiter vorne gebildet als das [ɪ], hat aber denselben Öffnungsgrad. Er klingt wie langes deutsches **ie** in b**ie**ten. Die Orthographie ist **í, ý** und seltener **i, y** (1.5.14), z. B.:

sína [si:na] »seine« (Akk. Pl.), sýna [si:na] »zeigen«, fínn [fitn̥] »fein«, illur [itlʏr] »schlecht«

1.5.7 [u] ist ein geschlossener, gerundeter, hinterer Vokal. Er klingt wie das deutsche **u** in g**u**t. Die Orthographie ist **ú**, seltener **u** (1.5.14), z. B.:

úti [u:tɪ] »draußen«, fúss [fus:] »Wut«

1.5.8 [o] ist ein gerundeter, hinterer Vokal mittleren Öffnungsgrades. Er klingt ähnlich wie das offene deutsche [ɔ] in h**o**ffen, wird jedoch etwas geschlossener gebildet. Der deutsche Sprecher muß besonders darauf achten, das isländische [o] nicht so geschlossen wie das lange deutsche [o:] in **O**fen auszusprechen. Die Orthographie ist **o**, z. B.:

koma [k$^{h}$o:ma] »kommen«, soltinn [sol̥tɪn] »hungrig«

1.5.9 [ai] ist ein vorderer Diphthong ähnlich wie der deutsche Diphthong **ei** in b**ei**de. Die Orthographie ist **æ**, in einigen seltenen Fällen jedoch **a** vor **gi**, z. B.:

fæla [fai:la] »wegjagen«, fældi [failtɪ] »jagte weg«, hagi [hai:jɪ] »Weide«

1.5.10 [au] ist ein hinterer, gerundeter Diphthong wie das deutsche **au** in f**au**l. Die Orthographie ist **á**, seltener **a** (1.5.14), z. B.:

ál [au:l] »Aluminium«, háll [hautl̥] »glatt«

1.5.11 [ei] ist ein vorderer, ungerundeter Diphthong bestehend aus den Vokalen [e+i]. Er kommt im Deutschen nur dialektal vor, z. B. im Zahlwort **ein**, das [ei:n] oder [eɪ:n] statt des üblichen [aɪ:n] ausgesprochen wird. Die Orthographie ist **ei, ey** oder seltener **e** (1.5.14), z. B.:

eiga [ei:ɣa] »besitzen«, eyra [ei:ra] »Ohr«, einn [eitn̥] »ein«

1.5.12 [öi] ist ein gerundeter, vorderer Diphthong bestehend aus den Vokalen [ö+i]. Dieser Diphthong kommt im Deutschen nicht vor. Die Orthographie ist **au** oder **ö** vor **gi, ng, nk** (1.5.14), z. B.:

laug [löi:ɣ] »Schwimmbecken«, rautt [röiht] »rot« (N. Sg.), lögin [löi:jɪn] »die Gesetze«

1.5.13 [ou] ist ein hinterer, gerundeter Diphthong. Er klingt ähnlich wie das deutsche geschlossene **o** in H**o**f, wird jedoch mit etwas deutlicherem Gleitlaut ausgesprochen. Die Orthographie ist **ó**, z. B.:

ól [ou:l] »Riemen«, tónn [tʰoutn̥] »Ton«

### 1.5.14 Die Aussprache der Vokale vor ng und nk

Vor den orthographischen Verbindungen **ng** und **nk**, die mit velarem bzw. palatalem Nasal ausgesprochen werden (1.3.2 und 1.3.3), werden die Vokale folgendermaßen realisiert:

i, y > í [i]: syngja [siɲca] »singen«, fingur [fiŋkʏr] »Finger«
u > ú [u]: ungur [uŋkʏr] »jung«
a > á [au]: anga [auŋka] »riechen«
ö > au [öi]: löng [löiŋk] »lang« F. Nom. Sg. von langur
e > ei [ei]: lengi [leiɲcɪ] »lange Zeit« (Adv.)

Nur in seltenen Fällen treten andere Vokale vor **ng** und **nk** auf. In den meisten Fällen handelt es sich um zusammengesetzte oder abgeleitete Wörter. Einige dieser Wörter können mit [n] oder mit palatalem bzw. velarem Nasal ausgesprochen werden, z. B.:

vangá [vaŋkau] oder [vankau] »Unaufmerksamkeit«
vingast [vɪŋkast] oder [vɪnkast] »sich befreunden«
kvongast [k$^h$voŋkast] »heiraten, Frau nehmen«

## 1.6.0 Das Lautsystem

Das Lautsystem des modernen Isländischen hat die folgende Form:

**Tabelle 2. Das Konsonantensystem**

| | *Bilabiale* | *Labiodentale* | *Alveodentale* | *Palatale* | *Velare* | *Glottale* |
|---|---|---|---|---|---|---|
| Verschlußlaute | | | | | | |
| nicht aspiriert | p | | t | c | k | |
| aspiriert | $p^h$ | | $t^h$ | $c^h$ | $k^h$ | |
| Nasale | | | | | | |
| stimmlos | m̥ | | n̥ | ɲ̊ | ŋ̊ | |
| stimmhaft | m | | n | ɲ | ŋ | |
| Frikative und Liquide | | | | | | |
| stimmlos | | f | θ s l̥ r̥ | ç | x | h |
| stimmhaft | | v | ð l r | j | ɣ | |

In diesem System fallen besonders das Fehlen von stimmhaften Verschlußlauten und das Vorhandensein einer Stimmhaftigkeitskorrelation der Nasalen und Liquiden auf. Das Vokalsystem hat artikulatorisch die Form, die in Tabelle 3 schematisch dargestellt wird.

**Tabelle 3. Das Vokalsystem**

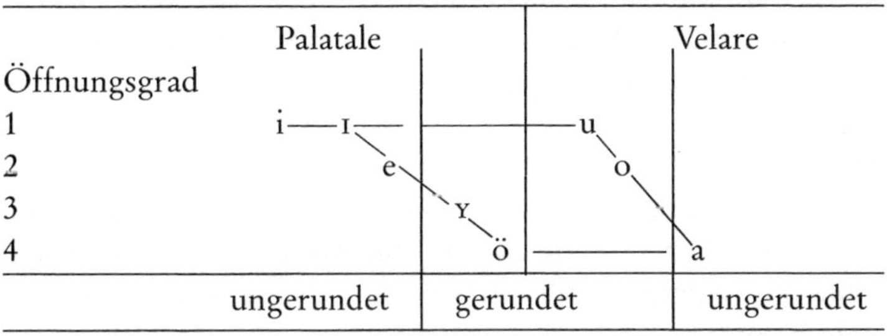


Die Öffnungsgrade der einzelnen Vokale entsprechen nicht genau denen der deutschen Vokale. Das isländische [a]wird trotz seiner hellen Klangfarbe ziemlich weit hinten gebildet und kann als pharyngal bezeichnet werden. Das [i] wird weiter nach vorne gebildet als das [ɪ]. In diesem System fällt besonders die Asymmetrie auf: im palatalen Bereich werden fünf Vokale gebildet, aber nur drei im velaren Bereich. Ferner ist zu bemerken, daß dem Isländischen reduzierte Vokale (wie das deutsche Schwa [ə] in hatte, bitten usw.) völlig fehlen. Alle isländischen Vokale müssen klar und deutlich ausgesprochen werden, unabhängig von ihrer Stellung im Verhältnis zum Akzent.

## Andere allgemeine Aspekte der isländischen Aussprache

### 1.7.0 **Akzent**

Isländische Wörter haben fast ausnahmslos den Akzent auf der ersten Silbe. Das Akzentzeichen ' über einigen Vokalen bedeutet nicht einen Akzent, sondern eine Änderung der vokalischen Klangfarbe, wie aus der vorstehenden Beschreibung der Aussprache zu entnehmen ist. In zusammengesetzten Wörtern wird entweder nur das erste Element des Wortes betont, oder jedes Glied behält seine ursprüngliche Akzentuierung bei:

a) nur ein Akzent
'meðmæli »Gutachten«, 'tilmæli »Bitte«, 'hafgola »Meeresbrise«, 'hjólbarði »Autoreifen«

b) zwei Akzente

'skýjakl`júfur »Wolkenkratzer«, 'háh`ýsi »Hochhaus«, 'gróðurh`ús »Treibhaus«, 'stjórnarr`áð »Regierungssitz«, 'borgarmö`rk »Stadtgrenze«, 'húsmæðrask`óli »Haushaltsschule«

Der zweite Akzent wird häufig als Nebenakzent bezeichnet, obwohl er kaum vom Hauptakzent zu unterscheiden ist. Wenn mehrere unakzentuierte Silben aufeinander folgen, wird die Silbe mit ungrader Zahl etwas stärker als die Silbe mit grader Zahl betont:

'mönnunùm »den Männern«, 'skopuðu`st »(sie) verhöhnten«, 'ofarle`ga »weit oben«

Die Präfixe **hálf-** »halb«, **ó-** »un-«, **all-** »ganz, sehr, ziemlich« und **jafn-** »gleich« können unbetont bleiben. Die moderne Sprache neigt jedoch dazu, sie ebenso zu betonen wie die erste Silbe anderer Wörter:

hálftómur oder 'hálft`ómur »halbleer«
ógætinn oder 'óg`ætinn »unvorsichtig«
allśtór oder 'alls`tór »ziemlich groß«
jafnśtór oder 'jafns`tór »gleich groß«

Der isländische Akzent wird als Intensitätsakzent bezeichnet wie der Akzent der deutschen Sprache.

## 1.8.0 Quantität

Jeder betonte Vokal oder Diphthong im Isländischen ist entweder lang oder kurz. Unbetonte Vokale oder Diphthonge sind neutral im Hinblick auf die Quantität. Sie können objektiv so lang wie die langen Vokale sein, aber erfüllen trotzdem nicht die Funktion der Langvokale in der Sprache.

Ist der betonte Vokal oder Diphthong lang, muß ein kurzer Konsonant folgen; d.h. der Silbentyp ist /V:C/ (Konsonanten, die **vor** dem akzentuierten Vokal stehen, haben keinen Einfluß auf die quantitativen Verhältnisse). Ist der betonte Vokal oder

Diphthong kurz, folgt entweder ein langer Konsonant oder eine Gruppe von zwei oder mehr Konsonanten; d.h. der Silbentyp ist /VCC/.

Quantitativ gesehen existieren nur diese zwei Silbentypen im modernen Isländischen, das somit keine reine Quantitätssprache wie Finnisch, Ungarisch oder Japanisch ist. Im Isländischen herrscht das Prinzip der komplementären Länge wie es aus dem Schwedischen, dem Norwegischen und einigen deutschen (z.B. bayerischen) Dialekten bekannt ist. Die Quantitätsfrage ist entscheidend für die richtige Aussprache. Zwischen langen und kurzen Vokalen lassen sich Qualitätsunterschiede zwar spektrographisch nachweisen, sind aber unhörbar. Der deutsche Sprecher muß besonders darauf achten, die isländischen Langvokale nicht diphthongiert auszusprechen. Ferner muß betont werden, daß zwischen langen und kurzen Vokalen im Isländischen nur Quantitätsunterschiede bestehen, aber keine Qualitätsunterschiede. Der deutsche Sprecher sollte deshalb die Qualitätsfrage anfangs sehr sorgfältig berücksichtigen, weil im Deutschen erhebliche Qualitätsunterschiede die Folge der Vokalquantität sind.

Zu der allgemeinen Regel, daß die Langvokale nur in offener Silbe vorkommen, gibt es einige Ausnahmen. Langvokale treten in folgenden geschlossenen Silben auf:

1. Wenn zwei Konsonanten dem akzentuierten Vokal folgen und der erste Konsonant **p t k s** und der zweite Konsonant **v j r** ist, bleibt der akzentuierte Vokal lang, z.B.: Esja (Eigenname), vekja »aufwecken«, uppgötva [-kö:tva] »entdecken«, tvisvar »zweimal«, vökva »bewässern«, skopra »rollen«, titra »zittern«, akrar »Äcker«, hásra »heisere« (Gen.Pl. von hás »heiser«).
2. Im Gen.Sg. der Substantive, die in ihrem Stammauslaut ein kurzes **p t k** haben und auf **-s** (im Gen.Sg.) enden, bleibt der Langvokal im Gen. erhalten, wenn der Verschlußlaut in der Aussprache beibehalten wird: ráps [rau:ps] »Herumgehens«, báts [pau:ts] »(des) Boots«, skaks [ska:ks] »(des) Fischens«,

skips [scɪ:ps] »(des) Schiffs«. Wenn der Verschlußlaut in der Aussprache wegfällt oder zu einem Engelaut (Frikativa) wird, wird der Vokal verkürzt: báts [paus:] »(des) Boots«, skips [scɪfs] »(des) Schiffs«.

In abgeleiteten und zusammengesetzten Wörtern, deren erstes Glied einen Langvokal hat und auf **p t k s** endet, bleibt der Vokal im allgemeinen lang: lauslega [löi:sleɣa] »locker« (Adv.), slaklega [sla:kleɣa] »ungenau« (Adv.), matmál [ma:tmaul] »Essenszeit«, kauplaus [kʰöi:plöis] »unbezahlt«. Das gilt auch für **vitkast** »weise werden« und **litka** »färben«, obwohl sie nicht als Zusammensetzungen anzusehen sind.

Zu der eben formulierten Regel gibt es einige Ausnahmen. So haben die Wörter **kaupmaður** [kʰöihpmaðʏr] »Kaufmann«, **kaupfélag** [kʰöif:jelaɣ] »kooperative Handelsgesellschaft«, **kaupstaður** [kʰöifstaðʏr] »Stadt, Handelsplatz«, **bitlingur** [pɪhtliŋkʏr] »Nebenverdienst (häufig im Sinne einer politischen Begünstigung)«, **vitlaus** [vɪhtlöis] »verrückt« fast immer einen kurzen Vokal.

Wenn das erste Glied einen Langvokal hat und auf einem anderen Konsonanten endet, wird der akzentuierte Vokal meistens verkürzt: tilbúinn [tʰɪlpuɪn] »bereit«, viðkoma [vɪðkʰoma] »Nachwuchs«, hafkuldi [havkʰʏltɪ] »Meereskälte«.

In vielen zusammengesetzten Wörtern kann der Vokal der ersten Silbe sowohl kurz als auch lang sein. Daß hier Regeln aufgestellt werden können, erscheint kaum möglich. Es handelt sich um freie Aussprachevarianten, an die keine stilistische Variation geknüpft zu sein scheint, z. B.:

Dalvík [ta:l-] oder [tal-] (Ortsname), holskefla [ho:l-] oder [hol-] »große Welle, Wellenberg«, bálkuldi [pau:l-] oder [paul-] »große Kälte«, Ísland [i:s-] oder [is-] »Island« usw.

Außer den eben aufgezählten allgemeinen Ausnahmen gibt es in geringer Zahl auch noch besondere Ausnahmen:

1. In den Wörtern **sötr** »geräuschvolles Trinken«, **pukr** »Verbergen«, **snupr** »Vorwurf« und einigen anderen, die demselben morphologischen Typ angehören, ist der Vokal immer

lang. Da die Wörter dieses Typs im Gen. Sg. mit **-s** enden (sötrs, pukrs, snuprs usw.), sind sie die einzigen Wörter in der Sprache, die einen langen Vokal vor **drei** Konsonanten haben.

2. Einige Wörter stellen Minimalpaare dar (d. h. sie werden nur durch ein phonetisches Merkmal unterschieden), die nur durch Vokallänge unterschieden werden:
   taplaus [tʰa:plöis] »ohne Verlust«, tafllaus [tʰaplöis] »ohne Schachbrett«
   Bei den verhältnismäßig wenigen Minimalpaaren dieser Art pflegt nur eines der beiden Wörter vorzukommen, während das andere nur selten gebraucht wird.
3. In den Wörtern **um** »für«, **fram** »vorwärts« und **en** »aber« ist der Vokal stets kurz.

### 1.8.1 Die phonetische Realisierung der konsonantischen Quantität

Die im vorangehenden Paragraphen (1.8.0) geschilderten Verhältnisse der konsonantischen Quantität gelten uneingeschränkt nur für die nordisländische Aussprache, wie phonetische Untersuchungen, die in den letzten Jahren durchgeführt wurden, gezeigt haben. Die Verhältnisse im Südisländischen sind sehr viel komplizierter. Bei einigen südisländischen Sprechern ist die konsonantische Quantität kaum vorhanden, bei anderen weniger ausgeprägt als im Nordisländischen. Auf jeden Fall ist sicher, daß es in der phonetischen Realisierung der Quantität große Schwankungen gibt. Doch ist hervorzuheben, daß die Vibrante **r** bei allen Sprechern sowohl lang als auch kurz vorkommt:

bara [pa:ra] »nur«, barra [par:a] »Nadeln« (Gen. Pl.), Þura [θʏ:ra] (weibl. Vorname), þurra [θʏr:a] »trockene« (Gen. Pl. von þurr »trocken«)

Dagegen ist in der Vokalquantität keine vergleichbare Schwan-

kung zu bemerken. Alle Sprecher, bei denen es untersucht worden ist, unterscheiden lange und kurze Vokale.
Für das praktische Erlernen der Sprache haben solche individuellen Schwankungen keine Bedeutung. In jeder Sprache ist die individuelle Variation immer sehr groß. Um die richtige isländische Aussprache zu erlernen, müssen allerdings die im Paragraph 1.8.0 dargelegten Regeln gelernt werden.

### 1.8.2 **Die Halblänge**

In einigen phonetischen Beschreibungen des Isländischen, sowie in einigen Lehrbüchern, wird von halblangen Konsonanten vor einem anderen Konsonanten gesprochen. Diese Konsonanten werden als solche häufig mit einem Punkt hinter dem betreffenden Konsonanten transkribiert:

kuldi [kʰʏl.tɪ] »Kälte«

Es stimmt zwar, daß solche Konsonanten meßbar länger sind als dieselben Konsonanten an zweiter Stelle einer Konsonantengruppe, aber es darf angenommen werden, daß es sich um eine automatische Folge der Akzentuierung der ersten Silbe handelt. Es liegt daher bei der Halblänge eine Verlängerung vor, die von selbst eintritt, sobald richtig betont wird (Akzentlänge). Solche »automatische Phänomene« brauchen nicht gesondert gelernt zu werden und können in der Sprache keine distinktive Funktion übernehmen. Deshalb braucht die Halblänge, die eine völlig andere Funktion (in erster Linie eine rhythmische) als die Quantität erfüllt, nicht ausdrücklich in die phonetische Transkription aufgenommen zu werden.

### 1.9.0 **Die Silbentrennung**

Die Regeln der Silbentrennung entsprechen nur teilweise den in der deutschen Sprache üblichen Regeln. Im Isländischen gilt die

Hauptregel, daß in nicht zusammengesetzten Wörtern vor dem Vokal getrennt wird, z.B.:

Gunn-ar (männl. Vorname), hús-un-um »den Häusern«, fall-ið »gefallen«, bænd-ur »Bauern«, þann-ig »auf diese Weise«

In zusammengesetzten Wörtern wird zwischen den Kompositionsgliedern getrennt:

bænda-býli »Bauernhof«, ó-hóf »Luxus«, aðal-gata »Hauptstraße«, Akureyrar-bær »(die) Stadt Akureyri«, Reykjavíkur-borg »(die) Stadt Reykjavík«

### 1.9.1 **Bemerkungen zu dem Buchstaben »z«**

Mit einer Verfügung hat das isländische Erziehungsministerium (Menntamálaráðuneytið) den Buchstaben **z** aus der isländischen Orthographie eliminiert. Das **z** verschwindet also in allen isländischen Wörtern und wird durch **s** ersetzt. Nur in Eigennamen bleibt **z** erhalten, z.B. in Zoëga, und in Fremdwörtern.

## 1.10.0 Leseübungen zur Aussprache[1] und deutsche Übersetzung[2]

### 1.
### Norðanvindurinn og sólin

norðanvɪntʏrɪn o sou: lɪn

Einu sinni deildu norðanvindurinn og sólin um, hvort þeirra
ei:nʏ sɪn:ɪ teiltʏ norðanvɪntʏrɪn o sou:lɪn ʏm k$^h$vor̥t θeir:a

væri sterkara. Þau sáu þá mann í hlýrri kápu á ferð á veginum.
vai:rɪ ster̥kara θöi sau:ʏ θau: man: i hlir:ɪ k$^h$au:pʏ au ferð au vei: jɪnʏm

Þeim kom þá saman um, að það þeirra skyldi teljast sterkara,
θei:m k$^h$o:m θau: sa:man ʏm a θa θeir:a scɪltɪ t$^h$eljas(t) ster̥kara

sem gæti neytt ferðamanninn til þess að fara úr kápunni.
se:m cai:tɪ neiht ferðaman:ɪn t$^h$ɪl θes: a fa:ra u:r k$^h$au:pʏnɪ.

Norðanvindurinn tók þá til að blása af öllum mætti, en því
norðanvɪntʏrɪn t$^h$ou:k θau: t$^h$ɪl a plau:sa av ötlʏm maihtɪ en θvi:

meira sem hann blés, því þéttara vafði ferðamaðurinn kápunni
mei:ra se:m han: plje:s θvi: θjehtara vavðɪ ferðamaðʏrɪn k$^h$au:pʏnɪ

að sér; og að lokum gafst norðanvindurinn upp. Svo fór
a sje:r o a lo:kʏm kafst norðanvɪntʏrɪn ʏhp svo: fou:r

sólin að skína og það varð hlýtt. Þá fór ferðamaðurinn undir
sou:lɪn a sci:na o θa varθ hliht θau: fou:r ferðamaðʏrɪn ʏntɪr

eins úr kápunni. Norðanvindurinn varð þá að kannast við,
eins u:r k$^h$au:pʏnɪ norðanvɪntʏrɪn varθ θau: a k$^h$an:ast vɪð

að sólin væri sterkari en hann.
a sou:lɪn vai:rɪ ster̥karɪ en han:.

1 Unter dem Text steht die phonetische Transkription, die die Aussprache bei normaler Sprechgeschwindigkeit wiedergibt. Laute in Klammern können im Kontext fakultativ ausgesprochen werden.

2 Die Übersetzung strebt nur eine sinngemäße Wiedergabe an.

**Der Nordwind und die Sonne**

Einst stritten sich Nordwind und Sonne, wer von ihnen beiden der stärkere wäre, als ein Wanderer, der in einen warmen Mantel gehüllt war, des Weges daher kam. Sie wurden einig, daß derjenige für den stärkeren gelten sollte, der den Wanderer zwingen würde, seinen Mantel abzunehmen. Der Nordwind blies mit aller Macht, aber je mehr er blies, desto fester hüllte sich der Wanderer in seinen Mantel ein. Endlich gab der Nordwind den Kampf auf. Nun erwärmte die Sonne die Luft und es wurde warm und schon nach wenigen Augenblicken zog der Wanderer seinen Mantel aus. Da mußte der Nordwind zugeben, daß die Sonne von ihnen beiden der stärkere war.

## 2.
## Á flugvellinum
au flʏγvetlɪnʏm

Farþegaflugvélin er nýlent á Keflavíkurflugvelli eftir
farθeγaflʏγvjelɪn e:r ni:len̥t au c$^{h}$eplavikʏrflʏγvetlɪ eftɪr

þriggja tíma flug frá Kaupmannahöfn. Farþegar ganga frá
θrɪc:a t$^{h}$i:ma flʏ:γ frau: k$^{h}$öihpman:ahöpn̥ farθeγar kauŋka frau:

borði og koma inn í flugstöðina. Þar er útlendingaeftirlitið
porðɪ o k$^{h}$o:ma ɪn: i flʏxstöðɪna θa:r e:r utlentiŋkaeftɪrlɪtɪð

og starfsmenn þess stimpla í vegabréfin. Síðan fara
o starfsmen: θes: stɪm̥pla i ve:γaprje:vɪn si:ðan fa:ra

ferðamennirnir í gegnum tollinn. »Hefurðu nokkuð að telja
ferðamen:ɪtnɪr i ceknʏm t$^{h}$otlɪn he:vʏrðʏ nohkʏð a t$^{h}$elja

fram?« spyr tollvörðurinn og ferðamaðurinn svarar: »Nei,
fram spɪ:r t$^{h}$otlvörðʏrɪn o ferðama:ðʏrɪn sva:rar nei:

ég hef aðeins eina vínflösku með.« »Allt í lagi, takk fyrir«,
je: he:v a:ðeins ei:na vi:nflöskʏ með al̥t i lai:jɪ t$^{h}$ahk fɪ:rɪr

segir tollvörðurinn. Ferðamennirnir ganga síðan út úr
sei:jɪr t$^{h}$otlvörðʏrɪn ferðamen:ɪtnɪr kauŋka si:ðan u:t u:r

flugstöðinni, hitta vini og kunningja, sem bíða þeirra
flʏxstöðɪnɪ hɪhta vɪ:nɪ o kʰʏn:iɲca se:m pi:ða θeir:a

fyrir utan eða leita sér að leigubíl eða áætlunarbíl
fɪ:tɪr ʏ:tan e:ða lei:ta sje:r a lei:ɣʏpil e:ða au:aihtlʏnarpil

til að halda áfram ferðinni til Reykjavíkur eða til
tʰɪ:l a halta au:fram ferðɪnɪ tʰɪ:l rei:cavikʏr e:ða tʰɪ:l

annarra staða á landinu.
an:ara sta:ða au lantɪnʏ

**Auf dem Flughafen**

Das Passagierflugzeug ist soeben im Flughafen Keflavík nach dreistündigem Flug von Kopenhagen gelandet. Die Passagiere gehen von Bord und kommen in das Flughafengebäude. Dort ist die Ausländerbehörde und ihre Angestellten stempeln die Pässe. Daraufhin gehen die Reisenden durch den Zoll. »Haben Sie etwas zu deklarieren?«, fragt der Zollbeamte und der Reisende antwortet: »Nein, ich habe nur eine Flasche Wein mit.« »Alles in Ordnung, danke schön«, sagt der Zollbeamte. Die Reisenden verlassen daraufhin das Flughafengebäude, treffen Freunde und Bekannte, die auf sie draußen warten oder suchen eine Taxe oder einen Bus, um die Reise nach Reykjavík oder nach anderen Orten des Landes fortzusetzen.

## 3.
## Á veitingahúsi
au vei:tiŋkahusɪ

Tveir ferðamenn eru á gangi á götu í Reykjavík. Þeir
tʰvei:r ferðamen: e:rʏ au kauɲcɪ au kö:tʏ i rei:cavik θei:r

koma að veitingahúsi og ákveða að setjast inn og fá sér
kʰo:ma a vei:tiŋkahusɪ o au:kʰveða a se:tjast ɪn: o fau: sje:r

kaffibolla. Þeir fara inn og finna sér borð. Er þeir
kʰaf:ɪpotla θei:r fa:ra ɪn: o fɪn:a sje:r porð e:r θei:r

eru sestir, kemur þjónn til þeirra og spyr, hvers þeir
e:rʏ sestɪr c$^h$e:mʏr θjoutn̥ t$^h$ɪl θeir:a o spɪ:r k$^h$ver̥s θei:r

óski. Annar þeirra pantar kaffibolla með rjóma, en hinn
ouscɪ an:ar θeir:a p$^h$an̥tar k$^h$af:ɪpotla me:ð rjou:ma en hɪn:

pantar molakaffi og sandkökusneið. Meðan ferðamennirnir
p$^h$an̥tar mo:lak$^h$af:ɪ o santk$^h$ö:kʏsneið me:ðan ferðamen:ɪtnɪr

drekka kaffið, horfa þeir á fólkið, sem gengur um í
trehka k$^h$af:ɪð horva θei:r au foul̥cɪð se:m ceiŋkʏr ʏm i

Austurstræti. Síðan borga þeir reikninginn og halda áfram
öistʏrstrai:tɪ si:ðan porka θei:r reihkniɲcɪn o halta au:fram

göngu sinni um borgina.
köiŋkʏ sɪn:ɪ ʏm porcɪna.

## Im Restaurant

Zwei Touristen gehen auf einer Straße in Reykjavík. Sie kommen zu einem Restaurant und beschließen, hineinzugehen und eine Tasse Kaffee zu trinken. Sie gehen hinein und suchen sich einen Tisch aus. Als sie Platz genommen haben, kommt der Kellner zu ihnen und fragt, was sie wünschen. Der eine bestellt eine Tasse Kaffee mit Sahne, aber der andere bestellt eine Tasse Kaffee mit Zuckerwürfeln und eine Scheibe Sandkuchen. Während die Touristen den Kaffee trinken, betrachten sie die Leute, die durch die Austurstræti spazieren. Daraufhin bezahlen sie die Rechnung und setzen ihren Spaziergang durch die Stadt fort.

## 4.
## Í verslun
i ver̥slʏn

Í Reykjavík eru margs konar verslanir, bæði stórar og
i rei:cavik e:rʏ mar̥s k$^h$o:nar ver̥slanɪr pai:ðɪ stou:rar o

smáar. Jóhanna gerir innkaupin venjulega í stórri kjörbúð.
smau:ar jou:hana ce:rɪr ɪnk$^h$öi:pɪn venjʏleɣa i stour:ɪ c$^h$örpuð

Þar standa vörurnar verðmerktar í hillum og viðskiptavinurinn
θa:r stanta vö:rʏtnar verðmer̥tar i hɪtlʏm o vɪ(ð)scɪftavɪ:nʏrɪn

gengur að þeim, velur sjálfur það, sem hann ætlar að kaupa
ceiŋkʏr a θei:m ve:lʏr sjaulvʏr θa se:m han: aihtlar a kʰöi:pa

og raðar því í innkaupavagn eða kerru, sem hann ekur frá
o ra:ðar θvi: i ɪnkʰöi:pavakn̥ e:ða cʰer:ʏ se:m han: e:kʏr frau:

hillu til hillu. Þegar Jóhanna hefur valið það, sem
hɪtlʏ tʰɪl hɪtlʏ θe:ɣar jou:hana he:vʏr va:lɪð θa: se:m

hún ætlar að kaupa, gengur hún að afgreiðsluborðinu.
hu:n aihtlar a kʰöi:pa ceiŋkʏr hu:n að avkreiðslʏporðɪnʏ

Afgreiðslustúlkan reiknar saman upphæðina og stimplar
avkreiðslʏstul̥kan reihknar sa:man ʏhphaiðɪna o stɪm̥plar

hana í búðarkassann. Jóhanna borgar og raðar síðan
ha:na i pu:ðarkʰas:an jou:hana porkar o ra:ðar si:ðan

vörunum í körfu sína og gengur heim á leið.
vö:rʏnʏm i kʰörvʏ si:na o ceiŋkʏr hei:m au lei:ð.

**Im Kaufhaus**

In Reykjavík gibt es viele Arten von Geschäften, sowohl große als auch kleine. Jóhanna kauft im allgemeinen in einem großen Supermarkt (Selbstbedienungsladen) ein. Dort stehen die Waren mit den Preisangaben in Regalen, und der Kunde geht heran, wählt selbst das, was er kaufen will und legt es in einen Einkaufswagen oder in eine Karre, die er von Regal zu Regal schiebt. Als Jóhanna das gewählt hat, was sie kaufen will, geht sie zur Kasse. Die Verkäuferin rechnet die Summe zusammen und tippt sie in die Kasse ein. Jóhanna bezahlt und ordnet die Waren in ihren Korb ein und begibt sich auf den Weg nach Hause.

5.

## Íslensk jafnréttisboð

islensk japn̥rjehtɪspoð

1. Líf manna hefur gildi í sjálfu sér óháð mannvirðingum.
   li:v man:a he:vʏr cɪltɪ i sjaulvʏ sje:r ou:hauð manvɪrðiŋkʏm.
2. Menn skulu hafa jöfnum höndum allt það, er þeir fá gæða.
   men: skʏ:lʏ ha:va jöpnʏm höntʏm al̥t θa: e:r θei:r fau: cai:ða.
3. Segja skal kost og löst á hverjum hlut.
   sei:ja ska:l k$^h$ost o löst au k$^h$verjʏm hlʏ:t.
4. Hafa skal það, er sannara reynist.
   ha:va ska:l θa: e:r san:ara rei:nɪst.
5. Einhvers staðar verða vondir að vera.
   eiŋk$^h$ver̥s sta:ðar verða vontɪr a ve:ra.

## Isländische Gleichberechtigungsgebote

1. Das Leben des Menschen hat an sich einen Wert unabhängig von der Stellung (des einzelnen).
2. Jeder soll das gleiche Recht haben, die erworbenen Vorteile zu genießen.
3. Man soll über jedes Ding die Vor- und Nachteile aussagen.
4. Man soll immer die Wahrheit vertreten.
5. Irgendwo müssen die Schlechten sich doch aufhalten.

## 2.0 **Morphologie der isländischen Gegenwartssprache**

Die Morphologie der isländischen Sprache ist wesentlich komplexer als diejenige anderer germanischer Sprachen. Das folgt aus dem Umstande, daß das Isländische sich in dieser Hinsicht langsamer als die anderen germanischen Sprachen entwickelt hat. Die deutsche Sprache hat in ihrer Morphologie vieles, was an die isländische Morphologie erinnert. Häufig werden aber einander entsprechende Kategorien im Isländischen und Deutschen verschieden ausgedrückt.

### 2.1.0 **Die Wortklassen**

### 2.1.1 **Der Artikel**

Das Isländische kennt nur den bestimmten Artikel, der einem Adjektiv vor- oder einem Substantiv nachgestellt wird. Dieser Artikel hat vier Kasus und drei grammatische Geschlechter. Die Flexionsformen sind:

| | | **M.** | **F.** | **N.** |
|---|---|---|---|---|
| **Sg.** | *Nom.* | hinn | hin | hið |
| | *Akk.* | hinn | hina | hið |
| | *Dat.* | hinum | hinni | hinu |
| | *Gen.* | hins | hinnar | hins |
| **Pl.** | *Nom.* | hinir | hinar | hin |
| | *Akk.* | hina | hinar | hin |
| | *Dat.* | | hinum | |
| | *Gen.* | | hinna | |

(Im Unterschied zum Deutschen werden die Fälle gemäß der isländischen Tradition in der Reihenfolge Nom., Akk., Dat., Gen. aufgezählt.) Wenn der Artikel einem Substantiv nachgestellt wird, fällt das Anlauts-**h** des Artikels immer weg. Außerdem treten folgende Änderungen auf:

1. Wenn die Kasusendung des Substantivs auf die Vokale **a i u é** auslautet, fällt auch das **i** des Artikels weg: bóndi-nn »der Bauer«, dúkka-n »die Puppe«, húfu-na »die Mütze« (Akk.Sg.), tré-ð »der Baum«. Nach anderen Vokalen kann das **i** des Artikels erhalten bleiben: brú-in »die Brücke«, á-in »der Fluß«. Diese Regel ist nicht ausnahmslos, z.B. in **hlé-ið** »die Unterbrechung« bleibt das **i** des Artikels erhalten.
2. Nach **-r** im Pl. der M. und F. fällt das **i** des Artikels gleichfalls weg: hestar-nir »die Pferde«, konur-nar »die Frauen«.
3. Ebenfalls fällt das **i** des Artikels nach **-s** im Pl. einiger F. weg: mýs-nar »die Mäuse«, lýs-nar »die Läuse«.
4. Das **i** des Artikels fällt im Dat.Sg. im M. und N. immer weg: hól-num »dem Hügel«, vegg-num »der Wand«, hver-num »der heißen Quelle«, búi-nu »dem Bauernhof«. Im F. bleibt **-i** des Artikels erhalten: **í ferðinni** »auf der Reise«. Im Dat.Pl. fällt das **i** des Artikels ebenfalls immer weg: bæjunum »den Städten«, húsu-num »den Häusern«.
5. Im Akk., Dat. und Gen.Sg. der F. fällt das **i** des Artikels nach Vokal weg: á-na »den Fluß«, á-nni »dem Fluß«, lilju-nnar »der Lilie«, lygi-nnar »der Lüge«.

Auch treten bei der Hinzufügung des suffigierten Artikels am Substantiv einige Änderungen auf:

1. Die Endung **-m** der Substantive im Dat.Pl. geht bei Suffigierung des Artikels verloren:
   hestum »Pferden« › hestu-num »den Pferden«
   börnum »Kindern« › börnu-num »den Kindern«
2. Die Endung **-a** im Gen.Pl. der Substantive geht nach den Vokalen **-á, -ó, -ú** vor dem suffigierten Artikel verloren:

áa »Flüsse« › á-nna »der Flüsse«
brúa »Brücken«, › brú-nna »der Brücken«
skóa »Schuhe« › skó-nna »der Schuhe«

3. Feminina und Neutra (2.2.2, 2.2.3), deren Stamm auf Kons.+r (auf **-ur** erweitert) endet, behalten das **-r** vor dem Vokal des Artikels:
   lifur »Leber« › lifr-in »die Leber«
   hreiður »Nest« › hreiðr-ið »das Nest«

Als Beispiele für den bestimmten Artikel, der an Substantive angehängt wird, sei hier die Flexion der Subst. maður »Mann«, kona »Frau« und barn »Kind« angeführt:

| | | | | |
|---|---|---|---|---|
| **Sg.** | *Nom.* | maður-inn | kona-n | barn-ið |
| | *Akk.* | mann-inn | konu-na | barn-ið |
| | *Dat.* | manni-num | konu-nni | barni-nu |
| | *Gen.* | manns-ins | konu-nnar | barns-ins |
| **Pl.** | *Nom.* | mennir-nir | konur-nar | börn-in |
| | *Akk.* | menn-ina | konur-nar | börn-in |
| | *Dat.* | mönnu-num | konu-num | börnu-num |
| | *Gen.* | manna-nna | kvenna-nna | barna-nna |

Wenn ein Adjektiv vor dem Substantiv steht, kann der Artikel vor dem Adjektiv stehen. Diese Stellung gilt jedoch schriftsprachlich als ein etwas gehobener Stil. In der Umgangssprache und der gewöhnlichen geschriebenen Sprache steht der Artikel nach dem Substantiv:

| Gehobene Schriftsprache | Umgangssprache und gewöhnliche Schriftsprache |
|---|---|
| hinn góði maður | góði maðurinn »der gute Mann« |
| hin góða kona | góða konan »die gute Frau« |
| hið góða barn | góða barnið »das gute Kind« |

## 2.2.0 **Das Substantiv**

Das Substantiv kennt drei grammatische Geschlechter und wird in vier Kasus im Sg. und Pl. flektiert. Nach der Endung des Gen. Sg. werden die Flexionen in zwei Gruppen eingeteilt:
1. Endet der Gen. Sg. auf **-s** oder **-r** wird die Flexion als **stark** bezeichnet.
2. Endet der Gen. Sg. auf einen Vokal, wird von **schwacher** Flexion gesprochen.

In den nachfolgenden Paragraphen werden die wichtigsten Flexionsparadigmen der Substantive dargestellt. Die Paradigmen werden durchgehend von 1 bis 60 numeriert. Diese Nummern erscheinen im Wörterverzeichnis nach der Genusbezeichnung des Substantivs und weisen auf das Paradigma hin, nach dessen Muster das entsprechende Substantiv flektiert wird. Schwierigkeiten bereitet anfangs, daß die entsprechenden Substantive im Deutschen und Isländischen häufig nicht dasselbe grammatische Geschlecht haben. Es ist leider hier unmöglich Regeln anzugeben. Das grammatische Geschlecht muß für jedes Substantiv einzeln gelernt werden.

## Starke Flexion der Substantive

### 2.2.1 **Maskulina**

Die starke Flexion der Maskulina kann in drei Hauptgruppen zusammengefaßt werden und in eine Gruppe unregelmäßiger Substantive. Innerhalb jeder Gruppe gibt es einige Varianten. Als Grundlage der Klassifizierung dienen die Kasusendungen im Gen. Sg. und im Nom. Pl.

**Gruppe 1 A (Paradigmen 1 bis 7)**
In dieser Gruppe endet der Gen. Sg. auf **-s** und Akk. Pl. auf **-a**. Einige Substantive dieser Gruppe haben jedoch **-ar** im Gen. Sg.

oder können beide Endungen haben, z. B.: hláturs oder hlátrar »(des) Lachens«. Nom. Pl. endet auf **-ar**. Beispiele:
heimur »Welt«, himinn »Himmel«, akur »Acker«, læknir »Arzt«, söngur »Gesang«

| | | 1 | 2 | 3 | 4 | 5 |
|---|---|---|---|---|---|---|
| **Sg.** | *Nom.* | heimur | himinn | akur | læknir | söngur |
| | *Akk.* | heim | himin | akur | lækni | söng |
| | *Dat.* | heimi | himni | akri | lækni | söng |
| | *Gen.* | heims | himins | akurs | læknis | söngs |
| **Pl.** | *Nom.* | heimar | himnar | akrar | læknar | söngvar |
| | *Akk.* | heima | himna | akra | lækna | söngva |
| | *Dat.* | heimum | himnum | ökrum | læknum | söngvum |
| | *Gen.* | heima | himna | akra | lækna | söngva |

Wörter, die auf -all, -ill, -ull, -ann, -inn, -unn enden, werden wie **himinn** flektiert, z. B.: aðall »Adel«, engill »Engel«, böggull »Paket«, aftann »Abend«, drottinn »Gott«, jötunn »Riese«. Das Wort **skór** »Schuhe« hat folgende Pluralformen: Nom. skór, Akk. skó, Dat. skóm und Gen. skóa. Wörter, die **a** als Stammvokal haben (Beispiel **akur**) ändern das **a** zu **ö** im Dat. Pl.
In diese Gruppe gehören auch die unregelmäßigen Wörter **sjór** »**See** (F.), Meer« und **snjór** »Schnee«. Ihre Flexion lautet:

| | | 6 | 7 |
|---|---|---|---|
| **Sg.** | *Nom.* | sjór (sær) | snjór (snær, snjár) |
| | *Akk.* | sjó (sæ) | snjó (snæ, snjá) |
| | *Dat.* | sjó (sæ) | snjó (snævi, snjávi) |
| | *Gen.* | sævar, sjávar | snjós, snævar (snjávar) |
| **Pl.** | *Nom.* | sjóir »Wellen« | snjóar »Schnee auf der Erde, |
| | *Akk.* | sjói | örtlich gefallene Schneemenge« |
| | *Dat.* | sjóum | snjóa |
| | *Gen.* | sjóa | snjóum |
| | | | snjóa |

In Klammern sind Formen, die weniger häufig gebraucht werden. In literarischen Texten können in einigen Kasus noch andere Formen auftreten, die hier nicht aufgeführt sind. Zu beachten ist die Bedeutungsänderung dieser Wörter im Pl. Der Gen. Sg. **sjós** wird praktisch nur in der Redewendung **til sjós** »auf See, zur See, Seemann sein« verwendet.

**Gruppe 1B (Paradigmen 8 bis 11)**
In dieser Gruppe endet Gen. Sg. auf **-s** oder beide Endungen **-s, -ar** sind möglich. Dat. Sg. endet auf **-i** oder hat keine Endung. Nom. Pl. endet auf **-ir**. Beispiele:

gestur »Gast«, dalur »Tal«, veggur »Wand«, hver »heiße Quelle«

| | | 8 | 9 | 10 | 11 |
|---|---|---|---|---|---|
| **Sg.** | *Nom.* | gestur | dalur | veggur | hver |
| | *Akk.* | gest | dal | vegg | hver |
| | *Dat.* | gesti | dal | vegg | hver |
| | *Gen.* | gests | dals | veggs oder veggjar | hvers |
| **Pl.** | *Nom.* | gestir | dalir | veggir | hverir |
| | *Akk.* | gesti | dali | veggi | hveri |
| | *Dat.* | gestum | dölum | veggjum | hverum |
| | *Gen.* | gesta | dala | veggja | hvera |

**Gruppe 1C (Paradigmen 12 bis 16)**
Gen. Sg. endet auf **-ar** und Nom. Pl. auf **-ir**. Dat. Sg. endet fast immer auf **-i**. Beispiele:

fundur »Versammlung, Sitzung«, köttur »Katze«, fjörður »Fjord«, sonur »Sohn«, háttur »Art, Weise; Art und Weise; Richtung«.

| | | 12 | 13 | 14 | 15 | 16 |
|---|---|---|---|---|---|---|
| **Sg.** | *Nom.* | fundur | köttur | fjörður | sonur | háttur |
| | *Akk.* | fund | kött | fjörð | son | hátt |
| | *Dat.* | fundi | ketti | firði | syni | hætti |
| | *Gen.* | fundar | kattar | fjarðar | sonar | háttar |
| **Pl.** | *Nom.* | fundir | kettir | firðir | synir | hættir |
| | *Akk.* | fundi | ketti | firði | syni | hætti |
| | *Dat.* | fundum | köttum | fjörðum | sonum | háttum |
| | *Gen.* | funda | katta | fjarða | sona | hátta |

**Sonur** kann im Nom. Sg. auch die Form **son** haben. In der heutigen Sprache wird diese Form jedoch fast ausschließlich als Suffix in Personennamen verwendet: Jóns**son**, Einars**son**, Jóhanns**son** usw. **Fundur** ist in dieser Gruppe ein Beispiel für Wörter ohne Umlaut. **Köttur** und **fjörður** sind Beispiele für Wörter, in deren Flexion u-Umlaut im Nom., Akk. Sg. und im Dat. Pl. und i-Umlaut im Dat. Sg. und Nom., Akk. Pl. auftritt. In **fjörður** findet außerdem eine Brechung statt: ö-Brechung im Nom., Akk. Sg. und im Dat. Pl. und a-Brechung im Gen. Sg. und Pl.; in **sonur** und **háttur** findet i-Umlaut im Dat. Sg. und im Nom., Akk. Pl. statt. Als Folge dieser Änderungen wechselt der Wurzelvokal in den einzelnen Kasusformen. Die Wörter **hlutur** »Ding«, **staður** »Ort«, **kostur**[1] »Vorteil« werden nach dem Paradigma 12 flektiert, haben jedoch kein **-i** im Dat. Sg.

**Unregelmäßige starke Maskulina (Paradigmen 17 bis 22)**

Völlig unregelmäßige Flexion haben folgende sechs Wörter:
faðir »Vater«, bróðir »Bruder«, vetur »Winter«, fótur »Fuß«, fingur »Finger«, maður »Mann«

1 **Kostur** kann auch im Gen. Sing. die Form **kosts** haben.

| | | 17 | 18 | 19 | 20 | 21 | 22 |
|---|---|---|---|---|---|---|---|
| **Sg.** | *Nom.* | faðir | bróðir | vetur | fótur | fingur | maður |
| | *Akk.* | föður | bróður | vetur | fót | fingur | mann |
| | *Dat.* | föður | bróður | vetri | fæti | fingri | manni |
| | *Gen.* | föður | bróður | vetrar | fótar | fingurs | manns |
| **Pl.** | *Nom.* | feður | bræður | vetur | fætur | fingur | menn |
| | *Akk.* | feður | bræður | vetur | fætur | fingur | menn |
| | *Dat.* | feðrum | bræðrum | vetrum | fótum | fingrum | mönnum |
| | *Gen.* | feðra | bræðra | vetra | fóta | fingra | manna |

Mit dem Artikel lautet der Gen. Sg. von **faðir, bróðir** in der Umgangssprache häufig **föðursins, bróðursins**. Der Nom. Pl. **menn** heißt mit Artikel **mennirnir**.

### 2.2.2 Feminina

**Gruppe 2 A (Paradigmen 23 bis 28)**
Gen. Sg. endet auf **-ar** oder **-r**. Nom. und Akk. Pl. enden auf **-ar** oder **-r**. Beispiele:

skál »Schale«, kerling »alte Frau«, hildur »Kampf«, á »Fluß«, stöð »Station«, skel »Muschel«

| | | 23 | 24 | 25 | 26 | 27 | 28 |
|---|---|---|---|---|---|---|---|
| **Sg.** | *Nom.* | skál | kerling | hildur | á | stöð | skel |
| | *Akk.* | skál | kerlingu | hildi | á | stöð | skel |
| | *Dat.* | skál | kerlingu | hildi | á | stöð | skel |
| | *Gen.* | skálar | kerlingar | hildar | ár | stöðvar | skeljar |
| **Pl.** | *Nom.* | skálar | kerlingar | hildar | ár | stöðvar | skeljar |
| | *Akk.* | skálar | kerlingar | hildar | ár | stöðvar | skeljar |
| | *Dat.* | skálum | kerlingum | hildum | ám | stöðvum | skeljum |
| | *Gen.* | skála | kerlinga | hilda | áa | stöðva | skelja |

**Gruppe 2 B (Paradigmen 29 bis 33)**
Gen. Sg. endet auf **-ar**. Nom. und Akk. Pl. enden auf **-ir**. Beispiele:

ást »Liebe«, sök »Schuld«, verslun »Geschäft«, gjöf »Geschenk«, vöntun »Mangel«

| | | 29 | 30 | 31 | 32 | 33 |
|---|---|---|---|---|---|---|
| **Sg.** | *Nom.* | ást | sök | verslun | gjöf | vöntun |
| | *Akk.* | ást | sök | verslun | gjöf | vöntun |
| | *Dat.* | ást | sök | verslun | gjöf | vöntun |
| | *Gen.* | ástar | sakar | verslunar | gjafar | vöntunar |
| **Pl.** | *Nom.* | ástir | sakir | verslanir | gjafir | vantanir |
| | *Akk.* | ástir | sakir | verslanir | gjafir | vantanir |
| | *Dat.* | ástum | sökum | verslunum | gjöfum | vöntunum |
| | *Gen.* | ásta | saka | verslana | gjafa | vantana |

**Sök, gjöf** und **vöntun** sind Beispiele für Wörter, die u-Umlaut in ihrer Flexion haben. Ohne Umlaut sind Nom., Akk. und Gen. Pl. Zu bemerken ist, daß bei Wörtern, die nach dem Paradigma 33 flektiert werden, auch der Suffixvokal vom Umlaut erfaßt wird. In **verslun** (31) wird nur der Suffixvokal durch den Umlaut verändert, aber der Wurzelvokal ist konstant in allen Kasusformen.

**Gruppe 2C (Paradigmen 34 bis 37)**

Gen. Sg. endet auf **-ar** oder **-ur**. Nom., Akk. Pl. enden auf **-ur** oder **-r**. Beispiele:

bók »Buch«, brú »Brücke«, mörk »Wald; 1/2 Pfund«, nótt »Nacht«.

| | | 34 | 35 | 36 | 37 |
|---|---|---|---|---|---|
| **Sg.** | *Nom.* | bók | brú | mörk | nótt |
| | *Akk.* | bók | brú | mörk | nótt |
| | *Dat.* | bók | brú | mörk | nótt (nóttu) |
| | *Gen.* | bókar | brúar | merkur | nætur |
| **Pl.** | *Nom.* | bækur | brýr | merkur | nætur |
| | *Akk.* | bækur | brýr | merkur | nætur |
| | *Dat.* | bókum | brúm | mörkum | nóttum (nætrum) |
| | *Gen.* | bóka | brúa | marka | nótta (nátta) |

Die meisten Feminina variieren im Sg. nur im Gen. Ausnahmen bilden nur die Wörter auf **-ur** und **-ing** im Nom. Sg. der Gruppe 2 A. Besondere Fälle sind die Wörter **brúður** »Braut« und **vættur** »Gespenst«. Sie werden im Sg. wie **hildur** (25) und im Pl. wie **ást** (29) flektiert. Die größte Zahl der Feminina wird in der starken Flexion wie **ást** (29) flektiert. Das Wort **sól** (29) »Sonne« hat Gen. Pl. **sólna**. Der Pl. ist sonst normal: sólir (Nom., Akk.) und sólum (Dat.).

**Unregelmäßige starke Feminina (Paradigmen 38 bis 42)**
Die Wörter **kýr** »Kuh«, **ær** »Mutterschaf«, **móðir** »Mutter«, **dóttir** »Tochter« und **systir** »Schwester« haben eine unregelmäßige Flexion.

| | | 38 | 39 | 40 | 41 | 42 |
|---|---|---|---|---|---|---|
| **Sg.** | *Nom.* | kýr | ær | móðir | dóttir | systir |
| | *Akk.* | kú | á | móður | dóttur | systur |
| | *Dat.* | kú | á | móður | dóttur | systur |
| | *Gen.* | kýr | ær | móður | dóttur | systur |
| **Pl.** | *Nom.* | kýr | ær | mæður | dætur | systur |
| | *Akk.* | kýr | ær | mæður | dætur | systur |
| | *Dat.* | kúm | ám | mæðrum | dætrum | systrum |
| | *Gen.* | kúa | áa | mæðra | dætra | systra |

### 2.2.3 Neutra

**Gruppe 3 (Paradigmen 43 bis 50)**
Die starken Neutra enden im Gen. Sg. alle auf **-s**. In den meisten Fällen sind Nom. und Akk. gleich in Sg. und Pl. (Ausnahmen sind Paradigmen 47, 49 und 50). Dat. Sg. endet meistens auf **-i**. Beispiele:

blóm »Blume«, ber »Beere«, tré »Baum«, hreiður »Nest«, vald »Macht«, kvæði »Gedicht«, meðal »Arznei; Mittel«, sumar »Sommer«

| | 43 | 44 | 45 | 46 | 47 | 48 | 49 | 50 |
|---|---|---|---|---|---|---|---|---|
| **Sg.** *Nom.* | blóm | ber | tré | hreiður | vald | kvæði | meðal | sumar |
| *Akk.* | blóm | ber | tré | hreiður | vald | kvæði | meðal | sumar |
| *Dat.* | blómi | beri | tré | hreiðri | valdi | kvæði | meðali | sumri |
| *Gen.* | blóms | bers | trés | hreiðurs | valds | kvæðis | meðals | sumars |
| **Pl.** *Nom.* | blóm | ber | tré | hreiður | völd | kvæði | meðöl[1] | sumur |
| *Akk.* | blóm | ber | tré | hreiður | völd | kvæði | meðöl | sumur |
| *Dat.* | blómum | berjum | trjám | hreiðrum | völdum | kvæðum | meðölum oder meðulum | sumrum |
| *Gen.* | blóma | berja | trjáa | hreiðra | valda | kvæða | meðala | sumra |

Das Wort **altari** (49) »Altar« hat folgende Pluralformen: Nom., Akk. **ölturu**, Dat. **ölturum**, Gen. **altara**.

### Schwache Flexion der Substantive

Substantive der schwachen Flexion enden im Gen. Sg. auf einem Vokal, **-a, -i, -u** (selten **-ó**).

## 2.2.4 **Maskulina**

**Gruppe 4 (Paradigmen 51 bis 54)**

Nom. Sg. endet auf **-i** und andere Kasus des Sg. enden auf **-a**. Nom. Pl. endet auf **-r**. Beispiele:

hani »Hahn«, einyrki »Einsiedler, Einzelbauer«, eigandi »Besitzer, Eigentümer«

Eine Sonderklasse bilden einige Wörter der Umgangssprache, die auf **-ó** enden. Sie sind im Sg. unflektierbar (einige sind auch im Pl. unflektierbar), wenn sie ohne Artikel stehen (der Artikel wird dann in Kasus flektiert), können jedoch **-s** im Gen. Sg. vor dem Artikel nehmen strætós-ins »des Busses«. Als Beispiel wird hier das Wort **strætó** »Bus (im Stadtverkehr)« angegeben.

1 Im Nom./Akk. Pl. existiert auch die Form **meðul**.

| | | 51 | 52 | 53 | 54 |
|---|---|---|---|---|---|
| **Sg.** | *Nom.* | hani | einyrki | eigandi | strætó |
| | *Akk.* | hana | einyrkja | eiganda | strætó |
| | *Dat.* | hana | einyrkja | eiganda | strætó |
| | *Gen.* | hana | einyrkja | eiganda | strætó |
| **Pl.** | *Nom.* | hanar | einyrkjar | eigendur | strætóar |
| | *Akk.* | hana | einyrkja | eigendur | strætóa |
| | *Dat.* | hönum | einyrkjum | eigendum | strætóum |
| | *Gen.* | hana | einyrkja | eigenda | strætóa |

Das Wort **bóndi** (53) »Bauer« hat im Pl. Umlaut: **bændur** (Nom., Akk.), **bændum** (Dat.), **bænda** (Gen.).

### 2.2.5 Feminina

**Gruppe 5 (Paradigmen 55 bis 58)**
Nom. Sg. endet auf **-a** oder **-i**. Gen. Sg. endet auf **-u** oder **-i**. Nom. und Akk. Pl. enden auf **-ur** oder **-ar**. Beispiele:
tunga »Zunge«, lilja »Lilie«, lygi »Lüge«, saga »Geschichte«

| | | 55 | 56 | 57 | 58 |
|---|---|---|---|---|---|
| **Sg.** | *Nom.* | tunga | lilja | lygi | saga |
| | *Akk.* | tungu | lilju | lygi | sögu |
| | *Dat.* | tungu | lilju | lygi | sögu |
| | *Gen.* | tungu | lilju | lygi | sögu |
| **Pl.** | *Nom.* | tungur | liljur | lygar | sögur |
| | *Akk.* | tungur | liljur | lygar | sögur |
| | *Dat.* | tungum | liljum | lygum | sögum |
| | *Gen.* | tungna | lilja | lyga | sagna |

Das Wort **kona** (55) »Frau« lautet im Gen. Pl. **kvenna**. Die meisten Feminina, die im Nom. Sg. auf **-i** enden, haben keinen Pl., z. B. **gleði** »Freude«, **athygli** »Aufmerksamkeit«

usw. Das Wort **ævi** (57) »Leben, Lebenszeit« hat folgende Formen im Pl.: Nom., Akk. **ævir**, Dat. **ævum**, Gen. **æva**.

### 2.2.6 Neutra

**Gruppe 6 (Paradigmen 59 bis 60)**

Zur Gruppe der schwachen Neutra gehören nur wenige Wörter. Sie enden in allen Kasus im Sg. auf **-a** und im Nom. und Akk. Pl. auf **-u**. Im Gen. Pl. kann in einigen dieser Wörter ein **n** vor der Genitivendung **-a** eingeschoben werden. Beispiele:

auga »Auge«, hjarta »Herz«

| | | 59 | 60 |
|---|---|---|---|
| **Sg.** | *Nom.* | auga | hjarta |
| | *Akk.* | auga | hjarta |
| | *Dat.* | auga | hjarta |
| | *Gen.* | auga | hjarta |
| **Pl.** | *Nom.* | augu | hjörtu |
| | *Akk.* | augu | hjörtu |
| | *Dat.* | augum | hjörtum |
| | *Gen.* | augna | hjarta oder hjartna |

Andere Wörter, die zu dieser Gruppe gehören, sind: nýra »Niere«, lunga »Lunge«, eyra »Ohr«, eista »Hoden«, milta »Milz«, hnoða »Bällchen aus Wolle, Knaul«, bjúga »Wurst«. In diese Gruppe sind zwei häufig gebrauchte Lehnwörter aufgenommen worden: firma »Firma« und skema »Schema«.

2.2.7 In der komplizierten Flexion der Substantive, die hier in 60 Paradigmen dargestellt wurde, lassen sich einige Regelmäßigkeiten erkennen. Im Pl. ist die Kasusdifferenzierung im allgemeinen geringer als im Sg. Der Dat. Pl. endet in allen Flexionen ausnahmslos auf **-um** (nach Vokal gelegentlich auf **-m**) und Gen. Pl. endet auf **-a**, dem gelegentlich auch ein Konsonant vorgeschoben wird. Maskulina, die auf **-ar** im Nom. Pl. enden, enden auf **-a** im Akk. Pl. Maskulina, die auf **-ir** im Nom. Pl. enden, enden auf **-i** im Akk. Pl. Feminina, die auf **-ar** im Nom. Pl. enden, enden auf **-ar** im Akk. Pl. Feminina, die auf **-ir** bzw. **-ur** im Nom. Pl. enden, enden auch auf **-ir** bzw. **-ur** im Akk. Pl.

### 2.3.0 **Adjektive**

Die drei grammatischen Geschlechter der Adjektive werden in vier Kasus, im Sg. und Pl. flektiert. Im allgemeinen kann dasselbe Adjektiv sowohl starke als auch schwache Flexion haben. In der starken Flexion endet der Gen. Sg. auf die Konsonanten **-s** oder **-r**, in allen Kasus der schwachen Flexion dagegen mit einem Vokal. Starke Flexion haben die Adjektive, wenn sie ein Substantiv ohne bestimmten Artikel bezeichnen:

góður maður »ein guter Mann« oder »guter Mann«
góð kona »eine gute Frau« oder »gute Frau«
gott barn »ein gutes Kind« oder »gutes Kind«

Auch in der prädikativen Stellung sind die Adjektive immer stark:

maðurinn er góður »der Mann ist gut«
konan er góð »die Frau ist gut«
barnið er gott »das Kind ist gut«

Schwache Flexion haben die Adjektive, wenn sie ein Substantiv mit bestimmtem Artikel kennzeichnen:

góði maðurinn »der gute Mann«
góða konan »die gute Frau«
góða barnið »das gute Kind«

In der literarischen Sprache und in der Alltagssprache kann ein starkes Adjektiv gelegentlich ein Substantiv mit bestimmtem Artikel kennzeichnen:

blátt hafið skein í sólinni »das blaue Meer strahlte in der Sonne«

Das stark flektierte Adjektiv, das mit einem Substantiv mit bestimmten Artikel verwendet wird, bezeichnet eine absolute (oder individuelle) Eigenschaft. Demgegenüber bezeichnet das schwach flektierte Adjektiv entweder eine allgemeine Eigenschaft oder einen Vergleich, z. B.:

veika barnið »das kranke Kind« (aber nicht das gesunde Kind usw.).

Positiv und Superlativ können stark und schwach flektiert werden, der Komparativ aber nur schwach.

### 2.3.1 Starke Flexion der Adjektive

**Paradigma 1:** ríkur »reich«

| | **Sg.** | | | **Pl.** | | |
|---|---|---|---|---|---|---|
| | M. | F. | N. | M. | F. | N. |
| *Nom.* | ríkur | rík | ríkt | ríkir | ríkar | rík |
| *Akk.* | ríkan | ríka | ríkt | ríka | ríkar | rík |
| *Dat.* | ríkum | ríkri | ríku | | ríkum | |
| *Gen.* | ríks | ríkrar | ríks | | ríkra | |

Auf diese Weise werden die meisten Adjektive, die auf **-ur** enden, und ebenfalls diejenigen, deren Stamm auf **-r, -s, -n** endet, flektiert, z. B.:

dýr »teuer«, stór »groß«, fús »bereitwillig«, jafn »gleich«, hás »heiser«, sannur »wahr« (mit Umlaut in den entsprechenden Formen)

**Paradigma 2:** fagur »schön«

| | **Sg.** | | | **Pl.** | | |
|---|---|---|---|---|---|---|
| | M. | F. | N. | M. | F. | N. |
| *Nom.* | fagur | fögur | fagurt | fagrir | fagrar | fögur |
| *Akk.* | fagran | fagra | fagurt | fagra | fagrar | fögur |
| *Dat.* | fögrum | fagurri | fögru | | fögrum | |
| *Gen.* | fagurs | fagurrar | fagurs | | fagurra | |

Auf diese Weise werden die Adjektive flektiert, deren **-r** dem Stamm angehört, z. B.:

magur »dünn«, digur »dick«, vitur »weise«, snotur »nett, hübsch«

Als Wurzelvokal kann nur **a** umgelautet werden.

**Paradigma 3:** blár »blau«

| | Sg. | | | Pl. | | |
|---|---|---|---|---|---|---|
| | M. | F. | N. | M. | F. | N. |
| *Nom.* | blár | blá | blátt | bláir | bláar | blá |
| *Akk.* | bláan | bláa | blátt | bláa | bláar | blá |
| *Dat.* | bláum | blárri | bláu | | bláum | |
| *Gen.* | blás | blárrar | blás | | blárra | |

Auf diese Weise werden die Adjektive flektiert, deren Stammvokal **-á, -ó, -ú** ist, z. B.:

hár »hoch«, mjór »dünn«, trúr »treu«

**Paradigma 3 a:** nýr »neu«

| | Sg. | | | Pl. | | |
|---|---|---|---|---|---|---|
| | M. | F. | N. | M. | F. | N. |
| *Nom.* | nýr | ný | nýtt | nýir | nýjar | ný |
| *Akk.* | nýjan | nýja | nýtt | nýja | nýjar | ný |
| *Dat.* | nýjum | nýrri | nýju | | nýjum | |
| *Gen.* | nýs | nýrrar | nýs | | nýrra | |

Auf die gleiche Weise werden die Adjektive flektiert, deren Stammvokal **-ý** oder **-æ** ist und deren **-r** dem Stamm nicht angehört, z. B.:

hlýr »warm«, gegnsær »durchsichtig«

Auch **miður** »mitten« wird nach diesem Paradigma flektiert.

**Paradigma 4:** boginn »krumm, gebogen«

| | Sg. | | | Pl. | | |
|---|---|---|---|---|---|---|
| | M. | F. | N. | M. | F. | N. |
| *Nom.* | boginn | bogin | bogið | bognir | bognar | bogin |
| *Akk.* | boginn | bogna | bogið | bogna | bognar | bogin |
| *Dat.* | bognum | boginni | bognu | | bognum | |
| *Gen.* | bogins | boginnar | bogins | | boginna | |

Nach diesem Paradigma werden zweisilbige Adjektive flektiert, die auf **-inn** enden, sowie Partizipien von beinahe allen starken Verben, z. B.:

heppinn »glücklich«, fundinn »gefunden«, farinn »gefahren«

**Paradigma 5:** seinn »spät«

| | Sg. | | | Pl. | | |
|---|---|---|---|---|---|---|
| | M. | F. | N. | M. | F. | N. |
| *Nom.* | seinn | sein | seint | seinir | seinar | sein |
| *Akk.* | seinan | seina | seint | seina | seinar | sein |
| *Dat.* | seinum | seinni | seinu | | seinum | |
| *Gen.* | seins | seinnar | seins | | seinna | |

Auf diese Art werden die Adjektive flektiert, die auf **-nn** (einsilbige) und **-ll** enden, z. B.:

sæll »glücklich«, brúnn »braun«, vesall »erbärmlich«

**Paradigma 6:** lítill »klein«

| | Sg. | | | Pl. | | |
|---|---|---|---|---|---|---|
| | M. | F. | N. | M. | F. | N. |
| *Nom.* | lítill | lítil | lítið | litlir | litlar | lítil |
| *Akk.* | lítinn | litla | lítið | litla | litlar | lítil |
| *Dat.* | litlum | lítilli | litlu | | litlum | |
| *Gen.* | lítils | lítillar | lítils | | lítilla | |

Außer **lítill** wird nur **mikill** »groß« nach diesem Paradigma flektiert. In **mikill** tritt jedoch graphisch keine Änderung des Wurzelvokals ein.

**Paradigma 7:** talinn »angesehen, gezählt«, P.P. von telja »zählen«

| | **Sg.** | | | **Pl.** | | |
|---|---|---|---|---|---|---|
| | M. | F. | N. | M. | F. | N. |
| *Nom.* | talinn | talin | talið | taldir | taldar | talin |
| *Akk.* | talinn | talda | talið | talda | taldar | talin |
| *Dat.* | töldum | talinni | töldu | | töldum | |
| *Gen.* | talins | talinnar | talins | | talinna | |

Auf diese Weise werden die Partizipien der schwachen Verben flektiert, die im M. auf **-inn** enden. Dieselbe Flexion haben auch:

galinn »verrückt«, alinn »ernährt«

In den drei Geschlechtern sind jeweils die Dat. und die Gen. im Pl. der Adjektive identisch.

### 2.3.2 Schwache Flexion der Adjektive

Die schwache Flexion der Adjektive ist sehr ähnlich derjenigen der schwachen Substantive (2.2.4, 2.2.5, 2.2.6). Im Sg. wird das M. wie hani (51), das F. wie tunga (55) und das N. wie hjarta (60) flektiert. Im Pl. enden alle Kasus der drei Geschlechter auf **-u**. Beispiele:

ríkur »reich«, fagur »schön«

| | M. | F. | N. | | M.F.N. |
|---|---|---|---|---|---|
| *Sg. Nom.* | ríki | ríka | ríka | *Pl.* | ríku |
| *Andere Kasus* | ríka | ríku | ríka | | ríku |
| *Sg. Nom.* | fagri | fagra | fagra | *Pl.* | fögru |
| *Andere Kasus* | fagra | fögru | fagra | | fögru |

### 2.3.3 Unflektierbare Adjektive

Adjektive, die auf **-a, -i, -ó** enden sind unflektierbar, z. B.:

aflvana »kraftlos«, hugstola »melancholisch, niedergeschlagen«, hissa »erstaunt«, nútíma »zeitgenössisch, modern«, hugsi »nachdenklich«, sveitó »bäuerlich«

Die Part. Präs., die gelegentlich als Adjektive verwendet werden, sind in der modernen Sprache ebenfalls unflektierbar:

megandi »mächtig«

### 2.3.4 Steigerung der Adjektive

Der Komparativ wird vom Positiv mit der Endung **-(a)ri** und der Superlativ mit **-(a)stur** gebildet. Bei einigen Adjektiven kann der Wurzelvokal im Komparativ und Superlativ durch Umlaut geändert werden, z. B.:

| | *Positiv* | *Komparativ* | *Superlativ* |
|---|---|---|---|
| a) -ari, -astur | ríkur »reich« | ríkari | ríkastur |
| b) -ri, -stur | grannur »mager« | grennri | grennstur |
| | stór »groß« | stærri | stærstur |
| c) -ri, -astur | fallegur »schön« | fallegri | fallegastur |
| | seinn »spät« | seinni (ri › ni) | seinastur |
| | blár »blau« | blárri | bláastur |
| | nýr »neu« | nýrri | nýjastur |

Einige Adjektive haben zwei Formen im Komparativ und im Superlativ, z. B.:

| *Positiv* | *Komparativ* | *Superlativ* |
|---|---|---|
| frægur »berühmt« | frægari | frægastur |
| | frægri | frægstur |
| þykkur »dick« | þykkari | þykkastur |
| | þykkri | þykkstur |
| djúpur »tief« | dýpri | dýpstur |
| | djúpari | djúpastur |

Vorangestellt wird die häufiger gebrauchte Form.
Die unflektierbaren Adjektive auf **-a, -i, -ó** sowie die Part. Präs. werden mit den Adverbien **meira** »mehr« und **mest** »am meisten« gesteigert, z. B.:

| | | |
|---|---|---|
| aflvana »kraftlos« | meira aflvana | mest aflvana |
| hugsi »nachdenklich« | meira hugsi | mest hugsi |
| sveitó »~~taktlos~~« provinziell | meira sveitó | mest sveitó |
| megandi »mächtig« | meira megandi | mest megandi |
| huggandi »beruhigend« | meira huggandi | mest huggandi |

### 2.3.5 Unregelmäßige Steigerung

Folgende Adjektive werden unregelmäßig gesteigert:

| *Positiv* | *Komparativ* | *Superlativ* |
|---|---|---|
| gamall »alt« | eldri | elstur |
| góður »gut« | betri | bestur |
| lítill »klein« | minni | minnstur |
| margur »viele« | fleiri | flestur |
| mikill »groß« | meiri | mestur |
| vondur »schlecht« / illur »schlecht« / slæmur »schlimm« | verri | verstur |
| fáir/fáar/fá „wenig' | færri | fæst -ir -ar -ø |

### 2.3.6 Schwache Flexion des Komparativs

Der Komparativ wird nur schwach flektiert, aber seine Flexion unterscheidet sich von der schwachen Flexion des Positivs. Beispiel:

ríkari »reicher«

| | M. | F. | N. | | M.F.N. |
|---|---|---|---|---|---|
| *Sg. Nom.* | ríkari | ríkari | ríkara | *Pl.* | ríkari |
| *Andere Kasus* | ríkari(-a) | ríkari | ríkara | | ríkari |

Besonders im Gen. Sg. kann beim M. die Endung fakultativ **-a** sein: hús ríkar**a** mannsins »Haus des reicheren Mannes«. Der Komparativ **fleiri** »mehr« hat im Dat. Pl. die Form **fleirum**. Das Superlativ wird wie der Positiv je nach dem Substantiv, das er kennzeichnet, stark oder schwach flektiert.

### 2.3.7 **Substantivierte Adjektive**

Adjektive können substantiviert werden, werden dann aber im Isländischen äußerst selten mit dem bestimmten Artikel gebraucht:

heyrðu góður**inn** »hör mal, du Schlingel; hör mal, mein Guter«

Das substantivierte Adjektiv kann ohne jede Bestimmung erscheinen:

haltur ríður hrossi »ein Lahmer reitet ein Pferd«
illur á sér ills von »ein Schlimmer erwartet nur Schlimmes«

Das häufigste Mittel der Substantivierung des Adjektivs ist jedoch das Demonstrativ **sá** »der, dieser« (2.5.4):

**sá stóri** kemur »der Große kommt«
hann hitti **þann rétta** »er traf den Richtigen« (oder »er zog das große Los«)

## 2.4.0 **Das Zahlwort**

Nach den Ordnungszahlen wird, wenn sie in Ziffern geschrieben werden, gewöhnlich ein Punkt gesetzt. Kardinalzahlen erscheinen ohne Punkt.

| *Kardinalzahlen* | | *Ordnungszahlen* | |
|---|---|---|---|
| 0 | núll N. | | |
| 1 | einn M., ein F., eitt N. | 1. | fyrsti M., fyrsta F., N. |
| 2 | tveir M., tvær F., tvö N. | 2. | annar M., önnur F., annað N. |
| 3 | þrír M., þrjár F., þrjú N. | 3. | þriðji M., þriðja F., N. |
| 4 | fjórir M., fjórar F., fjögur N. | 4. | fjórði M., fjórða F., N. |
| 5 | fimm | 5. | fimmti M., fimmta F., N. |
| 6 | sex | 6. | sjötti, sétti, -a usw. |
| 7 | sjö | 7. | sjöundi |
| 8 | átta | 8. | áttundi |
| 9 | níu | 9. | níundi |
| 10 | tíu | 10. | tíundi |
| 11 | ellefu | 11. | ellefti |
| 12 | tólf | 12. | tólfti |
| 13 | þrettán | 13. | þrettándi |
| 14 | fjórtán | 14. | fjórtándi |
| 15 | fimmtán | 15. | fimmtándi |
| 16 | sextán | 16. | sextándi |
| 17 | sautján, seytján | 17. | sautjándi, seytjándi |
| 18 | átján | 18. | átjándi |
| 19 | nítján | 19. | nítjándi |
| 20 | tuttugu | 20. | tuttugasti |
| 21 | tuttugu og einn | 21. | tuttugasti og fyrsti |
| 30 | þrjátíu | 30. | þrítugasti |
| 40 | fjörutíu | 40. | fertugasti |
| 50 | fimmtíu | 50. | fimmtugasti |
| 60 | sextíu | 60. | sextugasti |
| 70 | sjötíu | 70. | sjötugasti |
| 80 | áttatíu | 80. | áttugasti |
| 90 | ní(u)tíu | 90. | nítugasti |
| 100 | hundrað | 100. | hundraðasti |
| 101 | hundrað og einn | 101. | hundraðasti og fyrsti |
| 120 | hundrað og tuttugu | 120. | hundrað og tuttugasti |
| 200 | tvö hundruð | 200. | tvö hundraðasti |

Kardinalzahlen

| | |
|---|---|
| 1 000 | þúsund |
| 1 500 | fimmtán hundruð, eitt þúsund og fimm hundruð |
| 10 000 | tíu þúsund |
| 1 000 000 | (ein) milljón |

Ordnungszahlen

| | |
|---|---|
| 1 000. | þúsundasti |
| 1 500. | fimmtán hundraðasti |
| 10 000. | tíu þúsundasti |
| 1 000 000. | milljónasti |

Í dag er 30. janúar 1978 = þrítugasti janúar nítján hundruð sjötíu og átta »heute ist der 30. Januar 1978«.

### 2.4.1 Flexion der Zahlwörter

Die Zahlwörter sind, ausgenommen **hundrað**, **þúsund** und **milljón**, Adjektive. **Hundrað** ist Subst. N. und **þúsund** ist entweder N. oder F. **Milljón** ist Subst. F. **Þúsund** und **milljón** werden nach dem Paradigma 29 flektiert (als N. wird **þúsund** zusätzlich nach dem Paradigma 43 flektiert).
Die Flexion der ersten vier Kardinalzahlen ist folgendermaßen:
1. einn »ein«

| | **Sg.** | | | **Pl.** | | |
|---|---|---|---|---|---|---|
| | M. | F. | N. | M. | F. | N. |
| *Nom.* | einn | ein | eitt | einir | einar | ein |
| *Akk.* | einn, einan | eina | eitt | eina | einar | ein |
| *Dat.* | einum | einni | einu | | einum | |
| *Gen.* | eins | einnar | eins | | einna | |

Die Akkusativform **einan** (Sg. M.) wird meistens nur prädikativ gebraucht: ég sá hann einan »ich sah ihn, wo er allein war«, aber: ég sá hann einn »ich allein sah ihn«. Wenn **einn** mit **sá** substantiviert wird (2.3.7), hat es schwache Flexion: hann er **sá eini** »er ist der einzige«, **sú eina** »die einzige«, **það eina** »das einzige« (**það eitt** »das allein«).

Im Plural bedeutet **einir** »alleine«. **Einir** wird auch mit Wörtern verwendet, die nur im Plural vorkommen oder mit Wörtern, die im Plural Paare bezeichnen, z. B.: einar dyr »eine Tür«, einar buxur »eine Hose«. Auf der gleichen Art werden die Zahlwörter **tvennir** »zwei«, **þrennir** »drei« und **fernir** »vier« nur mit Wörtern im Plural verwendet, z. B.: tvenn hjón »zwei Ehepaare«, þrennar dyr »drei Türen«. Beachten Sie den Unterschied zwischen:

einn skór »ein Schuh« und einir skór »ein Schuhpaar«
þrír skór »drei Schuhe« und þrennir skór »drei Schuhpaare«
fjórir sokkar »vier Strümpfe« und fernir sokkar »vier Paare von Strümpfen« usw.

Für die höheren Zahlen ab 5 muß das Substantiv **par**, Pl. **pör** »Paar« zugefügt werden, wenn es sich um Paare handelt:

fimm skópör (pör af skóm) »fünf Schuhpaare«
tuttugu sokkapör (pör af sokkum) »zwanzig Paare von Strümpfen« usw.

Eine Ausnahme stellen lediglich die Wörter dar, die semantisch immer ein Paar bezeichnen, wie z. B.:

fimm hjón »fünf Ehepaare«

2. tveir »zwei«

| | | M. | F. | N. |
|---|---|---|---|---|
| **Pl.** | *Nom.* | tveir | tvær | tvö |
| | *Akk.* | tvo | tvær | tvö |
| | *Dat.* | | tveim | |
| | *Gen.* | | tveggja | |

3. þrír »drei«

| | | M. | F. | N. |
|---|---|---|---|---|
| **Pl.** | *Nom.* | þrír | þrjár | þrjú |
| | *Akk.* | þrjá | þrjár | þrjú |
| | *Dat.* | þrem(ur) | | |
| | *Gen.* | þriggja | | |

4. fjórir »vier«

| | | M. | F. | N. |
|---|---|---|---|---|
| **Pl.** | *Nom.* | fjórir | fjórar | fjögur |
| | *Akk.* | fjóra | fjórar | fjögur |
| | *Dat.* | fjórum | | |
| | *Gen.* | fjögra, fjögurra | | |

Ab 5 werden die Kardinalzahlen nicht mehr flektiert, es sei denn, daß es sich um zusammengesetzte Zahlen handelt, deren letzte Ziffer wieder eine der Zahlen 1 bis 4 ist; diese Zahlen werden dann flektiert, als ob sie allein stünden (einn, ein, eitt usw.). Die Ordnungszahlen werden wie schwache Adjektive (2.3.2) flektiert, mit Ausnahme von **annar** »der zweite, der andere«, das stark flektiert wird:

| **Sg.** | M. | F. | N. | **Pl.** | M. | F. | N. |
|---|---|---|---|---|---|---|---|
| *Nom.* | annar | önnur | annað | | aðrir | aðrar | önnur |
| *Akk.* | annan | aðra | annað | | aðra | aðrar | önnur |
| *Dat.* | öðrum | annarri | öðru | | | öðrum | |
| *Gen.* | annars | annarrar | annars | | | annarra | |

**Bemerkung:**
Wenn Ordnungszahlen von einer komplexen Zahl gebildet werden, haben die letzten zwei Zahlen Ordnungszahlsuffixe: 152. hundrað **fimmtugasti og annar** »einhundertzweiundfünfzigste«.

Die Uhrzeit wird folgendermaßen angegeben:

klukkan er tólf »es ist 12 Uhr«
klukkan er hálf ellefu »es ist 10 Uhr 30; halb elf«
klukkuna vantar korter (fimmtán mínútur) í ellefu »es ist 10 Uhr 45; 15 Minuten vor 11«
klukkan er tíu mínútur yfir tíu (oder: tíu mínútur gengin í ellefu) »es ist 10 Uhr 10; 10 Minuten nach 10 Uhr«

## 2.5.0 Das Pronomen

### 2.5.1 Die persönlichen Pronomina

**1. Person**

| | | | | | |
|---|---|---|---|---|---|
| **Sg.** | *Nom.* | ég, eg »ich« | **Pl.** | við »wir« | vér »wir« |
| | *Akk.* | mig | | okkur | oss |
| | *Dat.* | mér | | okkur | oss |
| | *Gen.* | mín | | okkar | vor |

Die Form **vér** (der ursprüngliche Plural) ist ein Honorativplural (»plural majestatis«), der nur noch in literarischer oder sehr förmlicher Rede gebraucht wird.

**2. Person:**

| | | | | | |
|---|---|---|---|---|---|
| **Sg.** | *Nom.* | þú »du« | **Pl.** | þið »ihr« | þér »Sie« |
| | *Akk.* | þig | | ykkur | yður |
| | *Dat.* | þér | | ykkur | yður |
| | *Gen.* | þín | | ykkar | yðar |

Der jetzige Plural **þið** ist ein alter Dual (wie auch **við** in der ersten Person). Die Honorativform **þér**, die der alte Plural ist, wird heute praktisch nicht mehr benutzt. In Island duzen sich seit dem Zweiten Weltkrieg alle, unabhängig von der gesellschaftlichen Stellung der Gesprächspartner und auch davon, ob sie sich kennen oder nicht.

**3. Person:**

| | | M. | F. | N. |
|---|---|---|---|---|
| **Sg.** | *Nom.* | hann »er« | hún »sie« | það »es« |
| | *Akk.* | hann | hana | það |
| | *Dat.* | honum | henni | því (þí) |
| | *Gen.* | hans | hennar | þess |
| **Pl.** | *Nom.* | þeir »sie« | þær »sie« | þau »sie« |
| | *Akk.* | þá | þær | þau |
| | *Dat.* | | þeim | |
| | *Gen.* | | þeirra | |

Die Form **þí** (Dat. N. Sg.) ist in der gesprochenen Sprache häufig, wird aber nur selten geschrieben.

### 2.5.2 Das reflexive Pronomen

Das reflexive Pronomen hat, wie übrigens auch im Deutschen keinen Nominativ. Es lautet im Akk. **sig** »sich«, im Dat. **sér** und im Gen. **sín**. Diese Formen gelten sowohl für Sg. als auch für Pl.

### 2.5.3 Die Possessivpronomina

Die Possessivpronomina sind **minn** »mein«, **þinn** »dein«, **sinn** »sein« und beziehen sich auf die Personalpronomina **ég, þú, hann, hún,** það und **þeir**. Sie können sowohl substantivisch als auch adjektivisch verwendet werden. **Sinn** kann sich nur auf das Subjekt des Satzes beziehen: hann tók bókina sína »er nahm sein (eigenes) Buch«; Þeir tóku bókina sína »sie nahmen ihr Buch« und þeir tóku bækurnar sínar »sie nahmen ihre Bücher«. Als plurale Possessiva wird der Gen. der Personalpronomina verwendet: okkar »unser«, ykkar »euer«, þeirra »ihr«. Die Gen. **hans, hennar, þess** beziehen sich auf eine dritte Person,

die nicht Subjekt des Satzes ist: hann tók bókina hennar »er nahm ihr Buch«. Das flektierbare honorative Possessivpronomen **vor** »unser« und der Gen. **yðar** »Ihr« werden heute kaum noch gebraucht.
Die Flexion von **minn, þinn, sinn** ist identisch. Als Beispiel wird hier die Flexion von **minn** angegeben. Besonders muß auf die regelmäßige Änderung des Wurzelvokals in einigen Flexionsformen geachtet werden:

| | | M. | F. | N. | | M. | F. | N. |
|---|---|---|---|---|---|---|---|---|
| **Sg.** | *Nom.* | minn | mín | mitt | **Pl.** | mínir | mínar | mín |
| | *Akk.* | minn | mína | mitt | | mína | mínar | mín |
| | *Dat.* | mínum | minni | mínu | | | mínum | |
| | *Gen.* | míns | minnar | míns | | | minna | |

Das Possessivpronomen steht in der Regel **nach** dem zugehörigen Substantiv:

bókin mín oder bók mín »mein Buch«
hesturinn þinn oder hestur þinn »dein Pferd«
bíllinn hans oder bíll hans »sein Wagen«
húsið okkar oder hús okkar »unser Haus«

Die Flexion von **vor** »unser« ist folgendermaßen:

| | | M. | F. | N. | | M. | F. | N. |
|---|---|---|---|---|---|---|---|---|
| **Sg.** | *Nom.* | vor | vor | vort | **Pl.** | vorir | vorar | vor |
| | *Akk.* | vorn | vora | vort | | vora | vorar | vor |
| | *Dat.* | vorum | vorri | voru | | | vorum | |
| | *Gen.* | vors | vorrar | vors | | | vorra | |

In der heutigen Sprache wird **vor**, wie schon gesagt, kaum noch gebraucht. In sehr förmlicher Rede (z. B. in feierlichen, offiziellen Ansprachen) kann dieses Pronomen jedoch gelegentlich vorkommen:

þjóð **vor** berst fyrir tilveru sinni »Unser Volk steht im Kampf um seine Existenz«

### 2.5.4 Die Demonstrativpronomina

Das Isländische hat drei Demonstrativa: sá »der«, þessi »dieser«, hinn »jener, (der) andere«. **Hinn** wird wie der Artikel flektiert (2.1.1), mit Ausnahme des N., das im Nom. und Akk. Sg. **hitt** heißt. Die beiden anderen Demonstrativa werden folgendermaßen flektiert:

**1. sá »der«**

| | | M. | F. | N. | | M. | F. | N. |
|---|---|---|---|---|---|---|---|---|
| **Sg.** | *Nom.* | sá | sú | það | **Pl.** | þeir | þær | þau |
| | *Akk.* | þann | þá | það | | þá | þær | þau |
| | *Dat.* | þeim | þeirri | því (þí) | | | þeim | |
| | *Gen.* | þess | þeirrar | þess | | | þeirra | |

**2. þessi »dieser«**

| | | M. | F. | N. | | M. | F. | N. |
|---|---|---|---|---|---|---|---|---|
| **Sg.** | *Nom.* | þessi | þessi | þetta | **Pl.** | þessir | þessar | þessi |
| | *Akk.* | þennan | þessa | þetta | | þessa | þessar | þessi |
| | *Dat.* | þessum | þessari | þessu | | | þessum | |
| | *Gen.* | þessa | þessarar | þessa | | | þessara | |

Sogenannte unbestimmte Demonstrativpronomina sind: sjálfur »selbst«, samur »derselbe«, slíkur »solcher« þvílíkur »welch ein«. Sie werden wie Adjektive flektiert (2.3.1, 2.3.2).

### 2.5.5 Die Relativpronomina

In der Umgangssprache wird ausschließlich das nicht flektierende Relativpronomen **sem** »der, die, das; welcher, welche, welches« gebraucht. Im Gegensatz zum deutschen Pronomen kann das isländische Relativpronomen niemals nach einer

Präposition stehen. Im Relativsatz steht die Präposition am Ende des Satzes:

maðurinn, **sem** sá hann »der Mann, der ihn sah«
húsið, **sem** ég bý **í** »das Haus, in dem ich wohne«

In der gesprochenen spontanen Sprache wird häufig ein zusammengesetztes Relativpronomen **sem að** verwendet:

taktu eftir því, **sem að** ég segi »beachte, was ich eben sage«

Die Schriftsprache verfügt außerdem über das Pronomen **er** »der, die, das«, das ebenfalls unveränderlich ist:

húsið, **er** hann býr í »das Haus, in dem er wohnt«

### 2.5.6 **Die Interrogativpronomina**

Die Interrogativpronomina sind **hver** »wer«, **hvor** »wer von beiden« (nur wenn von zweien gesprochen wird) und **hvílíkur** »solcher, solch ein« und außerdem das unflektierbare **hvaða** »was für ein«. **Hvílíkur** wird adjektivisch flektiert. Die Flexion von **hver** ist folgendermaßen:

| | | M. | F. | N. | |
|---|---|---|---|---|---|
| **Sg.** | *Nom.* | hver | hver | hvert (adj.) | hvað (subst.) |
| | *Akk.* | hvern | hverja | hvert | hvað |
| | *Dat.* | hverjum | hverri | hverju | |
| | *Gen.* | hvers | hverrar | hvers | |
| **Pl.** | *Nom.* | hverjir | hverjar | hver | |
| | *Akk.* | hverja | hverjar | hver | |
| | *Dat.* | hverjum | | | |
| | *Gen.* | hverra | | | |

**Hvor** wird wie das Possessiv **vor** (2.5.3) flektiert.

2.5.7 **Die Indefinitpronomina**

Das Isländische besitzt eine große Zahl indefiniter Pronomina. Die wichtigsten sind die folgenden:

einn »einer«, fáeinir »einige, nur wenige« (Pl.), neinn »nicht einer, keiner« (wird nur in Verbindung mit Negativen gebraucht (3.3.5)), einhver »jemand«, nokkur »einer, ein gewisser«, sumir »einige« (Pl.), annar »anderer«, annarhvor »einer von beiden«, annarhver »einer von vielen«, annartveggja »einer von beiden«, hvortveggja »jeder von beiden«, hver, sérhver »jeder«, hvor, sérhvor »jeder von beiden«, hvorugur »keiner von beiden«, báðir »beide«, enginn »niemand, keiner«, ýmis »irgendwer; verschieden; bald der eine, bald der andere«, maður »man«, allur »all(e)«, allur saman »ganz; völlig; alles«

Einn, fáeinir und neinn werden wie das Zahlwort **einn** (2.4.1), sumir und hvorugur wie das Adj. **ríkur** (2.3.1, Parad. 1) flektiert. **Nokkur** »einer, ein gewisser« wird folgendermaßen flektiert:

| | | M. | F. | N. | |
|---|---|---|---|---|---|
| **Sg.** | *Nom.* | nokkur | nokkur | nokkurt (adj.) | nokkuð (subst.) |
| | *Akk.* | nokkurn | nokkra | nokkurt | nokkuð |
| | *Dat.* | nokkrum | nokkurri | nokkru | |
| | *Gen.* | nokkurs | nokkurrar | nokkurs | |
| **Pl.** | *Nom.* | nokkrir | nokkrar | nokkur | |
| | *Akk.* | nokkra | nokkrar | nokkur | |
| | *Dat.* | | nokkrum | | |
| | *Gen.* | | nokkurra | | |

**Annar** wird wie das gleichlautende Zahlwort flektiert (2.4.1); **hver, einhver** und **sérhver** wie das interrogative Pronomen **hver** (2.5.6). Im Nom. Sg. hat **einhver** im N. die Formen **eitthvert** (adj.) und **eitthvað** (subst.). Von **annarhver** und **annarhvor**

werden beide Teile flektiert, jedoch in **annartveggja** und **hvortveggja** nur der erste Teil. **Ýmis** »irgendwer; verschieden; bald der eine, bald der andere« wird folgendermaßen flektiert:

| | | M. | F. | N. | | M. | F. | N. |
|---|---|---|---|---|---|---|---|---|
| **Sg.** | *Nom.* | ýmis | ýmis | ýmist | **Pl.** | ýmsir | ýmsar | ýmis |
| | *Akk.* | ýmsan | ýmsa | ýmist | | ýmsa | ýmsar | ýmis |
| | *Dat.* | ýmsum | ýmissi | ýmsu | | | ýmsum | |
| | *Gen.* | ýmiss | ýmissar | ýmiss | | | ýmissa | |

Báðir »beide« wird folgendermaßen flektiert:

| | | M. | F. | N. |
|---|---|---|---|---|
| **Pl.** | *Nom.* | báðir | báðar | bæði |
| | *Akk.* | báða | báðar | bæði |
| | *Dat.* | | báðum | |
| | *Gen.* | | beggja | |

Enginn »niemand, keiner« hat zweifache (im Gen. Sg. M. und N. sogar dreifache) Flexion für fast alle Kasus:

| | | M. | F. | N. |
|---|---|---|---|---|
| **Sg.** | *Nom.* | enginn, engi | engin, engi | ekkert, ekki |
| | *Akk.* | engan, öngvan | enga, öngva | ekkert, ekki |
| | *Dat.* | engum, öngvum | engri, öngri | engu, öngvu |
| | *Gen.* | einskis, einkis, engis | engrar, öngrar | einskis, einkis, engis |
| **Pl.** | *Nom.* | engir, öngvir | engar, öngvar | engin |
| | *Akk.* | enga, öngva | engar, öngvar | engin |
| | *Dat.* | | engum, öngvum | |
| | *Gen.* | | engra, öngra | |

Die Formen mit **e-** gehören sowohl der Schrift- als auch der Umgangssprache an. Die Formen mit **ö-** werden selten

geschrieben und gehören fast ausschließlich der Umgangssprache an, in der sie dafür aber sehr häufig sind.
Zu den Indefinitpronomina sollte auch das Wort **maður** »man« und der Pl. **menn** »man« gerechnet werden. Obwohl es an sich Substantiv ist (2.2.1, Paradigma 22) und als solches auch in der pronominalen Verwendung flektiert wird, hat es eine pronominale Verwendung, die genau dem deutschen »man« entspricht. Als Pronomen kann **maður** allerdings keinen Artikel nehmen:

**maður** getur ekki beðið endalaust »man kann nicht endlos warten«
hann lætur **mann** bíða »er läßt einen warten«
þegar bíllinn **manns** er bilaður, verður **maður** að ganga »wenn der Wagen (von einem) eine Panne hat, muß man zu Fuß gehen«
**menn** vænta þess ekki »man erwartet es nicht«

Als Adjektive werden **allur** »all« (Pl. **allir**) und **allur saman** »all, ganz, völlig, alles« flektiert (2.3.1):

allir eru heima »alle sind zu Hause«
þeir eru allir saman hér »sie sind alle (zusammen) hier«
hann er allur saman blautur »er ist völlig naß«
þetta er allt saman ómögulegt »das ist völlig unmöglich«

### 2.6.0 Das Verb

In der Konjugation des Verbs werden folgende Kategorien ausgedrückt:

1. **Tempus:** Präsens und Imperfekt werden mit besonderen Endungen gebildet; andere Tempora werden mit Hilfsverben gebildet.
2. **Modus:** Das Isländische hat folgende Modi: Imperativ, Indikativ und Konjunktiv, die nach Personen konjugiert werden; Infinitiv und Partizipien (Präs. und Perf.), die nach der Person unveränderlich sind. Sie können wie im Deutschen als Adjektive mit Kasusendungen flektiert werden, substantivisch im Satz oder als Verben in durch Zusammensetzung

gebildeten Tempora auftreten. Von diesen Modi, die das Deutsche ebenso kennt, ist zu bemerken, daß der Konjunktiv im Isländischen häufiger gebraucht wird als im Deutschen (3.5.1).

3. **Handlungsart (Vox):** Das Verb hat drei Handlungsarten: Aktiv, Passiv und Medium (Mediopassiv).
4. **Zahl:** In der Verbkonjugation werden Sg. und Pl. unterschieden.
5. **Person:** Das isländische Verb drückt durch Endungen und hinzugefügte Pronomina die 1., 2. und 3. Person aus.

### 2.6.1 Hauptklassen der Verben

Die isländischen Verben werden in zwei Hauptklassen, schwache und starke Verben, eingeteilt. Die Zahl der schwachen Verben ist größer als die der starken. Die ersteren sind durch die Endungen -ði, -di, -ti, -aði im Imperfekt und durch die Endungen -ður, -dur, -tur, -aður, -inn im M. des P. P. gekennzeichnet. Die starken Verben haben verschiedene Ablauterscheinungen in ihrem Stamm und keine besondere Endung im Imperfekt.

### 2.6.2 Grundformen des Verbs

Wie die deutschen Verben haben auch die isländischen Grundformen, von denen die anderen Formen abgeleitet werden. Beim starken Verb gibt es vier Grundformen; als Beispiel wird hier das Verb **bjóða** »bieten« angeführt:

1. **Infinitiv:** bjóða. Davon werden abgeleitet:
   a) Präsens Indikativ: ég býð, við bjóðum
   b) Präsens Konjunktiv: ég bjóði, við bjóðum
   c) Imperativ: bjóð oder bjóddu
   d) Partizip Präsens: bjóðandi
   e) Futur und Konditional mit dem Hilfsverb **munu**

2. **Imperfekt 1. P. Sg.:** bauð. Davon werden die Formen des Impf. Sg. abgeleitet: ég bauð, þú bauðst, hann bauð.

3. **Imperfekt 1. P. Pl.:** buðum. Davon werden abgeleitet:
   a) Der Plural des Imperfekts: við buðum, þið buðuð, þeir buðu
   b) Imperfekt Konjunktiv (häufig mit i-Umlaut): ég byði, þú byðir usw.

4. **Partizip Perfekt:** boðið. Davon werden die zusammengesetzten Tempora mit den Hilfsverben **hafa** und **vera** gebildet.

Die schwachen Verben haben nur drei Grundformen. Beispiel:

saga »sägen«

1. **Infinitiv:** saga
2. **Imperfekt:** sagaði
3. **Partizip Perfekt:** sagað

Die Präterito-Präsentia und die Reduplikationsverben haben vier Grundformen wie das starke Verb. Beispiele:

Muna »sich erinnern«, róa »rudern«

1. **Infinitiv:** muna, róa
2. **Präsens Indikativ:** ég man, ég ræ
3. **Imperfekt Indikativ:** ég mundi, ég reri
4. **Partizip Perfekt:** munað, róið

Auch bei diesen Verben wird der Konjunktiv Präsens von dem Stamm des Infinitivs abgeleitet:

ég muni, ég rói usw.

### 2.6.3 Konjugation der Hilfsverben

Da nur Präsens und Imperfekt mit Endungen gebildet werden, müssen andere Zeitformen mit Hilfsverben gebildet werden. Diese Verben sind ihrer Form nach den deutschen Hilfsverben vergleichbar, werden aber in mancher Hinsicht in anderer Weise gebraucht als im Deutschen. Die eigentlichen Hilfsverben sind **vera** »sein«, **hafa** »haben«, **verða** »werden«, **munu**

»werden« (nur für die Bildung des Futurums und des Konditionals). Modale Hilfsverben sind:

**skulu** »sollen«, **geta** »können«, **vilja** »wollen«, **mega** »dürfen«, **fara** »gehen, beginnen« und **taka** »nehmen, beginnen«

Die Verben **munu** und **skulu** sind defektiv. Sie haben weder Imperativ noch Partizipien und keine zusammengesetzte Tempora. Sie haben aber eine charakteristische zusätzliche Form des Infinitivs im Imperfekt.

Die Konjugation der eigentlichen Hilfsverben lautet folgendermaßen:

**1. hafa »haben«**

| | | Indikativ | Konjunktiv | Imperativ | Partizip | Infinitiv |
|---|---|---|---|---|---|---|
| | | **Präsens** | | | | |
| **Sg.** | *1. P.* | ég hef, hefi | hafi | | hafandi | (að) hafa |
| | *2. P.* | þú hefur, hefir | hafir | haf (hafðu) | | |
| | *3. P.* | hann hefur, hefir | hafi | | | |
| **Pl.** | *1. P.* | við höfum | höfum | höfum | | |
| | *2. P.* | þið hafið | hafið | hafið | | |
| | *3. P.* | þeir hafa | hafi | | | |
| | | **Imperfekt** | | | | |
| **Sg.** | *1. P.* | ég hafði | hefði | | | |
| | *2. P.* | þú hafðir | hefðir | | | |
| | *3. P.* | hann hafði | hefði | | | |
| **Pl.** | *1. P.* | við höfðum | hefðum | | | |
| | *2. P.* | þið höfðuð | hefðuð | | | |
| | *3. P.* | þeir höfðu | hefðu | | | |
| | | **Perfekt** | | | | |
| **Sg.** | *1. P.* | ég hef haft usw. »ich habe gehabt« | hafi haft | | haft »gehabt« | (að) hafa haft |

**Plusquamperfekt**

Sg. *1. P.* ég hafði haft hefði haft usw. »ich hatte gehabt; hätte gehabt«

| | Indikativ | Konjunktiv | Imperativ | Partizip | Infinitiv |
|---|---|---|---|---|---|
| | **Futur** | | | | |
| Sg. *1. P.* | ég mun | muni | | | (að) munu hafa |
| *2. P.* | þú munt | munir | | | |
| *3. P.* | hann mun } hafa | muni } hafa | | | |
| Pl. *1. P.* | við munum | munum | | | |
| *2. P.* | þið munuð | munið | | | |
| *3. P.* | þeir munu | muni | | | |
| | **Futur II** | | | | |
| Sg. *1. P.* | ég mun hafa haft usw. »ich werde gehabt haben« | muni hafa haft usw. | | | (að) munu hafa haft |
| | **Konditional** | | | | |
| Sg. *1. P.* | | ég mundi (myndi) | | | (að) mundu hafa |
| *2. P.* | | þú mundir (myndir) | | | |
| *3. P.* | | hann mundi (myndi) } hafa | | | |
| Pl. *1. P.* | | við mundum (myndum) | | | |
| *2. P.* | | þið munduð (mynduð) | | | |
| *3. P.* | | þeir mundu (myndu) | | | |
| | **Konditional II** | | | | |
| Sg. *1. P.* | | ég mundi (myndi) hafa haft usw. »ich würde gehabt haben« | | | (að) mundu hafa haft |

**2. vera »sein«**

| | Indikativ | Konjunktiv | Imperativ | Partizip | Infinitiv |
|---|---|---|---|---|---|
| | **Präsens**[1] | | | | |
| Sg. *1. P.* | ég er »bin« | sé (veri)[1] »sei« | | verandi | (að) vera |
| *2. P.* | þú ert | sért (verir) | ver (vertu) | | |
| *3. P.* | hann er | sé (veri) | | | |

1 Die in Klammern stehenden Formen werden fast ausschließlich als Optativ verwendet: veri hann hamingjusamur »möge er glücklich sein«.

| | | | | |
|---|---|---|---|---|
| **Pl.** | *1. P.* | við erum | séum (verum) | verum |
| | *2. P.* | þið eruð | séuð (verið) | verið |
| | *3. P.* | þeir eru | séu (veri) | |

| | | **Indikativ** | **Konjunktiv** | **Imperativ** | **Partizip** | **Infinitiv** |
|---|---|---|---|---|---|---|
| | | **Imperfekt** | | | | |
| **Sg.** | *1. P.* | ég var »war« | væri »wäre« | | | |
| | *2. P.* | þú varst | værir | | | |
| | *3. P.* | hann var | væri | | | |
| **Pl.** | *1. P.* | við vorum | værum | | | |
| | *2. P.* | þið voruð | væruð | | | |
| | *3. P.* | þeir voru | væru | | | |
| | | **Perfekt** | | | | |
| **Sg.** | *1. P.* | ég hef verið | hafi verið | | verið | (að) hafa |
| | | »ich bin gewesen; sei gewesen« usw. | | | | verið |
| | | **Plusquamperfekt** | | | | |
| **Sg.** | *1. P.* | ég hafði | hefði | | | |
| | | verið | verið usw. | | | |
| | | »war gewesen; wäre gewesen« | | | | |
| | | **Futur** | | | | |
| **Sg.** | *1. P.* | ég mun vera | muni vera | | | (að) munu |
| | | »werde sein« usw. | | | | vera |
| | | **Futur II** | | | | |
| **Sg.** | *1. P.* | ég mun | muni hafa | | | (að) munu |
| | | hafa verið | verið | | | hafa verið |
| | | »werde gewesen sein« usw. | | | | |
| | | **Konditional** | | | | |
| **Sg.** | *1. P.* | | ég mundi vera | | | (að) mundu |
| | | | »ich würde sein« usw. | | | vera |

| | | Konditional II | | | | |
|---|---|---|---|---|---|---|
| Sg. | *1. P.* | ég mundi hafa verið | | | | (að) mundu hafa verið |
| | | »ich würde gewesen sein« usw. | | | | |

3. verða »werden«

| | | Indikativ | Konjunktiv | Imperativ | Partizip | Infinitiv |
|---|---|---|---|---|---|---|
| | | **Präsens** | | | | |
| Sg. | *1. P.* | ég verð »werde« | verði | | verðandi | (að) verða |
| | *2. P.* | þú verður | verðir | verð | | |
| | *3. P.* | hann verður | verði | | | |
| Pl. | *1. P.* | við verðum | verðum | verðum | | |
| | *2. P.* | þið verðið | verðið | verðið | | |
| | *3. P.* | þeir verða | verði | | | |
| | | **Imperfekt** | | | | |
| Sg. | *1. P.* | ég varð »wurde« | yrði »würde« | | | |
| | *2. P.* | þú varðst | yrðir | | | |
| | *3. P.* | hann varð | yrði | | | |
| Pl. | *1. P.* | við urðum | yrðum | | | |
| | *2. P.* | þið urðuð | yrðuð | | | |
| | *3. P.* | þeir urðu | yrðu | | | |
| | | **Perfekt** | | | | |
| Sg. | *1. P.* | ég hef orðið | hafi orðið | | orðið | (að) hafa orðið |
| | | »bin geworden; sei geworden« | | | | |
| | | **Plusquamperfekt** | | | | |
| Sg. | *1. P.* | ég hafði orðið »war geworden; wäre geworden« usw. | hefði orðið | | | |
| | | **Futur** | | | | |
| Sg. | *1. P.* | ég mun verða | muni verða | | | (að) munu verða |
| | | »werde werden« usw. | | | | |

| | Indikativ | Konjunktiv | Imperativ | Partizip | Infinitiv |
|---|---|---|---|---|---|
| | **Futur II** | | | | |
| **Sg.** *1. P.* | ég mun hafa orðið »werde geworden sein« usw. | muni hafa orðið | | | (að) munu hafa orðið |
| | **Konditional** | | | | |
| **Sg.** *1. P.* | | ég mundi (myndi) verða »würde werden« usw. | | | (að) mundu verða |
| | **Konditional II** | | | | |
| **Sg.** *1. P.* | | ég mundi (myndi) hafa orðið »ich würde geworden sein« usw. | | | (að) mundu hafa orðið |

**4. munu »werden« und 5. skulu »sollen«**

| | Indikativ | Konjunktiv | Infinitiv |
|---|---|---|---|
| | **Präsens** | | |
| **Sg.** *1. P.* | ég mun, skal | muni, skuli | (að) munu, skulu |
| *2. P.* | þú munt, skalt | munir, skulir | |
| *3. P.* | hann mun, skal | muni, skuli | |
| **Pl.** *1. P.* | við munum, skulum | munum, skulum | |
| *2. P.* | þið munuð, skuluð | munið, skulið | |
| *3. P.* | þeir munu, skulu | muni, skuli | |

| | Imperfekt | Infinitiv |
|---|---|---|
| **Sg.** *1. P.* | ég mundi (myndi), skyldi | (að) mundu, skyldu |
| *2. P.* | þú mundir (myndir), skyldir | |
| *3. P.* | hann mundi (myndi), skyldi | |
| **Pl.** *1. P.* | við mundum (myndum), skyldum | |
| *2. P.* | þið munduð (mynduð), skylduð | |
| *3. P.* | þeir mundu (myndu), skyldu | |

Die Verben **munu** und **skulu** sind defektiv und haben nur die oben angeführten Formen. Zu beachten ist die charakteristische Infinitivendung auf **-u** und die Infinitivform im Imperfekt. Nur diese zwei Verben und das Verb **vilja** »wollen« haben eine solche Infinitivform im Imperfekt. Diese Form endet bei **vilja** auch auf **-u**, d.h. **vildu**.

### 2.6.4 Bemerkungen zu den Hilfsverben

1. **Hafa** ist das wichtigste Hilfsverbum. Mit **hafa** werden alle zusammengesetzten Tempora gebildet mit Ausnahme des einfachen Futurums und des Konditionals. **Hafa** wird außerdem als selbständiges Verbum gebraucht: hann hefur bílinn »er hat den Wagen«. Das deutsche Verbum **haben** bedeutet häufig »besitzen«. Diese Bedeutung ist beim isländischen Verbum seltener. Deutsche müssen darauf achten, daß das isländische **hafa** als Hilfsverb in vielen Fällen dem deutschen **sein** entspricht:
   hann hefur verið »er ist gewesen«
   hann hefur komið »er ist gekommen«
2. **Vera** »sein« ist das Hilfsverb des Passivs (siehe 2.6.10, Konjugationsbeispiel kalla »rufen«) bei transitiven Verben:
   hann er tekinn fastur »er wird verhaftet«, hann er kallaður »er wird gerufen«, hún er kölluð »sie wird gerufen«

Außerdem ist **vera** Hilfsverb bei einigen intransitiven Verben der Bewegung: hann er kominn »er ist gekommen« (und ist noch da); hann er farinn »er ist weggegangen« (und ist noch nicht anderswo angekommen). Die Bezeichnung eines Zustandes mit dem Hilfsverb **vera + intr. V.** bedeutet immer, daß auch eine subjektive Willensregung mitberücksichtigt wird.

Bei einigen Verben kann **vera** auch Formen mit dem Part. Präs. bilden. In einigen dieser Fälle ist es möglich, sehr feine Unterschiede subjektiver Einschätzung auszudrücken, z.B.:

hann er genginn (P.P.) »er ist weggegangen« (oder »er ist gestorben«)

hann er gangandi (Part. Präs.) »er ist zu Fuß unterwegs; zu Fuß gekommen«

hann hefur gengið þar »er ist dort gegangen (einmal, mehrere Male usw.)«

Das Part. Präs. von einigen Verben der Bewegung kann gelegentlich auch für die Zustandsbezeichnung mit **vera** benutzt werden:

hann **er hoppandi** í garðinum »er springt im Garten herum«

hann **er siglandi** á vatninu »er segelt auf dem See«

Die intr. Verben bilden aber auch zusammengesetzte Tempora mit **hafa**. Die mit **hafa** gebildeten Tempora bezeichnen Vergangenheit und nicht einen Zustand:

hann hefur komið »er ist gekommen (einmal oder mehrmals in der Vergangenheit und ist jetzt nicht hier)«, aber hann er kominn »er ist gekommen (und ist jetzt hier)«

Als Beispiel für die Konjugation eines intransitiven Verbs mit **vera** wird hier **vera kominn** »gekommen sein« angegeben:

Präs. ég er kominn »ich bin gekommen« usw. in anderen Personen

Impf. ég var kominn »ich war gekommen«

Perf. ég hef verið kominn »ich war gekommen«

Plusq. ég hafði verið kominn »ich war gekommen«

Fut. ég mun (vera/verða) kominn »ich werde gekommen sein«

Fut. II. ég mun hafa verið kominn »ich werde gekommen sein«

Kond. ég mundi (vera/verða) kominn »ich würde gekommen sein«

Kond. II. ég mundi hafa verið kominn »ich würde gekommen sein«

Im Fut. und Kond. kann der Inf. **vera** oder **verða** wegfallen.

Die durative Bezeichnung (Dauer einer Aktion) wird im Isländischen mit der Umschreibung **vera að + Inf.** bezeichnet.

Für diese Form gibt es, was die Konstruktion betrifft, nichts Entsprechendes in irgendeiner europäischen Sprache. Es handelt sich somit um eine Eigenart des modernen Isländischen, die im täglichen Sprachgebrauch zudem häufig auftritt. Hinsichtlich der Bedeutung entspricht sie der englischen Konstruktion **be + Part. Präs.** und der spanischen **estar + Gerundium**:

Engl. he is reading
Span. (él) está leyendo
Isl. hann er að lesa
»er liest (jetzt), er ist dabei zu lesen,
befindet sich beim Lesen« oder »er ist beim Lesen«

Die Form **vera að + Inf.** wird in allen Tempora gebraucht. Sie bezeichnet in erster Linie die Dauer einer Handlung, kann aber auch Simultaneität (Gleichzeitigkeit) und Emphase ausdrücken. Im Fut. kann **vera að** durch **verða að** ersetzt werden, und bedeutet dann entweder die Wahrscheinlichkeit oder die Notwendigkeit der Handlung:

ég mun verða að lesa bókina »ich werde (wahrscheinlich) das Buch lesen (müssen)«

In der gesprochenen Sprache wird das Hilfsverb **munu** meistens weggelassen:

ég verð að lesa »ich werde (dann wahrscheinlich) beim Lesen sein« oder »ich muß lesen«

Verben, die von ihrem semantischen Inhalt her einen Zustand bezeichnen, können selbstverständlich nicht mit **vera að** benutzt werden. Beispiele für solche Verben sind z. B.:

sitja »sitzen«, dvelja »sich aufhalten«, liggja »liegen«, standa »stehen«, búa »wohnen«, vaka »wach sein«

Die zu Ende geführte oder vollendete Handlung wird durch die Umschreibung **vera búinn að + Inf.** bezeichnet. **Búinn** ist ursprünglich das Part. Perf. von **búa** »wohnen; vorbereiten«, hat sich aber von dem Verb gelöst und seine ursprüngliche Bedeutung verloren. **Búinn** bezeichnet nur die Vollendung, hat aber dabei seine Flexion als Partizip bewahrt:

| | | |
|---|---|---|
| hann er búinn að borða | er | hat gegessen |
| hún er búin að borða | sie | |
| það er búið að borða | es | |

Mit Verben und Substantiven, die Bewegung ausdrücken, kann **búinn** bezeichnen, daß alles bereit ist:

| | |
|---|---|
| þeir voru búnir | til ferðar |
| | að leggja af stað »sie waren zum Aufbruch bereit« |

Für diese Bedeutung, die seltener ist, gebraucht die gesprochene Sprache meistens das Adjektiv **tilbúinn** »bereit«:

þeir voru tilbúnir til ferðar »sie waren zum Aufbruch bereit«

3. **Verða** »werden« kann als Hilfsverb des Passivs mit transitiven Verben benutzt werden. Das normale Verb zur Bildung des Passivs ist jedoch **vera**. Wenn **verða** das Passiv bildet, bedeutet es immer, daß in der Handlung ein Wollen oder ein Zwang entscheidend mitspielt:
   hann verður tekinn »er wird festgenommen (es ist fest beabsichtigt, ihn festzunehmen)« aber:
   hann er tekinn »er ist festgenommen worden« (einfache Feststellung eines Tatbestands)
   Oft sind **verða** und **vera** jedoch austauschbar, ohne daß ein großer semantischer Unterschied besteht.
4. **Munu** »werden« und **skulu** »sollen«. Diese Verben sind morphologisch unvollständig, da ihnen folgende Modi und Tempora fehlen: die beiden Partizipien, der Imperativ und die zusammengesetzten Tempora. Eine weitere morphologische Besonderheit ist, wie schon gesagt, die Infinitivendung auf **-u**. Diese Verben (und ebenfalls das Verb **vilja** »wollen«) haben auch eine besondere Form des Inf. im Impf., die ebenfalls auf **-u** endet: að mundu, að skyldu, að vildu. Beispiel: hann kvaðst koma vildu; hann sagði, að hann vildi koma »er sagte, daß er kommen wollte«
   hann sagðist koma mundu »er sagte, daß er kommen würde«

**Munu** ist ausschließlich Hilfsverb im Fut. und Kond. und **kann**

**nicht selbständig verwendet werden.** Es bezeichnet nicht nur eine reine Handlung in der Zukunft, sondern weist zudem auf deren Ungewißheit hin:

hann mun koma »er wird (voraussichtlich) kommen«

In der gesprochenen Sprache bezeichnet die Präsensform die einfache Zukunft (neben der Bezeichnung des Präsens):

hann kemur »er kommt; er wird bestimmt kommen«

**Skulu** »sollen« bezeichnet die Pflicht, die feste Absicht oder den Zwang etwas zu tun:

hann skal koma »er muß kommen; wird zu kommen gezwungen; ist gezwungen zu kommen«

### 2.6.5 **Modale Hilfsverben**

Modale Hilfsverben sind: vilja »wollen«, skulu »sollen«, mega »dürfen«, fara »gehen; beginnen«, geta »können« und seltener taka »nehmen; beginnen«. **Vilja, mega, fara, skulu** und **taka** stehen vor dem Infinitiv. Bei **vilja, skulu** und **mega** steht der Infinitiv ohne das Infinitivzeichen **að**:

hann vill koma »er will kommen«

hann má koma »er darf kommen«

**Fara** bedeutet den Beginn einer Handlung in Gegenwart, Vergangenheit oder Zukunft. Dieser Gebrauch von **fara** ist besonders kennzeichnend für die gesprochene Sprache:

ég fer að sofa »ich gehe schlafen«

ég fór að sofa »ich ging schlafen«

ég mun fara að sofa »ich werde (wahrscheinlich) schlafen gehen«

ég fór að lesa »ich begann zu lesen« usw.

Bei Verben der Bewegung steht **fara** mit Part. Präs. und bezeichnet die Dauer der vom Bewegungsverb ausgedrückten Handlung und gleichzeitig die Bewegungsrichtung **vom** Ort, an dem man sich zum Beginn der Bewegung befindet:

ég fer gangandi »ich gehe zu Fuß«

ég fer hlaupandi »ich laufe«

Mit derselben Bedeutung wird auch **koma** »kommen« gebraucht, jedoch bezogen **zu** einem Ziel hin:

ég kem hlaupandi »ich komme gelaufen«

Der Begriff Bewegungsverb muß hier auf Verben, die einen emotionalen Zustand bezeichnen, ausgedehnt werden:

hann fór/kom grátandi »er ging/kam weinend«
hann fór/kom syrgjandi »er ging/kam trauernd«

**Geta** »können« steht vor dem P. P. des einfachen Verbs, aber vor dem Infintiv der zusammengesetzten Tempora, wenn **hafa** das Hilfsverb ist.:

hann getur **komið** »er kann kommen«
hann getur **hafa komið** »er kann gekommen sein«, aber:
hann getur **verið kominn** »er kann gekommen sein« (Zustand)

**Taka** »nehmen« bezeichnet als modales Hilfsverb den Beginn einer Handlung. Es ist seltener als **fara**, das in derselben Bedeutung verwendet wird:

úti var tekið að rökkva »draußen begann es dunkel zu werden«
hann tók að hlaupa »er begann zu laufen«

### 2.6.6 **Die Präterito-Präsentia**

Folgende Verben gehören der Gruppe der Präterito-Präsentia an, deren Präs. (wie das Impf. bei starken Verben) ohne Endung gebildet wird: vilja »wollen«, mega »dürfen«, vita »wissen«, kunna »können«, unna »lieben«, þurfa »brauchen«, muna »sich erinnern«, eiga »besitzen«. Die Konjugation dieser Verben lautet:

| Indikativ | vita | kunna | unna | þurfa | muna | mega | eiga | vilja |
|---|---|---|---|---|---|---|---|---|
| **Präsens** | | | | | | | | |
| Sg. *1. P.* | veit | kann | ann | þarf | man | má | á | vil |
| *2. P.* | veist | kannt | annt | þarft | manst | mátt | átt | vilt |
| *3. P.* | veit | kann | ann | þarf | man | má | á | vill |
| Pl. *1. P.* | vitum | kunnum | unnum | þurfum | munum | megum | eigum | viljum |
| *2. P.* | vitið | kunnið | unnið | þurfið | munið | megið | eigið | viljið |
| *3. P.* | vita | kunna | unna | þurfa | muna | mega | eiga | vilja |

| | vita | kunna | unna | þurfa | muna | mega | eiga | vilja |
|---|---|---|---|---|---|---|---|---|
| Indikativ | | | | | | | | |
| **Imperfekt** | | | | | | | | |
| Sg. *1. P.* | vissi | kunni | unni | þurfti | mundi | mátti | átti | vildi |
| *2. P.* | vissir | kunnir | unnir | þurftir | mundir | máttir | áttir | vildir |
| *3. P.* | vissi | kunni | unni | þurfti | mundi | mátti | átti | vildi |
| Pl. *1. P.* | vissum | kunnum | unnum | þurftum | mundum | máttum | áttum | vildum |
| *2. P.* | vissuð | kunnuð | unnuð | þurftuð | munduð | máttuð | áttuð | vilduð |
| *3. P.* | vissu | kunnu | unnu | þurftu | mundu | máttu | áttu | vildu |
| **Perfekt** | | | | | | | | |
| Sg. *1. P.* | hef vitað usw. | kunnað | unnað | þurft | munað | mátt | átt | viljað |
| **Plusquamperfekt** | | | | | | | | |
| Sg. *1. P.* | hafði vitað usw. | kunnað | unnað | þurft | munað | mátt | átt | viljað |
| **Konjunktiv** | | | | | | | | |
| **Präsens** | | | | | | | | |
| Sg. *1. P.* | ég viti | kunni | unni | þurfi | muni | megi | eigi | vilji |
| | -ir, -i, -um, -ið, -i usw. | | | | | | | |
| **Imperfekt** | | | | | | | | |
| Sg. *1. P.* | ég vissi | kynni | ynni | þyrfti | myndi | mætti | ætti | vildi |
| | -ir, -i, -um, -uð, -u usw. | | | | | | | |
| **Part. Präsens** | | | | | | | | |
| | vitandi | kunnandi | unnandi | þurfandi | munandi | megandi | eigandi | viljandi |
| **Part. Perfekt** | | | | | | | | |
| | vitað | kunnað | unnað (unnt) | þurft | munað | mátt | átt | viljað |

Fut. und Kond. werden mit dem Hilfsverb **munu** gebildet, und die zusammengesetzten Tempora werden mit **hafa** gebildet. Nur die Verben **vita, unna, muna** und **eiga** haben einen Imperativ:

| | | vita | unna | muna | eiga |
|---|---|---|---|---|---|
| **Imperativ** | | | | | |
| **Sg.** | *2. P.* | vit, vittu | unn, unntu | mun, mundu | eigðu |
| **Pl.** | *1. P.* | vitum | unnum | munum | eigum |
| | *2. P.* | vitið | unnið | munið | eigið |

### 2.6.7 Schwache Verben

Schwach werden die Verben genannt, die das Imperfekt mit einer der Endungen -ði, -di, -ti, aði und das P. P. im M. Sg. mit einer der Endungen -ður, -dur, -tur, -aður, -inn bilden. Diese Verben haben, wie schon gesagt, nur drei Grundformen (2.6.2). Bei der Konjugation können verschiedene Änderungen im Verbalstamm vorkommen, z. B. Umlaut des Wurzelvokals. Die schwachen Verben werden nach ihrem Stamm im Präs. Ind. in vier Gruppen eingeteilt. Es muß jedoch betont werden, daß bei vielen Verben Unregelmäßigkeiten auftreten, die sich weitgehend einer Klassifizierung entziehen und deshalb bei den entsprechenden Verben gesondert zu erlernen sind. Nachstehende Klassifizierung gibt daher nur einen Rahmen an, innerhalb dessen es zahlreiche Ausnahmen gibt.

**1. Gruppe**

Beispiel: dvelja »sich aufhalten«, dval-di, dval-ið

Die Verben dieser Gruppe haben ein -j- im Inf. und im Ind. Präs. im Pl. (við dvel-j-um), im Konj. (ég dvel-j-i) und im Part. Präs. (dvel-j-andi). Die vom Inf. abgeleiteten Formen weisen häufig einen Umlautvokal auf, der in den anderen Formen des Verbs nicht erscheint. Andere Beispiele für Verben dieser Gruppe sind:

| Infinitiv | Imperfekt | Part. Perfekt |
|---|---|---|
| telja »zählen« | taldi | talið |
| selja »verkaufen« | seldi | selt |
| vekja »aufwecken« | vakti | vakið |
| spyrja »fragen« | spurði | spurt |
| skilja »verstehen« | skildi | skilið |
| leggja »legen« | lagði | lagt |

**2. Gruppe**

Beispiel: deila »trennen, dividieren«, deil-di, deil-t

Die Verben dieser Gruppe haben entweder einen Diphthong gefolgt von einem Konsonanten oder einen Monophthong gefolgt von zwei Konsonanten nach dem Wurzelvokal, z. B.:

| Infinitiv | Imperfekt | Part. Perfekt |
|---|---|---|
| dæma »beurteilen« | dæmdi | dæmt |
| læra »lernen« | lærði | lært |
| byggja »bauen« | byggði | byggt |
| fella »fällen« | felldi | fellt |
| senda »senden« | sendi | sent |
| virða »schätzen« | virti | virt |
| æpa »schreien« | æpti | æpt |

Zu dieser Gruppe gehören einige unregelmäßige, jedoch sehr häufige Verben wie z. B.:

| Infinitiv | Imperfekt | Part. Perfekt |
|---|---|---|
| kaupa »kaufen« | keypti | keypt |
| sækja »holen« | sótti | sótt |
| þykja »scheinen, fühlen« | þótti | þótt |
| yrkja »dichten« | orti | ort |

Zu dieser Gruppe rechnen wir die Verben, die im Inf. auf **-á** enden, z. B. **fá** »bekommen«, **ná** »erreichen«.

**3. Gruppe**

Beispiel: lifa »leben«, lif-ði, lif-að

Viele Verben dieser Gruppe sind intransitiv. Im allgemeinen haben sie keinen Umlaut; es gibt jedoch einige Verben, die häufig gebraucht werden und Umlaut haben:

| **Infinitiv** | **Imperfekt** | **Part. Perfekt** |
|---|---|---|
| horfa »anschauen« | horfði | horft |
| hafa »haben« | hafði | haft |
| trúa »glauben« | trúði | trúað |
| vaka »wach sein« | vakti | vakið (vakað) |
| una »zufrieden sein« | undi | unað |
| góna »starren« | góndi | gónt (gónað) |
| segja »sagen« | sagði | sagt |
| þegja »schweigen« | þagði | þagað |

Die Verben **segja** und **þegja** haben Umlaut. Bei einigen Verben erscheint der Umlaut nur im Impf. Konj. z. B.:

þora »wagen«, þorði, þorað; Impf. Konj. þyrði

þola »ertragen«, þoldi, þolað; Impf. Konj. þyldi

Verben, die **a** als Wurzelvokal haben, verändern das **a** zu **ö** vor **u** in der Endung, z. B.: vaka »wach sein« hat 1. P. Pl. Präs. Ind. við vökum.

**4. Gruppe**

Beispiel: kalla »rufen«, kall-aði, kall-að

Hierher gehören die meisten schwachen Verben, die wie **kalla** konjugiert werden. Verben, die als Wurzelvokal ein **a** haben, haben einen Umlaut zu **ö** vor **u**. Das Impf. endet auf **-aði** und das Präs. Konj. hat keinen Umlaut vor **i**: ég kalli »ich rufe« (Konj.). Diese Gruppe ist sehr produktiv und die meisten verbalen Neubildungen werden ihr zugeordnet.

Als Beispiel für die Konjugation der schwachen Verben diene hier die Konjugation von **kalla**; das Konjugationsbeispiel ist hier das Aktiv des Verbs.

| | | Indikativ | Konjunktiv | Imperativ | Partizip | Infinitiv |
|---|---|---|---|---|---|---|
| | | **Präsens** | | | | |
| **Sg.** | *1. P.* | ég kalla | kalli | | kallandi | (að) kalla |
| | *2. P.* | þú kallar | kallir | kallaðu | | |
| | *3. P.* | hann kallar | kalli | | | |
| **Pl.** | *1. P.* | við köllum | köllum | köllum | | |
| | *2. P.* | þið kallið | kallið | kallið | | |
| | *3. P.* | þeir kalla | kalli | | | |
| | | **Imperfekt** | | | | |
| **Sg.** | *1. P.* | ég kallaði | | | | |
| | *2. P.* | þú kallaðir | | | | |
| | *3. P.* | hann kallaði | wie | | | |
| **Pl.** | *1. P.* | við kölluðum | Impf. | | | |
| | *2. P.* | þið kölluðuð | Ind. | | | |
| | *3. P.* | þeir kölluðu | | | | |
| | | **Perfekt** | | | | |
| **Sg.** | *1. P.* | hef kallað | hafi kallað | | kallað | (að) hafa |
| | | usw. | | | | kallað |
| | | **Plusquamperfekt** | | | | |
| **Sg.** | *1. P.* | hafði kallað | hefði kallað | | | |
| | | usw. | | | | |
| | | **Futur** | | | | |
| **Sg.** | *1. P.* | mun kalla | muni kalla | | | (að) munu |
| | | usw. | | | | kalla |
| | | **Futur II** | | | | |
| **Sg.** | *1. P.* | mun hafa | muni hafa | | | (að) munu |
| | | kallað | kallað usw. | | | hafa kallað |
| | | **Konditional** | | | | |
| **Sg.** | *1. P.* | mundi (myndi) | | | | (að) mundu |
| | | kalla usw. | | | | kalla |
| | | **Konditional II** | | | | |
| **Sg.** | *1. P.* | mundi (myndi) | | | | (að) mundu |
| | | hafa kallað usw. | | | | hafa kallað |

### 2.6.8 **Bemerkungen zu den schwachen Verben**

1. Bei den schwachen Verben besteht **kein** Unterschied zwischen Indikativ und Konjunktiv im Imperfekt.
2. Die Gruppen 1 bis 3 der schwachen Verben haben im Präs. Sg. Ind. folgende Endungen:

| | | 1. Gruppe | 2. und 3. Gruppe |
|---|---|---|---|
| **Sg.** | *1. P.* | – | -i |
| | *2. P.* | -ur (-rð, -ð, -t oder –) | -ir |
| | *3. P.* | -ur (-r, –) | -ir |

Beispiel:

| | |
|---|---|
| ég dvel | deil-i |
| þú dvel-ur | deil-ir |
| hann dvel-ur | deil-ir |

3. Im Imperativ sind die Endungen:

| | | 1. und 2. Gruppe | | 3. Gruppe | |
|---|---|---|---|---|---|
| **Sg.** | *2. P.* | – | dvel | -, -i | þeg-i »schweig« |
| **Pl.** | *1. P.* | -um | dvelj-um | -um | þegj-um |
| | *2. P.* | -ið | dvelj-ið | -ið | þeg-ið |

### 2.6.9 **Flexion des Partizips Perfekt**

Wenn das Part. Perf. adjektivisch gebraucht wird, wird es wie ein Adjektiv flektiert. Partizipien, die im M. auf -(a)ður enden, werden wie **fagur** (2.3.1, Parad. 2) flektiert. Der Suffixvokal fällt jedoch im Partizip nie weg. Partizipien der starken Verben, die auf -inn im M. enden, werden wie **boginn** (2.3.1, Parad. 4) oder wie **talinn** (2.3.1, Parad. 7) flektiert. Als Beispiel für das Part. Perf. wird hier die Flexion von **kallaður** »gerufen« angeführt:

| | | M. | F. | N. |
|---|---|---|---|---|
| **Sg.** | *Nom.* | kallaður | kölluð | kallað |
| | *Akk.* | kallaðan | kallaða | kallað |
| | *Dat.* | kölluðum | kallaðri | kölluðu |
| | *Gen.* | kallaðs | kallaðrar | kallaðs |
| **Pl.** | *Nom.* | kallaðir | kallaðar | kölluð |
| | *Akk.* | kallaða | kallaðar | kölluð |
| | *Dat.* | | kölluðum | |
| | *Gen.* | | kallaðra | |

### 2.6.10 Das Passiv

Das Passiv wird mit dem Hilfsverb **vera** »sein« gebildet. Seltener wird es mit **verða** »werden« gebildet und weist dann immer auf eine Beteiligung des Wollens hin. Als Konjugationsbeispiel dient hier das Passiv von **kalla, vera kallaður** »gerufen werden«. Die Konjugation von **vera** und **verða** ist im Paragraph 2.6.3 dargestellt worden:

vera kallaður »gerufen werden«

| **Indikativ** | **Konjunktiv** | **Imperativ** | **Partizip** | **Infinitiv** |
|---|---|---|---|---|
| **Präsens** | | | | |
| ég er kallaður (kölluð, kallað) usw. | sé kallaður | vertu kallaður | verandi kallaður | (að) vera kallaður |
| **Imperfekt** | | | | |
| ég var kallaður (kölluð, kallað) usw. | væri kallaður | | | |

| Indikativ | Konjunktiv | Imperativ | Partizip | Infinitiv |
|---|---|---|---|---|
| **Perfekt** | | | | |
| ég hef verið<br>kallaður<br>(kölluð, kallað)<br>usw. | hafi verið<br>kallaður | | hafandi<br>verið<br>kallaður | (að) hafa<br>verið<br>kallaður |
| **Plusquamperfekt** | | | | |
| ég hafði verið<br>kallaður<br>(kölluð, kallað)<br>usw. | hefði verið<br>kallaður | | | |
| **Futur** | | | | |
| ég mun vera<br>kallaður<br>(kölluð, kallað)<br>usw. | muni vera<br>kallaður | | | (að) munu<br>vera<br>kallaður |
| **Futur II** | | | | |
| ég mun hafa<br>verið<br>kallaður<br>(kölluð, kallað)<br>usw. | muni hafa<br>verið<br>kallaður | | | (að) munu<br>hafa verið<br>kallaður |
| **Konditional** | | | | |
| | ég mundi (myndi)<br>vera kallaður<br>(kölluð, kallað) usw. | | | (að) mundu<br>vera kallaður |
| **Konditional II** | | | | |
| | ég mundi (myndi)<br>hafa verið<br>kallaður<br>(kölluð, kallað)<br>usw. | | | (að) mundu<br>hafa verið<br>kallaður |

Im Passiv wird das Partizip im grammatischen Geschlecht nach dem Subjekt des Satzes flektiert:

hann er **kallaður** »er wird gerufen«
hún er **kölluð** »sie wird gerufen«
það (barnið) er **kallað** »es (das Kind) wird gerufen«

### 2.6.11 **Das Medium (Mediopassiv)**

Besonders kennzeichnend für das Isländische ist das Medium, das mit der Endung **-st** gebildet wird. Das **-st** ist aus dem alten Reflexivpronomen **sik** »sich« hervorgegangen, das angehängt an das Verb durch Wegfall des Vokals zu **-sk** und später zu **-st** wurde. Im Isländischen ist diese Form, die keine unmittelbare Entsprechung im Deutschen hat, besonders häufig. Die Grundbedeutung des Mediums ist die, daß die vom Verb ausgedrückte Handlung sich auf das Subjekt des Satzes, d.h. den Handelnden selbst bezieht. Diese Bedeutung ist bei einigen Verben noch deutlich sichtbar. Vergleiche:

Aktiv: ég klæði barnið »ich ziehe das Kind an«
Medium: ég klæðist »ich ziehe mich an«
Passiv: barnið er klætt (af mér) »das Kind wird (von mir) angezogen«

In vielen Fällen ist diese ursprüngliche Grundbedeutung nicht mehr zu erkennen, sondern das Medium hat eine eigene Bedeutung entwickelt, die in einigen Fällen erheblich von der Bedeutung des Verbs im Aktiv oder im Passiv abweichen kann. Im folgenden werden die wichtigsten Bedeutungen des Mediums schematisch angegeben. Die Aktiv- und Mediumform desselben Verbs werden nebeneinander gestellt, um den Bedeutungsunterschied zwischen den beiden Formen hervortreten zu lassen.

1. **Reflexive Bedeutung:** Die Handlung bezieht sich auf das Subjekt des Satzes, das die Handlung ausführt:
   klæða »anziehen«, klæðast »sich anziehen«
   snúa »drehen«, snúast »sich drehen«

In dieser Bedeutung kann auch das reflexive Pronomen verwendet werden: klæða sig »sich anziehen«, snúa sér »sich drehen« gæta sín »auf sich (selbst) aufpassen«. Bei den reflexiven Verben kann das reflexive Pronomen entweder im Akk., Dat. oder Gen. stehen.

2. **Reziprozität:** Diese Bedeutung besteht nur im Plural, da die Reziprozität mindestens zwei Personen voraussetzt:
hitta »treffen«, hittast »sich treffen, einander treffen«
leiða »leiten, führen«, leiðast »Arm in Arm gehen«
tala »sprechen«, talast við, (til) »mit(zu)einander sprechen«
heilsa »begrüßen«, heilsast »sich begrüßen«
þeir hittust í gær »sie haben sich gestern getroffen«
3. **Passiv:** Das Medium kann rein passive Bedeutung haben und in einigen Fällen in freier Variation mit dem Passiv stehen:
fæða »gebären«, fæðast »geboren werden«
hann fæddist 1879 oder hann var fæddur 1879 »er wurde 1879 geboren«
4. **Die zeitliche Dimension:** Das Medium kann in einigen Fällen die zeitliche Dimension der Handlung (eine Art durativen oder imperfekten Aspekts) bezeichnen:
spyrja »fragen«, spyrjast fyrir (um) »(nach etwas) fragen«
Aktiv: hann spyr hana »er fragt sie«
Medium: hann spyrst fyrir um hana = hann er að spyrja um hana »er fragt nach ihr«
Passiv: hann er spurður um hana »er wird nach ihr gefragt«
Die Bedeutung kann in einigen Fällen, besonders in der 3. P. Sg., der des Passivs sehr nahe kommen:
það spyrst = það er spurt »man wird erfahren«
Von den Verben, die diese Bedeutungsnuance im Medium haben, sind besonders die folgenden zu nennen:
hræða »erschrecken«, hræðast »sich fürchten, im Schrecken verharren«
kvelja »quälen«, kveljast »sich quälen«
gleðja »freuen«, gleðjast »sich freuen, erfreut sein«
minna »erinnern«, minnast »sich erinnern«

þrífa »säubern«, þrífast »gedeihen«
skamma »beschimpfen«, skammast »schimpfen«, skammast sín »sich schämen«

5. **Das Erreichen eines Ziels:** Bei einigen Verben bedeutet das Medium, daß die vom Verb bezeichnete Handlung zu Ende geführt und dabei ein Ziel erreicht wird (perfektiver Aspekt). Der Bedeutungsunterschied in einigen Fällen so groß, daß die Sprecher das Aktiv und das Medium desselben Verbs als völlig verschiedene Verben empfinden:
gera »tun«, gerast »geschehen«
sýna »zeigen«, sýnast »scheinen«
virða »schätzen«, virðast »scheinen«
koma »kommen«, komast »ankommen; kommen«
taka »nehmen«, takast »gelingen«
fara »gehen«, farast »untergehen; vernichtet werden«
búa »wohnen«, búast við »erwarten«, búast til »sich vorbereiten«
anda »atmen«, andast »sterben«
láta »lassen«, látast »sterben« (**látast** hat auch die Bedeutung »sich verstellen«)
ætla »vorhaben«, ætlast til »von anderem etwas erwarten«
Die Verben **heppnast** »gelingen« und **lukkast** »gelingen«, die semantisch zu dieser Gruppe gehören, kommen nur in der Mediumform vor.
6. **Unbestimmte Bedeutung:** In einigen Fällen läßt sich dem Medium keine bestimmte Bedeutung im Hinblick auf das Aktiv zuordnen:
dvelja, dveljast »sich aufhalten«
biðja, biðjast »bitten«
mæla, mælast »sagen«
Beispiel: hann mælti vel oder honum mæltist vel »er sprach gut«
7. **Verben, die nur im Medium vorkommen (mediale Verben):** In solchen Fällen läßt sich meistens keine bestimmte mediale Bedeutung feststellen:

eldast »alt werden, altern«
ferðast »reisen«
óttast »fürchten«
hnýsast (í) »nachforschen«
skjátlast »sich irren«
leiðast »sich unwohl fühlen, sich langweilen«
iðrast »bereuen«

Zu beachten ist ferner, daß verhältnismäßig wenige Verben im Medium ein direktes Objekt haben können. Beispiele sind jedoch **óttast** und **hræðast** »fürchten«, die ein direktes Objekt haben:

hann óttast drauginn »er fürchtet das Gespenst«
hann hræðist hundinn »er fürchtet den Hund«

Bei einigen medialen Verben kann es vorkommen, daß das reflexive Pronomen auch als Objekt erscheint:

hann blygðast sín (hann skammast sín) »er schämt sich«

2.6.12 **Konjugationsbeispiel für das Medium:** kallast »genannt werden«

Nur die 1.P. wird angegeben (ausgenommen der Imp., für den alle Formen aufgeführt werden). Die anderen Personen werden nach dem Beispiel von **kalla** (2.6.7) konjugiert.

| **Indikativ** | **Konjunktiv** | **Imperativ** | **Partizip** | **Infinitiv** |
|---|---|---|---|---|
| **Präsens** | | | | |
| ég kallast | kallist | kallastu<br>köllumst<br>kallist | (kein) | (að) kallast |
| **Imperfekt** | | | | |
| ég kallaðist | kallaðist | | | |

| Indikativ | Konjunktiv | Imperativ | Partizip | Infinitiv |
|---|---|---|---|---|
| **Perfekt** | | | | |
| ég hef kallast | hafi kallast | | kallast | (að) hafa kallast |
| **Plusquamperfekt** | | | | |
| ég hafði kallast | hefði kallast | | | |
| **Futur** | | | | |
| ég mun kallast | muni kallast | | | (að) munu kallast |
| **Futur II** | | | | |
| ég mun hafa kallast | muni hafa kallast | | | (að) munu hafa kallast |
| **Konditional** | | | | |
| | ég mundi (myndi) kallast | | | (að) mundu kallast |
| **Konditional II** | | | | |
| | ég mundi (myndi) hafa kallast | | | |

### 2.6.13 **Bemerkungen zu den Formen des Mediums**

1. Die Endung **-st** wird ohne Änderungen an die Personenendung des Verbs angehängt. Allerdings ist zu bemerken, daß ein **-r** in der Personenendung des Verbs vor **-st** wegfällt:
   **hann kallar** »er ruft« › **kallast,**
   **hann kemur** »er kommt« › **kemst,**
   **hann heyrir** »er hört« › **heyrist.**
2. Wenn dabei -ð**, -d, -t** in Kontakt mit **-st** kommen, verschwinden die Dentalen in der Aussprache und in der Schrift:
   þið kallið »ihr ruft« wird zu kallið+st › kallist

3. Mediale Verben haben in der modernen Sprache kein Partizip Präsens und viele von ihnen haben auch keinen Imperativ.
4. In der gesprochenen Sprache wird die Endung **-um** in der 1. P. Pl. häufig an die mediale Endung **-st** angehängt: við köllumst »wir werden genannt« wird zu **við köllustum**.
   Im Imperativ wird das Pronomen auch an das **-st** angehängt (vgl. 2.6.17): kallastu »sei genannt«, kallisti »seid genannt«. Diese Formen werden als vulgär angesehen und erscheinen kaum in der Schriftsprache und auch nicht in der sorgfältig gesprochenen Sprache.

### 2.6.14 **Starke Verben**

Stark werden die Verben genannt, die Ablauterscheinungen in ihren verschiedenen Formen aufweisen. Sie bilden das Imperfekt ohne Endung. Außer den Ablauterscheinungen, die aus der indogermanischen Ursprache stammen, weisen die starken Verben häufig einen Umlaut in einzelnen Personen auf. Die starken Verben werden in 7 Ablautreihen eingeteilt:

1. **Ablautreihe:** í – ei/é – i – i (e)
   bíða »warten« – beið – biðum – beðið
   líða »leiden« – leið – liðum – liðið
   bíta »beißen« – beit – bitum – bitið
   stíga »treten« – steig (sté) – stigum – stigið
2. **Ablautreihe:** jó/jú/ú – au – u – o
   bjóða »bieten« – bauð – buðum – boðið
   ljúka »beenden« – lauk – lukum – lokið
   súpa »trinken« – saup – supum – sopið
3. **Ablautreihe:** e/i/ja/ö/y – a/ö – u – o/u
   bresta »bersten« – brast – brustum – brostið
   spinna »spinnen« – spann – spunnum – spunnið
   gjalda »zahlen« – galt – guldum – goldið
   hrökkva »zerbrechen« – hrökk – hrukkum – hrokkið

syngja »singen« – söng – sungum – sungið

4. **Ablautreihe:** e/o – a/o – á/o – o/u
bera »tragen« – bar – bárum – borið
koma »kommen« – kom – komum – komið
sofa »schlafen« – svaf – sváfum – sofið
5. **Ablautreihe:** é/e/i – a/á – á – e/é
gefa »geben« – gaf – gáfum – gefið
éta »fressen« – át – átum – étið
liggja »liegen« – lá – lágum – legið
6. **Ablautreihe:** a/e/á/o/ey/æ – ó – ó/u – a/e/á/a
fara »fahren« – fór – fórum – farið
taka »nehmen« – tók – tókum – tekið
hefja »beginnen« – hóf – hófum – hafið
deyja »sterben« – dó – dóum – dáið
hlæja »lachen« – hló – hlógum – hlegið
slá »schlagen« – sló – slógum – slegið
7. **Ablautreihe:** In diese Reihe gehören Verben, die im Impf. Sg. oder Pl. é – é oder jó/ó – ju/u haben:
heita »heißen« – hét – hétum – heitið
falla »fallen« – féll – féllum – fallið
auka »zunehmen« – jók – jukum – aukið
vaxa »wachsen« – óx – uxum – vaxið

Im Präs. Ind. haben die starken Verben dieselben Endungen wie die schwachen Verben der Gruppe 1, d.h. –, **-ur** im Sg. und **-um, -ið, -a** im Pl. Es kommen jedoch andere Varianten der Suffixe im Sg. vor, die von dem Auslautvokal des Wortstammes abhängig sind. Sie werden in der folgenden Tabelle zusammengefaßt:

| Endung des Wortstammes | | 1. P. | 2. P. | 3. P. |
|---|---|---|---|---|
| Vokal | fá »bekommen« | – (fæ) | -rð (færð) | -r (fær) |
| -r | fara »fahren« | – (fer) | -ð (ferð) | – (fer) |
| -s | lesa »lesen« | – (les) | -t (lest) | – (les) |
| -n | skína »scheinen« | – (skín) | – (skín) | – (skín) |
| -x | vaxa »wachsen« | – (vex) | – (vex) | – (vex) |

Im Präs. Ind. Sg. der starken Verben kommt auch i-Umlaut des Wurzelvokals vor:

| | |
|---|---|
| 1. **jó, jú, ú** werden zu **ý**: | sjóða »kochen« ég sýð<br>ljúka »beenden« ég lýk<br>snúa »drehen« ég sný |
| 2. **a, o** werden zu **e**: | aka »fahren« ég ek<br>koma »kommen« ég kem |
| 3. **á, ó** werden zu æ: | ráða »bestimmen« ég ræð<br>gróa »wachsen« ég græ (2.6.16) |
| 4. **au** wird zu **ey**: | hlaupa »laufen« ég hleyp |

## 2.6.15 **Konjugationsbeispiel der starken Verben**

**Fara »fahren, reisen, gehen, sich begeben«**

| | | **Indikativ** | **Konjunktiv** | **Imperativ** | **Partizip** | **Infinitiv** |
|---|---|---|---|---|---|---|
| | | **Präsens** | | | | |
| **Sg.** | *1. P.* | ég fer | fari | | farandi | (að) fara |
| | *2. P.* | þú ferð | farir | far, farðu | | |
| | *3. P.* | hann fer | fari | | | |
| **Pl.** | *1. P.* | við förum | förum | förum | | |
| | *2. P.* | þið farið | farið | farið | | |
| | *3. P.* | þeir fara | fari | | | |
| | | **Imperfekt** | | | | |
| **Sg.** | *1. P.* | ég fór | færi | | | |
| | *2. P.* | þú fórst | færir | | | |
| | *3. P.* | hann fór | færi | | | |
| | *1. P.* | við fórum | færum | | | |
| | *2. P.* | þið fóruð | færuð | | | |
| | *3. P.* | þeir fóru | færu | | | |

| | Indikativ | Konjunktiv | Imperativ | Partizip | Infinitiv |
|---|---|---|---|---|---|
| | **Perfekt** | | | | |
| Sg. *1. P.* | ég hef farið usw. | hafi farið | | farið | (að) hafa farið |
| | **Plusquamperfekt** | | | | |
| Sg. *1. P.* | ég hafði farið usw. | hefði farið | | | |
| | **Futur** | | | | |
| Sg. *1. P.* | ég mun fara | muni fara | | | (að) munu fara |
| | **Futur II** | | | | |
| Sg. *1. P.* | ég mun hafa farið usw. | muni hafa farið | | | (að) munu hafa farið |
| | **Konditional** | | | | |
| Sg. *1. P.* | | ég mundi (myndi) fara usw. | | | (að) mundu fara |
| | **Konditional II** | | | | |
| Sg. *1. P.* | | ég mundi (myndi) hafa farið usw. | | | (að) mundu hafa farið |

Wie viele Verben der Bewegung kann **fara** auch mit **vera** konjugiert werden (2.6.4), wenn es den Zustand nach abgeschlossener Handlung bezeichnet:

hann er farinn »er ist gegangen«

### 2.6.16 **Reduplikationsverben**

Außer den unregelmäßigen Hilfsverben und den Präterito-Präsentia (2.6.3, 2.6.6) gibt es einige Verben, die ihr Imperfekt durch Reduplikation bilden. In der modernen Sprache sind nur die vier folgenden häufig:

| Infinitiv | Präsens | Imperfekt | Part. Perfekt |
| --- | --- | --- | --- |
| róa »rudern« | ræ | réri (reri) | róið |
| gróa »wachsen« | græ | gréri (greri) | gróið |
| núa »reiben« | ný | néri (neri) | núið |
| snúa »drehen« | sný | snéri (sneri) | snúið |

### 2.6.17 **Allgemeine Bemerkungen zum Imperativ**

Der isländische Imperativ kommt nur in der 2. P. Sg. und Pl. und als hortative Form in der 1. P. Pl. vor. Im Unterschied zum deutschen Imperativ, der meistens ohne Pronomen verwendet wird, ist die bloße Verbform ohne nachgestelltes Pronomen im Isländischen sehr selten. Sie wird kaum je in der gesprochenen Sprache verwendet, und in der Schriftsprache überwiegt auch die Form mit dem nachgestellten Pronomen. In der 2. P. Sg. geschehen einige Lautveränderungen, wenn das Pronomen angehängt wird. Der Vokal [u] des Pron. **þú** wird zu [ʏ] und der Konsonant þ wird zu ð oder er wird an den vorangehenden Konsonanten assimiliert, wie aus der folgenden Tabelle hervorgeht:

| Lautkombination | Beispiele |
| --- | --- |
| Vokal+þ > Vok.+ð | slá þú »schlage!« wird zu sláðu |
| ð+þ > dd[tː] | bíð þú »warte!« wird zu bíddu |
| f+þ > fð [vð] | haf þú »hab!« wird zu hafðu |
| d+þ > t [t] | kynd þú »heize!« wird zu kyntu |
| g+þ > gd [kt] | heng þú »hänge auf!« wird zu hengdu |
| g [ɣ]+þ > gð [ɣð] | seg þú »sag!« wird zu segðu |
| k+þ > kt [xt] | tak þú »nimm!« wird zu taktu |
| p+þ > pt [ft] | súp þú »trink!« wird zu súptu |
| t+þ > tt [ht] | brjót þú »brich!« wird zu brjóttu |

Die gekürzten zusammengezogenen Formen überwiegen auch in der Schriftsprache, in der sie als orthographische Einheit gelten. Im Plural erkennt die Schriftsprache die zusammengezogene Form als Einheit nicht an, sondern schreibt das Pronomen nach dem Imperativ vollständig:

bíðið þið »wartet«, heyrið þið »höret, hört«

In der gesprochenen Sprache wird das nachgestellte Pronomen auf den Vokal reduziert:

**bíðið þið** wird zu **bíðiði**
**heyrið þið** wird zu **heyriði** usw.

Diese reduzierten Formen sind es, die fast ausschließlich in der gesprochenen Sprache verwendet werden. Unter dem Druck der gesprochenen Sprache beginnen sie sich auch langsam in der Schriftsprache durchzusetzen. Das gilt insbesondere für die Tages- und Wochenzeitungen, in denen man sie gelegentlich sehen kann. Außer diesen Formen kommen auch emphatische Imperativformen in der gesprochenen Sprache vor, die ein nachgestelltes selbständiges Pronomen **þú** haben. Dazu nachstehend einige Beispiele:

| **Einfache Form** | **Gewöhnliche Form mit nachgestelltem Pronomen** | **Emphatische Form** |
|---|---|---|
| kom »komm!« | komdu | komd þú |
| far »geh!« | farðu | farð þú |
| bíð »warte!« | bíddu | bídd þú |
| seg »sag!« | segðu | segð þú |
| súp »trink!« | súptu | súpt þú |
| tak »nimm!« | taktu | takt þú |
| brjót »brich!« | brjóttu | brjótt þú |
| haf »hab«! | hafðu | hafð þú |

Wie sich aus der vorstehenden Tabelle ergibt, wird die emphatische Form dadurch gebildet, daß der Auslautsvokal **-u** der gewöhnlichen zusammengezogenen Form des Imperativs weg-

fällt und das vollbetonte Pronomen **þú** nachgestellt wird. Diese emphatischen Imperativformen sind häufig in der spontanen gesprochenen Sprache, aber sie erscheinen kaum je in der geschriebenen Sprache. In Briefen kann man sie jedoch gelegentlich finden.
Besonders in negativen Sätzen wird in der gesprochenen Sprache häufig statt des Imperativs der Infinitiv verwendet:

ekki láta kálfinn út »laß das Kalb nicht nach draußen«
ekki hlaupa svona »lauf nicht auf diese Weise«

Zu beachten ist ferner, daß das Ausrufzeichen ! im Isländischen nicht verwendet wird. Es wird nicht als Satzzeichen anerkannt, da der Imperativ an sich dank des nachgestellten Pronomens eindeutig gekennzeichnet ist.

## Unflektierbare Wörter

Präpositionen und Konjunktionen sind unflektierbar. Adverbien werden gewöhnlich zu den unflektierbaren Wörtern gerechnet, obwohl viele Adverbien gesteigert werden können.

### 2.7.0 **Präpositionen**

Die isländischen Präpositionen können nach dem Kasus, den sie regieren, in vier Gruppen eingeteilt werden:

a) **Präpositionen mit dem Akkusativ:** die wichtigsten sind: um »um«, gegnum »durch«, kringum »rings um«, umfram »in erster Linie; mehr als«, umhverfis »rings um«.
Beispiele: hann talar **um bæinn** »er spricht über den Hof«, boltinn fór **gegnum gluggann** »der Ball flog durch das Fenster«.
b) **Präpositionen mit dem Dativ:** að »zu«, af »von«, frá »von, aus«, úr »von, aus«, andspænis »gegenüber«, ásamt »nebst,

samt, mit«, gagnvart »gegenüber«, gegn »gegen«, gegnt »gegenüber«, handa »für«, meðfram »entlang«, mót, móti »gegen«, undan »wegen; von; vor«.
Beispiele: hann stóð **andspænis dyrunum** »er stand der Tür gegenüber«; hún kom **ásamt honum** »sie kam mit ihm zusammen; hann gekk **meðfram veginum** »er ging den Weg entlang«.

c) **Präpositionen mit dem Dativ oder dem Akkusativ:** á »auf«, eftir »nach«, fyrir »vor, für«, í »in«, með »mit«, undir »unter«, við »bei«, yfir »über, oberhalb«.
Beispiele: hann setur vatn **í fötuna** (Akk.) »er gießt Wasser in den Eimer«; vatnið er **í fötunni** (Dat.) »das Wasser ist in dem Eimer«; hann setur fötuna **undir borðið** (Akk.) »er setzt den Eimer unter den Tisch«; fatan er **undir borðinu** (Dat.) »der Eimer ist unter dem Tisch«.
Es gilt die allgemeine Regel, daß diese Präpositionen mit dem Akk. stehen, wenn eine Bewegung ausgedrückt wird. Sie stehen mit Dat., wenn ein Zustand ausgedrückt wird. Zu dieser allgemeinen Rahmenregel (die übrigens auch im Deutschen gilt) gibt es jedoch zahlreiche Ausnahmen, die einzeln gelernt werden müssen, z. B.:
hann kom **með honum** (Dat.) »er kam mit ihm«
hann kom **með hann** (Akk.) »er brachte ihn mit«
Besonders schwierig ist der richtige Umgang mit den Präpositionen **á** und **í** in Verbindung mit Ortsnamen. Mit beiden Präpositionen wird der Aufenthalt am Ort bezeichnet und nach beiden steht Dativ, aber für praktisch jeden isländischen Ortsnamen kann nur eine der Präpositionen benutzt werden. Es ist hier nicht möglich, Regeln zu geben. Für jeden Ortsnamen muß die Präposition mit dem betreffenden Ortsnamen gelernt werden.
Beispiele: í Reykjavík »in (zu) Reykjavík«; á Akureyri »in (zu) Akureyri«; í Borgarnesi »in Borgarnes«; á Akranesi »in Akranes«; í Keflavík »in Keflavík«; á Dalvík »in Dalvík«; í Reykjanesi »in Reykjanes« (Ortsname in Nordwest-

island); á Reykjanesi »in Reykjanes« (Ortsname in Südwestisland).

Wenn es sich um ausländische Städte handelt, wird zur Bezeichnung der Ortsangabe meistens **í** gebraucht: í London, í München, í Berlin, í New York usw. Bei Ländern gibt es jedoch keine solche allgemeine Regel; vielmehr verknüpfen sich **í** und **á** mit jeweils bestimmten Ländern: í Þýskalandi »in Deutschland«, í Frakklandi »in Frankreich«, í Japan »in Japan«, aber: á Spáni »in Spanien«, á Ítalíu »in Italien«, á Íslandi »in Island« usw.

d) **Präpositionen mit dem Genitiv:** án »ohne«, til »zu, nach«, auk »außer«, meðal »unter«, milli, millum »zwischen«, sakir, sökum »wegen«, handan »auf der anderen Seite von«, innan »innerhalb«, utan »außerhalb«, ofan »oberhalb«, neðan »unterhalb«, sunnan »südlich von«, vestan »westlich von«, norðan »nördlich von«, austan »östlich von«.

Beispiele: hann kom **til borgarinnar** »er kam in die Stadt«, hann býr **handan götunnar** »er wohnt auf der anderen Straßenseite«, hann kom **vegna hans** »er kam seinetwegen«.

## 2.8.0 **Adverbien**

Wie im Deutschen sind die isländischen Adverbien Wörter sehr unterschiedlicher Herkunft, die Adjektive, Verben und andere Adverbien genauer qualifizieren. Die häufigste Bildungsweise des isländischen Adverbs ist mit der Endung **-lega**, die an den Stamm des Adjektivs angehängt wird. Endet das Adjektiv schon auf **-legur**, fällt die Endung **-ur** weg und wird zur Bildung des Adverbs durch **-a** ersetzt:

| **Adjektiv** | **Abgeleitetes Adverb** |
|---|---|
| yndislegur »nett, reizend« | yndislega |
| hægur »langsam« | hæglega |
| skýr »deutlich« | skýrlega |

| | |
|---|---|
| greinilegur »genau« | greinilega |
| knár »geschickt« | knálega |
| slappur »schwach« | slapplega |

Häufig kann auch das Neutrum des Adjektivs als Adverb verwendet werden:

| **Adjektiv** | **Neutrum als Adverb** |
|---|---|
| hægur »langsam« | hægt »langsam; möglich« |
| skýr »deutlich« | skýrt »deutlich« |
| hár »hoch« | hátt »laut« |
| hraður »schnell« | hratt »schnell« |

Obwohl die Endung **-lega** in der Adverbialbildung häufig ist, kann sie nicht von jedem Adjektiv ein Adverb bilden. Die Bildung des Adverbs muß für jedes Adjektiv einzeln gelernt werden, wobei besonders darauf zu achten ist, daß die unflektierbaren Adjektive, von denen viele auf **-a** enden (2.3.3), nicht mit Adverbien verwechselt werden:

aflvana »schwach«, kraftlos«
handlama »mit gelähmter Hand«

Außer den Adverbien, die unmittelbar vom Adjektiv abgeleitet werden können, gibt es eine größere Zahl von Adverbien, die sich morphologisch nicht eindeutig einordnen lassen, wie z. B.:

1. **Lokaladverbien:** hér, hérna »hier«, þar, þarna »dort«, úti »draußen«, út »hinaus, nach draußen«, heima »zu Hause«, erlendis »im Ausland«, inn »nach innen, hinein«, inni »drinnen« usw.
2. **Adverbien der Art und Weise:** þannig »so, auf diese Weise«, illa »schlecht«, vel »gut«.
3. **Frageadverbien:** hvar »wo«, hvernig »wie«, hvenær »wann«, hvert »wohin«, hvaðan »woher«, »aus welcher Richtung«.
4. **Zeitadverbien:** nú, núna »jetzt, nun«, þá »dann, damals«, lengi »lange«, oft »häufig, oft«, aldrei »nie«, alltaf »immer«, stundum »manchmal, ab und zu, bisweilen«.

### 2.8.1 **Steigerung des Adverbs**

Viele Adverbien können Grade einer Eigenschaft bezeichnen und werden dann wie Adjektive gesteigert. Beim Adverb gibt es zwei Gruppen mit regelmäßigen Endungen und eine Gruppe unregelmäßiger Adverbien:
1. Gruppe: Komparativ -(ar)r, Superlativ -(a)st
2. Gruppe: Komparativ -ur, -r, Superlativ -st

Beispiele: 1. Gruppe:

| **Positiv** | **Komparativ** | **Superlativ** |
|---|---|---|
| aftur »hinten; zurück« | aft**ar** »weiter hinten« | aft**ast** »am weitesten (nach) hinten« |
| síð »spät« | síð**ar** »später« | síð**ast** »zum letzten Mal« |
| víða »weit verbreitet« | víð**ar** »weiter verbreitet« | víð**ast** »am weitesten verbreitet« |
| hæglega »einfach« | hægleg**ar** »einfacher« | hægleg**ast** »am einfachsten« |
| ört »schnell« | ör**ar** | ör**ast** |
| langt »weit« | lengra | leng**st** |

Die regelmäßigen Adverbien, die vom N. des Adjektivs oder mit der Endung **-lega** gebildet werden, werden nach diesem Modell gesteigert.

Beispiele: 2. Gruppe:

| **Positiv** | **Komparativ** | **Superlativ** |
|---|---|---|
| lengi »lange Zeit« | leng**ur** | leng**st** |
| fram »nach vorn, vorwärts« | fremur »lieber«<br>framar »weiter nach vorne« | fremst »am liebsten, an vorderster Stelle« |

Unregelmäßige Steigerung haben folgende Adverbien:

| Positiv | Komparativ | Superlativ |
|---|---|---|
| gjarnan »gerne« | heldur »lieber« | helst »am liebsten« |
| illa »schlecht« | verr | verst |
| lítt »wenig« | miður »leider, weniger« | minnst »am wenigsten« |
| mjög »sehr« | meir(a) | mest |
| snemma »früh« | fyrr »vorher« | fyrst »zuerst« |
| vel »gut« | betur | best |

### 2.8.2 Die Verneinung und die Bejahung

Die Wörter der Verneinung und der Bejahung bilden eine Sonderklasse innerhalb der Adverbien. Die isländische Negation heißt **ekki** »nicht«. Sie entspricht sowohl der deutschen Negation **nicht** als auch der Negation **kein** vor einem Substantiv:

hann er ekki hér »er ist nicht hier«

hann er ekki Þjóðverji »er ist kein Deutscher«

In allgemeinster Weise wird Bejahung mit **já** »ja« ausgedrückt. Es kann jedoch nicht nach einer Negation verwendet werden, wo statt dessen **jú** »doch« steht. **Jú** kann aber auch verwendet werden, um eine Ungewißheit auszudrücken:

er hann heima? Já. »ist er zu Hause? Ja«.

er hann ekki heima? Jú »ist er nicht zu Hause? Doch«.

Als Beispiel für eine schwankende Antwort (ja oder nein Antwort), die gelegentlich den Gebrauch von **jú** (oder von **ja**) erfordert, kann der folgende Satz dienen:

er þetta sæmilegt hross? Jú, sæmilegt má kalla það.

»ist das ein brauchbares Pferd? Ja, brauchbar kann man es nennen«.

Das Isländische verfügt außerdem über die modale Negation **ekkert**, die Unglaubwürdigkeit ausdrückt:

hann er ekkert veikur »er ist nicht krank« (= obwohl er es sagt, glaubt es keiner).

## 2.9.0 Konjunktionen

Die Konjunktionen bestehen entweder aus einem oder mehreren Wörtern, die zusammen eine Konjunktion bilden. Unter den Konjunktionen sind zwei große Gruppen zu unterscheiden: solche, die Hauptsätze verbinden und jene, die Hauptsatz und Nebensatz oder Nebensätze untereinander verbinden. Die Hauptsatzkonjunktionen können auch Nebensätze bzw. Satzglieder untereinander verbinden.

1. **Hauptsatzkonjunktionen:** og »und«, en »aber«, eða (eður), »oder«, ella, ellegar »andernfalls«, heldur »aber, sondern«, enda »folglich«.
   Kennzeichnend für das Isländische ist die Konjunktion **enda**, die eine logische Schlußfolgerung bezeichnet:
   hann er veikur, enda liggur hann »er ist krank, folglich liegt er auch (im Bett)«.

Folgende Konjunktionen treten in zwei getrennten Teilen auf: bæði – og »sowohl – als auch«, hvorki – né »weder – noch«, annaðhvort – eða »entweder – oder«, hvort – eða »ob – oder«, ýmist – eða »entweder – oder; das eine – oder das andere«.

2. **Nebensatzkonjunktionen:** Die Nebensatzkonjunktionen können in mehrere Gruppen gegliedert werden. Die wichtigsten sind:
   a) **Kausalkonjunktionen:** af því að, því að [því] (með því að, sökum þess að, sakir þess að, úr því að, vegna þess að, þar eð, þar sem). Alle diese Konjunktionen sind gleichwertig mit den deutschen »weil, denn«. **Af því að** und **því að** (in der gesprochenen Sprache oft zu **því** oder **þí** gekürzt) sind die weitaus häufigsten. Die Konjunktionen in Klammern sind mehr schriftsprachlich. **Svo að** »so daß«.
   b) **Konditionalkonjunktionen:** ef »wenn«, nema »wenn, nur wenn, ausgenommen«, svo framarlega sem »vorausgesetzt daß«.
   c) **Konzessive Konjunktionen:** þó að, þótt, enda þótt

»obwohl, obgleich, obschon«; þrátt fyrir (það) að »trotz, wenngleich«.

d) **Finale Konjunktionen:** til þess að, til að, svo að »damit, um«.

e) **Komparative Konjunktionen:** eins og »wie«, en »als«, heldur en »lieber als«, sem »wie«, því – sem – því (þeim mun) »je – desto«.

f) **Zeitkonjunktionen:** þegar »wenn, als«, áður en »bevor«, eftir að »nachdem«, jafnskjótt og (sem) »gleichzeitig wie«, síðan »nachdem«, þangað til að »bis«, uns »bis«, jafnskjótt og, jafnskjótt sem, óðara en, undireins og, strax og »sobald als (wie)«, þar til er, þar til að, til þess er »bis«.

g) **Fragekonjunktionen:** hvort »ob«, hvort – eða, hvort heldur – eða, hvort sem – eða »ob – oder«.

h) **Relativkonjunktionen:** Der zweite Teil dieser Konjunktionen ist das Relativpronomen **sem** oder **er** und der erste Teil ein Lokal- oder Frageadverb: þar sem »dort wo«, þangað sem (er) »dahin wo«, hvert sem »wohin«, **hvaðan** sem »woher«, hvenær sem »wann« usw.

i) Unklassifizierbar ist die Konjunktion **að** »daß«.

## 2.10.0 Das Infinitivzeichen

Der isländische Infinitiv endet fast immer auf **-a** (fara »fahren«) oder **-á** (slá »schlagen«, gá »gucken«) (zwei Verben enden im Infinitiv auf **-u, munu** und **skulu** (2.6.3); eines endet auf **-o þvo** »waschen« und eines auf **-e ske** »geschehen«). Der Infinitiv hat als vorangestelltes Zeichen sehr häufig das unflektierbare Wort **að**, das dem deutschen Infinitivzeichen **zu** entspricht. Dieses **að** darf nicht mit der gleichlautenden Präposition und Konjunktion verwechselt werden.

Nach den Verben **munu, skulu, mega, vilja** und fakultativ nach **biðja** »bitten« steht der Infinitiv ohne **að**:

ég vil koma »ich will kommen«
hann má koma »er darf kommen«
ég skal fara »ich soll gehen«
ég bað hann koma (oder að koma) »ich bat ihn zu kommen«

# SYNTAX

## 3.0 Einige Elemente der Syntax

In der vorangehenden Beschreibung der Morphologie wurde gelegentlich der Gebrauch einzelner Formen erläutert. Im folgenden wird auf einige besonders charakteristische Ausdrucksweisen näher eingegangen. Dagegen bleibt der Gebrauch von Formen, die im Deutschen und Isländischen einander völlig entsprechen, weitgehend unerwähnt.

### 3.1.0 Kasusformen

#### 1. Akkusativ

Der Akkusativ bildet gewöhnlich das direkte Objekt: ég sé hann »ich sehe ihn«. Mit einigen Verben steht jedoch der Täter im Akkusativ und ist dann u. U. dennoch als Subjekt anzusehen:

mig grunar margt »ich vermute sehr«
mig þyrstir »ich habe Durst; mich dürstet«
mig minnir »ich erinnere mich«
mig vantar »mir fehlt«
mig dreymdi »ich träumte; mir träumte« usw.

Wenn der Akkusativ eine andere Person als den Täter bezeichnet, erscheint der Täter im Nominativ:

ég gruna hann »ich verdächtige ihn«
ég minni hann á það »ich erinnere ihn daran«
ég dreymdi hann »ich träumte von ihm« (auch, mig dreymdi hann)

Das Verb **vanta** »fehlen« hat jedoch auch in diesem Falle den Täter im Akkusativ:

mig vantar bílinn »das Auto fehlt mir«

**Zwei Akkusative:** Einige Verben nehmen zwei Objekte im Akkusativ:

þeir álitu fiskinn (Akk.) góðan (Akk.) »sie meinten, daß der Fisch gut sei«
þeir kusu hann (Akk.) formann (Akk.) »sie wählten ihn zum Vorsitzenden«

Derartige Verben sind jedoch nicht zahlreich.

**Zeitdauer und Richtung:** Der Akkusativ drückt Zeitdauer und Richtung im allgemeinen aus:

hann var tvo daga (Akk.) á leiðinni »er war zwei Tage unterwegs«
hann dvaldi þar vikuna (Akk.) »er verbrachte dort eine Woche«
hann fór þessa leið »er fuhr (ging) diesen Weg«

2. **Dativ**

Der Dativ bezeichnet gewöhnlich das indirekte Objekt wie im Deutschen: ég gef honum (Dat.) bókina »ich gebe ihm das Buch«. Der isländische Dativ hat aber eine Fülle weiterer Bedeutungen, von denen die folgenden Erwähnung verdienen:

a) **Verben, die den Täter im Dativ haben**

Bei einigen Verben, die meistens einen Willensfaktor (subjektive Beziehung zur Handlung) enthalten, steht der Täter im Dativ:

mér líkar »mir gefällt«
mér mislíkar »mir mißfällt«
mér tekst
mér heppnast } »mir gelingt, mir glückt«
mér virðist
mér þykir
mér finnst } »mir scheint«
þér þóknast »dir gefällt«

Die gesprochene Sprache neigt stark dazu, diese Ausdrucksweise auch auf andere Verben, die einen Willensfaktor beinhalten, auszudehnen:

mér hlakkar til
mér vantar
mér langar
statt ég hlakka til »ich freue mich«
statt mig vantar »mir fehlt«
statt mig langar »ich möchte«

In einigen Fällen bezeichnet der Dativ den Täter, auf den sich die Handlung bezieht:

mér sýnist »mir scheint«, aber:
ég sýnist stór »es scheint, daß ich groß bin«

b) **Zwei Dative**

Einige Verben können zwei Dative als Objekt haben:

ég lofaði honum (Dat.) bílnum (Dat.) »ich versprach ihm den Wagen«
hann hét mér (Dat.) stuðningi (Dat.) »er sagte mir Unterstützung zu«

c) **Instrumentaler Gebrauch**

In einigen Fällen bezeichnet die bloße Dativform (ohne Präp. und von keinem Verb regiert) das Instrument oder das Mittel, mit dem etwas gemacht wird:

beita **hörku** (Dat.) »Härte anwenden«

beita **brögðum** (Dat.) »Tricks anwenden«
búinn **gulli** (Dat.) »mit Gold bedeckt«

þeir gengu **þurrum fótum** (Dat.) yfir ána »sie überquerten den Fluß, ohne sich die Füße naß zu machen (trockenen Fußes)«

d) **Dativ mit Adjektiven und Adverbien**

Einige Adjektive und Adverbien regieren den Dativ:
vanur einhverju »(an) etwas gewöhnt«
það er mér (Dat.) gagnlegt »es ist mir nützlich«
hann stendur nálægt mér (Dat.) »er steht mir nahe«

Der Dativ kann auch das zu Vergleichende bezeichnen:
hann er henni (Dat.) reyndari »er ist erfahrener als sie«
hann er árinu (Dat.) yngri »er ist um ein Jahr jünger«

3. **Genitiv**

Bei einigen Verben steht das Objekt im Genitiv. Eine ähnliche Konstruktion kennt auch das Deutsche bei einigen Verben: sich erinnern, gedenken, achten, z.B.: sich des Tages erinnern, der Toten gedenken, der Hindernisse nicht achten usw.

Beispiele für solche Verben im Isländischen sind:
gæta einhvers (Gen.) »auf etwas aufpassen«
afla fjár (Gen.) »Geld verdienen«
geta einhvers »etwas erwähnen«
meta mikils (Gen.) »hoch schätzen«

Bei einigen Verben steht die Person im Akk. oder Dat., das Ding dagegen im Gen.:
biðja e-n e-s (auch um e-ð) »jemanden um etwas bitten«
spyrja e-n e-s »jemanden nach etwas fragen«
synja e-m e-s »jemandem etwas ablehnen«
varna e-m e-s »jemanden an etwas hindern«

Das Deutsche kennt auch eine entsprechende Konstruktion, z.B.: »jemanden des Betrugs verdächtigen«.

**Genitiv mit Adjektiven**

Mit Adjektiven, die Zeitdauer oder Raum bezeichnen, steht häufig der Genitiv:

sex metra (Gen.) langur »sechs Meter lang«
mánaðar (árs) (Gen.) gamall »einen Monat (ein Jahr) alt«

Mit dem Adjektiv **verður** »wert« steht der Genitiv:

mikils (Gen.) verður »von großem Wert«
einskis (Gen.) verður »ohne Wert, wertlos«

Auch steht Genitiv mit einigen anderen Adjektiven:

laus allra mála (Gen.) »die Sache los sein«
einskis þurfi »nichts benötigend«

**Adverbialer Gebrauch**

In einigen adverbialen Redewendungen steht Genitiv:

beggja vegna »auf beiden Seiten«
þess vegna »deshalb«
þess konar »solcher Art«
annars staðar »auf einer anderen Stelle«
hins vegar »andererseits«

**Präpositionale Konstruktion statt Genitiv**

In der deutschen Sprache ersetzt die Präp. **von** oft den Genitiv:

das Haus von Oswald = Oswalds Haus
das Pferd von Anna = Annas Pferd

Auch im Isländischen gibt es entsprechende Konstruktionen. Der Genitiv wird durch die Präp. **af + Dat.** oder **á + Dat.** ersetzt:

margir af þeim statt margir þeirra »viele von ihnen«
hjólið af bílnum statt hjól bílsins »das Rad des Wagens«
hurðin af skápnum statt hurð skápsins »die Tür des Schrankes«
liturinn á veggnum statt litur veggjarins »die Farbe der Wand«
þakið á húsinu statt þak hússins »das Dach des Hauses«

Zu beachten ist, daß bei solchen Präpositionalkonstruktionen, die den Genitiv ersetzen, gewöhnlich die beiden Substantive den Artikel haben (vgl. 3.2.0).

### 3.2.0 **Der Artikel**

Der Gebrauch des Artikels unterscheidet sich in einigen Fällen wesentlich von dem im Deutschen. Einen unbestimmten Artikel oder irgendeine ihm entsprechende Ausdrucksform gibt es im Isländischen nicht. Das alleinstehende Substantiv entspricht sowohl dem deutschen Substantiv mit unbestimmtem Artikel als auch dem ohne Artikel, z. B.:

maður »Mann« oder »ein Mann«
kona »Frau« oder »eine Frau«
barn »Kind« oder »ein Kind«

Wenn ein Adjektiv ein Substantiv mit bestimmtem Artikel kennzeichnet, dann folgt das Adjektiv der schwachen Flexion (2.3.2) wie das auch im Deutschen der Fall ist:

hinn **stóri** maður, **stóri** maðurinn »der große Mann«
hin **góða** kona, **góða** konan »die gute Frau«
hið **þæga** barn, **þæga** barnið »das artige Kind«

Wenn ein Genitiv ein anderes Substantiv kennzeichnet, **kann nur der Genitiv den Artikel haben**. Hier besteht ein wesentlicher Unterschied zum Deutschen, das bei beiden Substantiven den bestimmten Artikel hat:

hús manns**ins** »das Haus des Mannes«
hár konu**nnar** »das Haar der Frau«
leikfang barns**ins** »das Spielzeug des Kindes«

In der Schriftsprache kann man gelegentlich zweifachen Artikel finden, womit sich jedoch die Bedeutung auf eine größere Genauigkeit hin verschiebt:

hann stóð hjá hús**inu** manns**ins** »er stand bei dem Haus des Mannes (d. h. genau bei diesem Haus)«

Dieser Gebrauch tritt in der gesprochenen Sprache nur dann auf, wenn der Genitiv ein Personenname ist. Statt des suffigierten

Artikels steht dann ein Genitiv des Personalpronomens vor dem Personennamen und der Artikel wird an das vorangehende Substantiv angehängt:

herbergi**ð** **hennar** Önnu »Annas Zimmer, das Zimmer von Anna«

húsi**ð** **hans** Kára »Káris Haus, das Haus von Kári«

húsi**ð** **þeirra** Björns og Kára »das Haus von Björn und Kári«

Im letzten Falle, wenn der Genitiv sich auf mehrere Personen bezieht, fallen das Pronomen und der Artikel meistens weg: hús Björns og Kára. Das Pronomen kann aber erhalten bleiben: hús þeirra Björns og Kára. Dieser besondere Gebrauch des Artikels vor dem Genitiv gehört der gesprochenen Sprache an. In der Schriftsprache und in der gehobenen Umgangssprache wird weder ein Artikel noch der Genitiv des Personalpronomens gebraucht:

herbergi Önnu »Annas Zimmer, das Zimmer von Anna, ein Zimmer von Anna«

hús Kára »das Haus von Kári, ein Haus von Kári«

hús Björns og Kára »das Haus von Björn und Kári«

Wenn das possessive Pronomen nachgestellt wird, hat das vorangehende Substantiv häufig den Artikel:

húsi**ð** mitt »mein Haus«, aber mitt hús

barni**ð** mitt »mein Kind«, aber mitt barn

Dieser Gebrauch des Artikels ist im Deutschen unbekannt. Im Isländischen kann der Artikel bei nachgestelltem Possessivpronomen auch wegfallen, ohne daß sich die Bedeutung dabei ändert:

hús mitt, barn mitt, hestur þinn »dein Pferd« usw.

In zahlreichen Ausdrücken kann der Artikel nicht verwendet werden, wenn ein Possessivpronomen verwendet wird: sonur minn »mein Sohn«, álit þitt »deine Meinung« usw.

## 3.3.0 Pronomina

### 3.3.1 Personalpronomina

In Island ist, seit etwa 30 Jahren, im Gegensatz zu Deutschland, das Duzen üblich ganz unabhängig vom Verhältnis der Gesprächspartner zueinander.
Die junge Generation kennt kaum noch die Honorativpronomina **þér** »Sie« und **vér** »wir« (2.5.1), die in der gesprochenen Sprache überhaupt nicht mehr verwendet werden. Aus diesem Grunde braucht der Ausländer sich nicht um diese Pronomina zu bemühen. Durch ihre Verwendung würde er sein Gespräch mit Isländern nur erschweren.

1. **Das unpersönliche Subjekt**
Das unpersönliche und unbestimmte Subjekt wird im Isländischen im allgemeinen durch das Personalpronomen **það** »es« (2.5.1) ausgedrückt:
   það er góður dagur »es ist ein guter Tag«
   það dimmir »es wird dunkel«
   það er rétt að lesa bókina »es ist richtig, das Buch zu lesen«
   það var enginn þar »es war niemand da«
   það var Jón »es war Jón«

Folgende charakteristische Ausdrucksformen, in denen Personalpronomina verwendet werden, verdienen beachtet zu werden:

2. við Ólafur »Ólafur und ich« (eigentl. »wir Ólafur«)
   þið Ólafur »Ólafur und du« oder »Ólafur und ihr«
   þeir Ólafur »Ólafur und sie (Pl.)« oder »Ólafur und seine Freunde (Kollegen)« usw.
3. Mit Eigennamen kann das Personalpronomen in sehr ähnlicher Weise wie der Artikel verwendet werden (vgl. Genitiv in 3.1.0 und 3.2.0):
   **hún** Hekla er farin að gjósa »die Hekla hat begonnen auszubrechen«

**hann** Jón er kominn »Jón ist gekommen«
Semantisch bedeutet aber die Verwendung des Personalpronomens keinen Unterschied von: Hekla er farin að gjósa und Jón er kominn. Das dem Eigennamen vorangestellte Pronomen scheint lediglich eine Emphase auszudrücken.

4. Besonders eigenartig, und dem deutschen Sprecher fremd, ist der Gebrauch des Personalpronomens **hann** »er« (2.5.1) als Subjekt mit Verben, die einen Zustand oder Veränderung der Atmosphäre – d.h. des Wetters – bezeichnen. In den meisten Fällen (jedoch nicht immer) ist auch der unpersönliche Gebrauch von **það** »es« möglich:
hann (það) snjóar »es schneit«
hann (það) rignir »es regnet«
hann er að rjúka upp »der Wind nimmt zu«
hann (það) gengur í byl »ein Schneesturm kommt auf«
hann dregur upp á sig »es wird wolkig«
hann (það) hlýnar (kólnar) »es wird wärmer (kälter)«
Denkbar ist, daß bei diesem Gebrauch die Vorstellung mitspricht, der Himmel (himinn, M. 2.2.0, Paradigma 2) oder der Wind (vindur M., 2.2.0, Paradigma 1) seien Täter (veður »Wetter« N., 2.2.0, Paradigma 46). Abgesehen von dieser charakteristischen Ausdrucksweise wird das unpersönliche Subjekt im Isländischen meistens durch **það** »es« ausgedrückt.

5. In der dritten Person Sg. und Pl. wird der Genitiv des Personalpronomens als Possessivpronomen verwendet:
hús hans »sein Haus«, hús hennar »ihr Haus«, börn hennar »ihre Kinder«, börn þeirra (Pl.) »ihre Kinder«, börn okkar »unsere Kinder«, börn ykkar »eure Kinder«
Die Verwendung des Gen. Sg. **þess** (2.5.1) als Possessivpronomen ist seltener und wird häufig durch andere Ausdrucksweisen ersetzt. Statt **leikfang þess** »sein Spielzeug« (z.B. des Kindes) pflegt man zu sagen **leikfang barnsins**. Wenn es eindeutig ist, was der Gen. þess bezeichnet, kann er in ähnlicher Funktion wie das Possessivpronomen erscheinen:
er þetta leikfang barnsins? Já, það er leikfang þess

»ist das das Spielzeug des Kindes? Ja, das ist sein Spielzeug«
In vielen Fällen handelt es sich dabei aber nicht um den Genitiv des Personalpronomens, sondern um denjenigen des Demonstrativpronomens það (2.5.4):
við götuna stóð hús og við horn **þess** stóð maður
»an der Straße stand ein Haus und an seiner Ecke stand ein Mann«

### 3.3.2 **Possessivpronomina**

Im Gegensatz zu der für die deutschen Possessivpronomina (2.5.3) üblichen Stellung vor dem Substantiv (**sein, ihr** Haus usw.) stehen die isländischen Possessivpronomina **minn** »mein«, **þinn** »dein«, **sinn** »sein, ihr«, **vor** »unser« meistens **nach** dem Substantiv:

komdu með **bókina** þína »bring dein Buch mit«
**sonur** þinn er kominn »dein Sohn ist gekommen«

Wenn das Possessivpronomen nachgestellt wird, hat das Substantiv häufig den bestimmten Artikel. Die Stellung vor dem Substantiv ist zwar auch möglich (wobei das Substantiv keinen Artikel hat), besonders schriftsprachlich und nur ausnahmsweise in der gesprochenen Sprache:

**þitt hús** er nokkuð stórt »dein Haus ist ziemlich groß«

### 3.3.3 **Demonstrativpronomina**

Das Demonstrativpronomen **sá, sú,** það (2.5.4) wird in der gesprochenen Sprache sehr häufig in einer ähnlichen Funktion wie der Artikel verwendet:

**sá góði** maður »der gute Mann«
**sú stutta** »die Kleine«
það **eitt** er rétt »das allein ist richtig«

Das Demonstrativpronomen **sá** ist im Isländischen das am häufigsten verwendete Mittel zur Substantivierung von Adjektiven (2.3.7).

### 3.3.4 Relativpronomina

Das isländische Relativpronomen **sem** (**er**) (2.5.5) ist unflektierbar. Es kann niemals nach einer Präposition oder nach (oder vor) einem Substantiv stehen. Im Relativsatz steht die Präposition am Ende des Satzes. Der Unterschied zum deutschen Relativpronomen ist daher wesentlich:

húsið, **sem** ég bý **í** »das Haus, in dem ich wohne«
húsið, **sem** ég mála þakið **á** »das Haus, dessen Dach ich anstreiche«

In älteren isländischen Texten kommt ein Gebrauch des Interrogativpronomens oder des Indefinitpronomens **hver** »wer« oder **hvað** »was« (2.5.6, 2.5.7) als Relativpronomen vor, z. B.:
»Öllum Sunnlendingafjórðungi mátti kalla að þá væri skipt milli biskups Ögmundar og Strandarmanna, **hverjir** um þær mundir voru í stærstu kærleikum við hann ...« (»man konnte sagen, daß damals das ganze südliche Viertel zwischen dem Bischof Ögmundur und den Leuten von Strönd, die zu jener Zeit seine größte Gunst besaßen, aufgeteilt war ...«) (das Zitat stammt aus Hannes Finnsson: Um fólksfjölda á Suðurlandi 1781, §6 »Über die Einwohnerzahl des Südlandes 1781«; die Orthographie ist normalisiert).
In der modernen Sprache ist dieser Gebrauch völlig verschwunden, obwohl er in literarischen Texten gelegentlich nachgeahmt wird.

### 3.3.5 Indefinitpronomina

Von den zahlreichen Indefinitpronomina (2.5.7) erscheint es hier nur notwendig, genauer auf den Gebrauch von **neinn** »keiner, niemand« und **enginn** »niemand; keiner« einzugehen. **Neinn** kann nur mit einer Negation verwendet werden (ähnlich wie z. B. **aucun** »keiner, niemand« im Französischen):

hér er **ekki neinn** »hier ist niemand«
**ekki neitt** hús er öruggt »kein Haus ist sicher«

Im Gegensatz zu **neinn** wird **enginn** »keiner, niemand« ohne Negation verwendet:

**enginn** er hér »hier ist niemand«
**ekkert** hús er öruggt »kein Haus ist sicher«

### 3.4.0 **Prädikativer Gebrauch des Adjektivs**

Im Deutschen ist das Adjektiv in prädikativer Stellung unveränderlich, z. B.:

der Mann ist }
die Frau ist }
die Männer sind } gut (geschickt) usw.
die Frauen sind }

Im Isländischen wird das Adjektiv in prädikativer Stellung im allgemeinen stark flektiert (2.3.1) und nimmt sowohl das Geschlecht als auch die Zahl (Sg. oder Pl.) des von ihm gekennzeichneten Substantivs an. Die oben zitierten deutschen Beispiele lauten daher in isländischer Übersetzung:

maðurinn er góð**ur** (slyng**ur**)
konan er **góð** (**slyng**)
mennirnir eru góð**ir** (slyng**ir**)
konurnar eru **góðar** (slyng**ar**) usw.

Einige unflektierbare Adjektive (2.3.3) können nur in prädikativer Stellung verwendet werden, z. B.: hissa »erstaunt«, hugsi »nachdenklich«, þurfi »benötigend«:

þeir voru hugsi »sie waren nachdenklich«
mennirnir eru hissa »die Männer sind erstaunt«
hún er einskis þurfi »sie braucht nichts«

### 3.5.0 **Das Verb**

Das isländische Verb hat, mit Ausnahme des Mediums (2.6.11), keine Kategorien, die nicht auch im Deutschen vorhanden sind. Auf den Gebrauch des Mediums (2.6.11) und des Imperativs (2.6.17) wurde schon eingegangen, aber es erscheint notwendig, den Gebrauch des Konjunktivs im Isländischen näher zu erläutern.

### 3.5.1 **Der Konjunktiv**

Der isländische Konjunktiv hat dieselben Tempora wie der Indikativ und außerdem Konditional I und II, die dem Konjunktiv eigen sind. Im Isländischen wird der Konjunktiv mehr als im Deutschen gebraucht. Von den zahlreichen Verwendungen des Konjunktivs sind die folgenden besonders hervorzuheben:

1. Im Präsens kann der Konjunktiv Wunsch, Aufforderung oder Befehl ausdrücken:
   Guð **veri** með þér »Gott sei mit dir«
   **gangi** þér vel »möge es dir gut gehen«
2. Im Imperfekt drückt der Konjunktiv häufig eine Möglichkeit aus, d.h. daß etwas so sein oder geschehen könnte. Verben, die auf diese Weise verwendet werden, sind insbesondere: vera »sein«, vilja »wollen«, mega »dürfen«, þykja »scheinen«, þurfa »brauchen«, eiga »besitzen«, geta »können« und skulu »sollen«. Beispiele:
   það **skyldi** þó aldrei vera »das dürfte doch wirklich nicht sein«
   það **væri** gott »es wäre gut«
   þú **ættir** að koma »du solltest kommen«
   þú **þyrftir** að vera hér »du solltest hier bleiben«
   Wie aus diesen Beispielen zu ersehen ist, benutzt das Deutsche auch in einigen dieser Fälle den Konjunktiv. Hauptsächlich in Fragesätzen kann das Plusquamperfekt auch in ähnlicher Weise verwendet werden:

hver **hefði trúað** þessu? »wer hätte das geglaubt?«
**hefði** hann **farið**? »wäre er gegangen?«

Die Hauptverwendung des Konjunktivs liegt jedoch in Nebensätzen. Da sind besonders folgende Fälle zu beachten:

1. **Konditionalsätze**

a) **Reale Bedingung**

Wenn die Bedingung als real oder wirklich angesehen wird, steht im Isländischen der Indikativ sowohl im Nebensatz als auch im Hauptsatz:

ef hann **kemur, verð** ég hér »wenn er kommt, bleibe ich hier«
ef veður **hefur versnað, hefur** hann ekki **lagt** af stað
»wenn das Wetter schlimmer geworden ist, ist er nicht aufgebrochen«

Die Konjunktion **ef** »wenn« kann unter Umständen wegfallen, aber in diesem Falle erscheint der Konjunktiv im Nebensatz:

**verði** (Konj.) hann heima, **fæ** (Ind.) ég honum bréfið
»wenn er zu Hause ist, bringe ich ihm den Brief«

b) **Irreale Bedingung**

Wird die Bedingung als irreal oder nur als angenommen betrachtet, dann steht der Konjunktiv im Hauptsatz und im Nebensatz (wie im Deutschen):

hann **mundi koma,** ef hann **gæti** »er würde kommen, wenn er könnte«
hann **færi** heiðina, ef hún **væri** fær »er würde über die Heide fahren, wenn sie befahrbar wäre«
hún **hefði komið** í gær, ef veðrið **hefði leyft** »sie wäre gestern gekommen, wenn das Wetter es erlaubt hätte«

c) **Bedingung als Möglichkeit**

Die Bedingung kann als Möglichkeit angesehen werden, die bestimmte Folgen haben würde, wenn gegebene Voraussetzungen erfüllt werden. In diesem Falle erscheint der Konjunktiv im Nebensatz, im Hauptsatz jedoch der Indikativ (oder der Imperativ):

ef hann **kæmi** (Konj.), **láttu** (Imp.) hann fá bókina
»wenn er käme (oder kommen sollte), gib ihm das Buch«
ef hann **setti** (Konj.) niður í dag, **skal** (Ind.) ég hjálpa honum
»wenn er heute pflanzen sollte, will ich ihm helfen«
ef hún **kæmi** (Konj.), **er** (Ind.) Jóna heima í dag
»wenn sie kommen sollte, dann ist Jóna heute zu Hause«

2. **Konjunktiv in anderen Nebensätzen**

Der Konjunktiv wird sehr häufig in anderen Arten von Nebensätzen verwendet, vor allem nach Verben, die Wunsch, Befehl, Bedarf, Gedanken, Furcht, Erwartung, Gefühl oder Anschein ausdrücken.

a) **að**-Sätze entsprechen den deutschen **daß**-Sätzen. Sie können im Deutschen auch den Konjunktiv enthalten, jedoch seltener als im Isländischen:
ég hélt (Ind.), að skipið kæmi (Konj.) í dag »ich dachte, daß das Schiff heute kommt«
hann hafði óskað (Ind.), að ég kæmi (Konj.) við »er hatte gewünscht, daß ich vorbeikomme«
honum virðist (Ind.), að veðrið skáni (Konj.) »ihm scheint, daß das Wetter besser wird«

b) **Interrogative Sätze** haben häufig Konjunktiv, hauptsächlich nach Verben, die Fragen ausdrücken:
hann spurði (Ind.), hver væri (Konj.) við dyrnar »er fragte, wer an der Tür stünde«
ég spyr (Ind.), hvort hann vilji (Konj.) koma með »ich frage, ob er mitkommen wolle«

c) **Konzessive Sätze.** In konzessiven Sätzen, die mit þó að, þótt, enda þótt (2.9.0) »obschon, obgleich, obwohl« beginnen, steht im Isländischen immer der Konjunktiv:
þó að kalt sé (Konj.), er (Ind.) veður gott »obwohl es kalt ist, ist das Wetter gut«

þó að hann **hefði dvalið** lengi erlendis, mundi hann allt vel »obwohl er lange Zeit im Ausland gewesen war, hatte er alles in guter Erinnerung«

3. **Konjunktiv in indirekter Rede**

In **að**-Sätzen, die indirekte Rede einleiten, steht im Isländischen immer der Konjunktiv. Das Subjekt des Haupt- und Nebensatzes stellt zwei verschiedene Personen dar (in der gesprochenen Sprache wird diese Regel jedoch nicht immer eingehalten und der Konjunktiv kann benutzt werden, auch wenn das Subjekt beider Sätze dieselbe Person ist):

hann sagði, að Jón hefði lesið (Konj.) bókina »er sagte, daß Jón das Buch gelesen hätte«

hann fullyrðir, að veðrið fari (Konj.) skánandi »er behauptet, daß das Wetter besser wird«

Wenn das Subjekt beider Sätze dieselbe Person ist, wird im Isländischen häufig kein Nebensatz, sondern ein Infinitivsatz gebildet. Im Deutschen werden in solchen Fällen zwei Sätze beibehalten:

hann segist ekki vera (Inf.) heima »er sagt, daß er nicht zu Hause ist«

hann sagðist **koma mundu** (Inf.) er sagte, daß er kommen würde«

hann lést vera (Inf.) veikur »er simulierte, daß er krank sei«

## 3.6.0 Einige Bemerkungen zur Wortreihenfolge

### 3.6.1 Affirmative Sätze

In affirmativen Sätzen ist die normale Wortfolge: Subjekt – Verb – indirektes Objekt – direktes Objekt:

ég gaf honum bókina »ich gab ihm das Buch«

Wenn das Verb intransitiv ist, steht das Prädikat nach dem Verb:

maðurinn er veikur »der Mann ist krank«

Diese Grundregeln entsprechen den Regeln der deutschen Sprache, aber sie werden im Isländischen weniger streng angewendet. So gibt es tatsächlich verschiedene Möglichkeiten zur Änderung der Wortfolge, z.B. für stilistische Zwecke oder, um die Betonungsverhältnisse innerhalb des Satzes zu ändern, wenn ein bestimmtes Wort hervorgehoben werden soll, z.B.:

gaf ég honum bókina<br>
honum gaf ég bókina } »ich gab ihm das Buch«<br>
bókina gaf ég honum

Die übliche Wortreihenfolge wird im Isländischen **im Haupt- und im Nebensatz** verwendet. Hier besteht ein großer Unterschied zum Deutschen, denn im Deutschen steht das Verb gewöhnlich am Ende des Nebensatzes:

ég gæfi honum bókina, ef hann bæði um það »ich gäbe (würde) ihm das Buch (geben), wenn er darum bäte (bitten würde)«

In Fragesätzen, die mit einem Fragewort beginnen, gilt die normale Wortreihenfolge:

hver sagði honum þetta? »wer sagte ihm das?«<br>
hver fékk honum bókina? »wer überreichte ihm das Buch?«

Zu beachten ist, daß in den zusammengesetzten Tempora das Hilfsverb und das Hauptverb im Isländischen möglichst nahe beieinander stehen (im Deutschen steht das Hauptverb gewöhnlich am Ende des Satzes):

hann hefur komið í dag »er ist heute gekommen«<br>
hann hefur fengið honum bókina »er hat ihm das Buch überreicht«

Auch bei veränderter Reihenfolge werden die beiden Verben (Hauptverb und Hilfsverb) möglichst eng angenähert:

honum hefur hann fengið bókina } »er hat ihm das<br>
bókina hefur hann fengið honum } Buch überreicht«

### 3.6.2 Fragesätze

In Fragesätzen, die nicht mit einem Fragewort beginnen, steht das Subjekt normalerweise nach dem Verb:

kemur hann á morgun? »kommt er morgen?«
hefur hann komið með bókina? »hat er das Buch gebracht?«

### 3.6.3 Negative Sätze

Das Vorhandensein einer Negation im Satz hat grundsätzlich keinen Einfluß auf die sonst übliche Wortreihenfolge. Die Stellung der Negation wird jedoch durch die Satzstruktur bestimmt. Die isländische Negation steht im allgemeinen nach dem Verb:

hann er **ekki** heima »er ist nicht zu Hause«
hann kom **ekki** »er kam nicht«

Falls das Verb ein direktes Objekt hat, steht die Negation nach dem direkten Objekt, wenn dieses ein Pronomen ist, jedoch vor dem direkten Objekt, wenn dieses ein Substantiv ist:

ég tók **ekki** bókina »ich nahm das Buch nicht«
ég tók hana **ekki** »ich nahm es (= das Buch) nicht«

Im allgemeinen steht die Negation nach dem indirekten Objekt:

ég gaf kúnni **ekki** vatn »ich gab der Kuh kein Wasser«
ég gaf honum **ekki** bókina »ich gab ihm das Buch nicht«

Hat das Verb ein direktes und indirektes Objekt, die beide Pronomina sind, steht die Negation nach dem direkten Objekt:

ég fékk honum hana **ekki** »ich überreichte es ihm nicht«

In den zusammengesetzten Tempora steht die Negation (oder andere Wörter, die eine Negation ausdrücken) im allgemeinen zwischen dem Hilfsverb und dem Part. Perfekt:

ég hef **ekki** gefið honum bókina »ich habe ihm das Buch nicht gegeben«
ég hef **ekki** gefið honum hana »ich habe ihm es (= das Buch) nicht gegeben«
ég hef **varla** séð hann »ich habe ihn kaum gesehen«

ég hef **engum** gefið hana »ich habe es (= das Buch) niemandem gegeben«

Wenn negative Pronomina Subjekt des Satzes sind, stehen sie wie andere Wörter, die die Funktion des Subjekts ausdrücken:

**enginn** hefur séð hann »niemand hat ihn gesehen«

Die Negation steht vor dem Infinitiv, wenn dieser sich auf das Subjekt des Satzes bezieht:

hann segist **ekki** koma »er sagt, daß er nicht kommt«

hún kveðst **ekki** hafa komið »sie sagt, daß sie nicht gekommen ist«

Ebenfalls steht die Negation vor dem Infinitiv, wenn dieser als Imperativ verwendet wird (vgl. 2.6.17):

**ekki** gefa bókina »schenk das Buch nicht!«

**ekki** týna buddunni »verlier die Geldtasche (das Portemonnaie) nicht!«

Wenn der Infinitiv sich auf eine Person bezieht, die nicht Subjekt des Satzes ist, steht die Negation nach dem Infinitiv:

ég sagði honum að koma **ekki** »ich sagte ihm, er solle nicht kommen«

ég sagði þeim **að** vera **ekki** lengi »ich sagte ihnen, daß sie nicht lange bleiben sollten«

### 3.6.4 Wortfolge im Hauptsatz nach vorangestelltem Nebensatz

Wenn ein Nebensatz einem Hauptsatz vorangestellt wird, steht im Hauptsatz (wie im Deutschen) das Subjekt nach dem Verb:

ef hann kemur, er **ég** ekki heima »wenn er kommt, bin ich nicht zu Hause«

þótt hann eigi bíl, gengur **hann** alltaf í vinnuna »obwohl er einen Wagen besitzt, geht er immer zu Fuß zur Arbeit«

þar eð hann var veikur, gat **hann** ekki lesið allan daginn »da er krank war, konnte er den ganzen Tag nicht lesen«

Wenn die Konjunktion des Nebensatzes wegfällt, steht das Verb vor dem Subjekt im Nebensatz, und im Hauptsatz bleibt die Wortfolge wie schon beschrieben:

væri **hann** heima, kæmi **ég** við »wäre er zu Hause, würde ich vorbeikommen«

aber:

ef hann væri heima, kæmi ég við »wenn er zu Hause wäre, würde ich vorbeikommen«

### 3.6.5 Wortfolge in Sätzen mit enda und heldur

In koordinierten Sätzen mit **enda** »folglich« und **heldur** »aber, sondern« (2.9.0) steht das Subjekt nach dem Verb:

þeir biðu ekki lengi, enda **var** vont veður »sie warteten nicht lange, da das Wetter schlecht war«

mennirnir stönsuðu ekki, heldur **héldu** þeir beint áfram »die Männer hielten nicht an, sondern setzten (ihre Reise) gleich fort«

### 3.6.6 Stellung des Adverbs

Das Adverb steht in der Regel vor dem Adjektiv oder nach dem Verb und dem Objekt:

húsið er **mjög** fallegt »das Haus ist sehr schön«
hann erfiðar **ákaflega** »er strengt sich sehr an«
hann gerir þetta **vel** »er macht das gut«

Wenn ein Adverb dem Verb vorangestellt wird, hat das zur Folge, daß das Subjekt dem Verb nachgestellt wird:

**vel** hefur þú gert »gut hast du gehandelt«
**þá** fórum við að sofa »dann gingen wir schlafen«
**ógætilega** fór hann að »er handelte unvorsichtig«

## 4.0 Einige Elemente der Wortbildung

### 4.1.0 Wortzusammensetzungen

Die isländische Gegenwartssprache hat eine große Anzahl zusammengesetzter Wörter. Es ist im Isländischen relativ einfach, Wortzusammensetzungen zu bilden und alle Wortkategorien können zusammengesetzte Wörter, entweder unter sich oder miteinander, bilden. Im allgemeinen bekommt das zusammengesetzte Wort das grammatische Geschlecht des letzten Elements und behält seine Flexion bei. Zu dieser Hauptregel gibt es einige Ausnahmen, z.B.: nótt F. »Nacht« und miðnætti N. »Mitternacht«.

Die häufigsten Verfahren, um zusammengesetzte Wörter zu bilden, sind die folgenden:

1. Der Wortstamm wird an das folgende Wort direkt angeschlossen:
   sól F. »Sonne«: sól-skin N. »Sonnenschein«
   bál N. »Großfeuer«: bál-viðri N. »Orkan«
   til Präp. »zu«: til-vera F. »Existenz«
   skór M. »Schuh«: skó-sala F. »Schuhverkauf«
   dauður Adj. »tot«: dauð-þreyttur Adj. »todmüde«
   (Um der Klarheit willen werden die Teile der Zusammensetzung mit einem Bindestrich getrennt. In der Orthographie werden zusammengesetzte Wörter ohne solchen Bindestrich geschrieben.)
2. Zwischen den beiden Wörtern wird ein Verbindungsvokal (meistens **i** oder **u**) eingeschoben:
   ráð N. »Rat«; ráð**u**nautur M. »Berater«
   lind F. »Quelle«: lind**i**tré N. »Linde« (Baum)
3. Das erste Wort der Zusammensetzung steht in einem anderen Kasus als Nominativ. Insbesondere ist der Genitiv (Sg. oder Pl.) häufig in Zusammensetzungen:
   föt N.Pl. »Kleider«: **fata**-skápur M. »Kleiderschrank«

höfn F. »Hafen«: **hafnar**-garður M. »Mole«
maður M. »Mann«: **manns**-nafn N. »Mannesname, Eigenname«
gata F. »Straße«: **gatna**-mót N. »Straßenkreuzung«
borg F. »Stadt«: **borgar**-líf N. »Stadtleben, Leben in der Stadt«

Oft können mehr als zwei Wörter ein zusammengesetzes Wort bilden, z. B.:

hæsta-réttar-lög-maður M. »Rechtsanwalt beim obersten Gericht«
hús-stjórnar-skóli M. »Haushaltsschule«
flug-vallar-skattur M. »Flughafensteuer« usw.

### 4.2.0 **Die wichtigsten Präfixe**

Im Vergleich zur deutschen Sprache besitzt das Isländische nur eine geringe Zahl von Präfixen. Die wichtigsten und am häufigsten gebrauchten Präfixe werden in der folgenden Liste aufgezählt. Nur die am häufigsten verwendete Bedeutung wird angegeben, da in vielen Fällen ein direkt entsprechendes deutsches Äquivalent nicht vorhanden ist:

| | |
|---|---|
| aðal- »haupt-«: | aðalbygging »Hauptgebäude« |
| afar- »sehr«: | afarlítill »sehr klein« |
| al- »voll, sehr«: | alþekktur »sehr bekannt« |
| all- »ziemlich«: | allstór »ziemlich groß« |
| and- »gegen«: | andsnúinn »gegen etwas gerichtet« |
| auð- »einfach, leicht«: | auðsóttur »leicht zu bekommen« |
| einka- »mono-«: | einkasala »Monopol, Monopolhandel« |
| for- »gegen, ver-«: | fordæma »verurteilen« |
| frum- »elementar«: | frumstæður »primitiv« |
| gagn-, gegn- »durch«: | gegnsær »durchsichtig« |
| hálf- »halb-«: | hálftómur »halbleer« |

| | |
|---|---|
| jafn- »gleich«: | jafnstór »gleich groß« |
| mis- »miß-«: | misskilja »mißverstehen« |
| ó- »un-«: | ómögulegur »unmöglich« |
| of- »zu«: | ofbeldi »Gewalt« |
| sam- »mit, zusammen«: | samvinna »Zusammenarbeit |
| sér- »spezial«: | sérstæður »eigenartig« |
| sí- »stets, immer«: | sívinnandi »fleißig, immer arbeitend« |
| sjálf- »selbst, automatisch«: | sjálfvirkur »automatisch«, sjálfgefinn »offenbar« |
| sví- »Verachtung«: | svívirða »verhöhnen, verachten« |
| tor- »schwierig«: | torleiði »schwierige Route« |
| van- »negativ«: | vanþekking »Unkenntnis« |
| ör- »negativ oder intensiv«: | örmagna »erschöpft«, örsmár »sehr klein, winzig«, örtröð »Gedränge« |

Außer diesen Präfixen, die in der modernen Sprache sehr produktiv sind, gibt es andere weniger produktive Präfixe, die in diese Liste nicht aufgenommen worden sind.

## Grammatische Übungen

### 1.

Präs. Ind. von **vera** »sein« (2.6.3). Schwache Flexion der M. und der F. (2.2.4 Parad. 51–54 und 2.2.5 Parad. 55–58).

Pabbi er heima. Mamma er líka heima. Jói er úti, en Gunna er inni. Hann er bóndi. Það er rigning í dag og þess vegna erum við inni. Þeir eru bændur og eru þess vegna líka úti í rigningu. Ingi er kennari. Þið eruð í skóla hjá honum. Inga er líka kennari og við erum í skóla hjá henni. Hvar eru Gunna og Gylfi? Þau eru inni og leika sér. Eru afi og amma líka heima? Þetta er fálki. Fálki er ránfugl. Þetta er hani. Hann er foringi hænsna. Hænsni eru úti á daginn. Þetta er strætó. Strætó er úti á götu. Það eru margir farþegar með. Gleði er alltaf til góðs, reiði til ills, en athygli til gæfu.

**afi** m. 51 (-a, -ar) Großvater, Opa
**alltaf** adv. immer
**amma** f. 58 (ömmu, ömmur) Großmutter, Oma
**athygli** f. 57 (-i, ohne pl.) Aufmerksamkeit
**bóndi** m. 53 (-a, bændur) Bauer, Landwirt
**í dag** adv. heute; **á daginn** am Tage, tagsüber
**en** kon. aber
**fálki** m. 51 (-a, -ar) Falke
**farþegi** m. 51 (-a, -ar) Passagier, Fahrgast
**foringi** m. 52 (-ja, -jar) Führer, Leiter
**gata** f. 58 (götu, götur) Straße, Gasse
**gleði** f. 57 (-i, ohne pl.) Freude
**Gunna** f. 55 (-u) weibl. Vorname
**Gylfi** m. 51 (-a) männl. Vorname
**gæfa** f. 55 (-u, ohne pl.) Glück
**hani** m. 51 (-a, -ar) Hahn
**heima** adv. zu Hause, daheim
**henni** pron. pers. ihr
**hjá** präp. bei
**honum** pron. pers. ihm

**hvar** adv. wo
**hænsni** n. pl. 48 Hühner (kollektive Bedeutung)
**Inga** f. 55 (-u) weibl. Vorname
**Ingi** m. 51 (-a) männl. Vorname
**inni** adv. drin, drinnen; innen
**Jói** m. 51 (-a) männl. Vorname
**kennari** m. 51 (-a, -ar) Lehrer, Lehrerin
**leika** vt. abl. 7 (lék, lékum, leikið) spielen; **leika sér** (refl.) spielen
**líka** adv. auch, ebenfalls
**mamma** f. 58 (mömmu, mömmur) Mutti, Mamma
**margur** adj. 1 (mörg, margt; fleiri, flestur) viele
**með** präp. mit
**og** kon. und
**pabbi** m. 51 (-a, -ar) Vati, Papa
**ránfugl** m. 1 (-i, -s, -ar) Raubvogel
**reiði** f. 57 (-i, ohne pl.) Zorn, Wut
**rigning** f. 24 (-u, -ar, -ar) Regen
**skóli** m. 51 (-a, -ar) Schule
**strætó** m. 54 (-, -ar) Bus (im Stadtverkehr)
**til** präp. mit gen. zu, für
**til góðs** zum Guten
**til ills** zum Schlechten
**úti** adv. draußen
**þess vegna** adv. deshalb, daher

## 2.

Die Ausdrucksform **vera að + Inf.** (2.6.4). Inf. der Verben (2.6.2, 2.10.0). Starke Neutra (2.2.3, Parad. 43–50). Verneinung und Bejahung (2.8.2).

Hvað er Gylfi að gera? Gylfi er að vinna. Hann er verkamaður og starfsmaður í verksmiðju. Ert þú líka að vinna? Nei, ég er ekki að vinna. Ég er að lesa kvæði um sumar, blóm og tré. Hvað ert þú að hugsa? Ég er að hugsa um veðrið. Er Gunna ekki heima? Jú, en hún er ekki heima í augnablikinu. Er hún kannske að koma þarna? Nei, þetta er líklega Jóhanna. Ísland er eyja í Atlantshafi. Íslensk sumur eru stutt og á Íslandi er fátt um tré. Loft er samt mjög hreint og betra en í Evrópu. Er hann heima á morgun? Já, hann er heima, en eftir hádegi er hann ekki heima. Hann er að vinna til klukkan tíu að kvöldi. Öld er sama og eitt hundrað ár. Það er rigning og jörð er að blotna.

**Bemerkung 1:** Die Ausdrucksform **vera að + Inf.** ist charakteristisch für die moderne isl. Sprache. Sie bezeichnet die noch nicht zu Ende geführte Handlung. Im allgemeinen entspricht ihr im Deutschen die einfache Präsensform, z.B. **hann er að vinna** »er arbeitet«. Das Deutsche hat aber auch die Ausdrücke **dabei sein etwas zu tun, im Begriffe sein etwas zu tun**, die der isl. Ausdrucksweise entsprechen, jedoch relativ seltener im Deutschen als im Isländischen verwendet werden. Die isl. Konstruktion entspricht der englischen **be + Part. Präs.: he is working = hann er að vinna** »er arbeitet«.

**Bemerkung 2:** Die deutsche Ausdrucksweise **es gibt** wird im Isländischen mit der entsprechenden Form von **vera** »sein« wiedergegeben: **það er fátt um tré** »es gibt wenig Bäume«.

að präp. mit dat. zu, bis, von
**ár** n. 43 (-i, -s, -) Jahr
**Atlantshaf** n. 47 (-i, -s, -höf) Atlantischer Ozean
**augnablik** n. 43 (-i, -s, -) Augenblick, Moment; **í augnablikinu** im Moment
**betra en** besser als
**blóm** n. 43 (-i, -s, -) Blume
**blotna** vi. 4 (blotnaði, blotnað) naß werden
**eftir** präp. mit dat. und akk. nach; **eftir hádegi** nachmittags
**ekki** adv. nicht, kein (2.8.2)
**Evrópa** f. 55 (-u) Europa
**eyja** f. 56, 28 (-ju/-jar, -jar oder -jur) Insel
**gera** vt. 3 (gerði, gert) tun, machen
**hugsa** vt. 4 (hugsaði, hugsað) denken
**hundrað** z. n. 50 (-i, -s, -uð) hundert, 100
**hreinn** adj. 5 (hrein, hreint; hreinni, hreinastur) sauber, klar, rein
**hvað** pron. inter. (2.5.6) was
**Ísland** n. 47 (-i, -s) Island
**íslenskur** adj. 1 (íslensk, íslenskt; -ari, -astur) isländisch

**já** adv. ja

**Jóhanna** f. 58 (Jóhönnu, ohne pl.) weibl. Vorname

**jú** adv. (der Bejahung nach Negation) doch

**jörð** f. 30 (-, -ar, jarðir) Erde, Boden; Grundstück

**kannske** adv. vielleicht

**klukka** f. 55 (-u, -ur) Uhr; **til klukkan tíu** bis 10 Uhr

**koma** vi. abl. 4 (kom, komum, komið) kommen

**kvöld** n. 43 (-i, -s, -) Abend

**lesa** vt. abl. 5 (las, lásum, lesið) lesen

**líklega** adv. wahrscheinlich

**loft** n. 43 (-i, -s, -) Luft, Atmosphäre; Decke

**mjög** adv. sehr

**á morgun** adv. morgen

**nei** adv. nein

**sama og** gleichbedeutend mit, identisch mit

**samt** adv. trotzdem

**starfsmaður** m. 22 (-manni, -manns, -menn) Angestellter, Mitarbeiter

**stuttur** adj. 1 (stutt, stutt; styttri, stystur) kurz

**sumar** n. 50 (-ri, -s, -ur) Sommer

**tré** n. 45 (-, -s, -) Baum; **er fátt um tré** es gibt wenig Bäume

**veður** n. 46 (-ri, -s, -) Wetter (veðrið »das Wetter«)

**verkamaður** m. 22 (-manni, -manns, -menn) Arbeiter, Arbeitnehmer

**verksmiðja** f. 56 (-ju, -jur) Fabrik, Werkstatt

**vinna** vi., vt. abl. 3 (vann, unnum, unnið) arbeiten

**þarna** adv. dort

**öld** f. 30 (-, aldar, aldir) Jahrhundert

## 3.

Imperfekt von **vera** »sein« (2.6.3). Schwache Flexion der Neutra (2.2.6 Parad. 59 und 60).

Gylfi var bóndi, en nú er hann verkamaður í Reykjavík. Hann var að borða hjarta úr dýri. Hjörtu eru góður matur, en fáir eru vanir að borða augu, lungu og eyru. Við vorum í Reykjavík í gær. Í Reykjavík eru mörg firmu og fyrirtæki. Gegnt Reykjavík í norðri er fjall. Það er Esja. Voruð þið líka í Reykjavík? Nei, við vorum ekki í Reykjavík. Við vorum í skóla, en þeir voru að vinna í verksmiðju eða fiskiðjuveri. Hvað voru þau að gera? Þau voru að leika sér með borð, blöð og blek. Hvar varst þú í gær? Ég var að vinna í frystihúsi. Fé er yfirleitt á fjalli á sumrin, en stundum er það þó á túni eða engi.

**auga** n. 59 (-, -u) Auge
**blað** n. 47 (-i, -s, blöð) Blatt
**blek** n. 43 (-i, -s, -) Tinte
**borð** n. 43 (-i, -s, -) Tisch; Brett
**borða** vt. 4 (borðaði, borðað) essen
**dýr** n. 43 (-i, -s, -) Tier
**eða** kon. oder
**engi** n. 48 (-, -s, -) Wiese
**Esja** f. 55 (-u) Berg nördlich von Reykjavík
**eyra** n. 59 (-, -u) Ohr
**fáir** adj. pl. wenige
**fé** n. koll. 45 (-, -s oder fjár, ohne pl.) Vieh; Geld
**firma** n. 59 (-, -u) Firma
**fiskiðjuver** n. 43 (-i, -s, -) Fischverarbeitungsanlage oder -fabrik
**fjall** n. 47 (-i, -s, fjöll) Berg; **á fjalli** in den Bergen
**frystihús** n. 43 (-i, -s, -) Gefrierhaus; Fabrikanlage zum Einfrieren von frischen Waren
**fyrirtæki** n. 48 (-, -s, -) Betrieb, Industriebetrieb
**gegnt** präp. mit dat. gegenüber
**góður** adj. 1 (góð, gott; betri, bestur) gut
**í gær** adv. gestern
**hjarta** n. 60 (-, hjörtu) Herz
**lunga** n. 59 (-, -u) Lunge
**matur** m. 12 (-, -ar, ohne pl.) Essen
**norður** n. 46 (-ri, -s) Norden
**nú** adv. jetzt, nun
**Reykjavík** f. 36 (-, -ur) die Hauptstadt Islands (eigentl. »Dampfbucht«)
**stundum** adv. ab und zu, bisweilen, gelegentlich
**sumar, á sumrin** im Sommer
**tún** n. 43 (-i, -s, -) Hauswiese
**úr** präp. mit dat. aus, von
**vanur** adj. 1 (vön, vant; vanari, vanastur) gewöhnt
**yfirleitt** adv. im allgemeinen
**þó** adv. doch, jedoch

## 4.

Präs. von **hafa** »haben« (2.6.3). Possessive Pronomina (2.5.3). Der bestimmte Artikel (2.1.1) und die Paradigmen 43–50 der starken Neutra.

Við höfum tíma til að hlusta á fréttir í útvarpinu. Hann hefur ekki tíma til að vökva trén sín í dag, en ég hef tíma til þess. Þú hefur ekki bókina þína með, en ég hef mína. Hún hefur útvarpið hans með í vinnuna. Hennar útvarp er í viðgerð. Sjónvarp og útvarp hafa mikil áhrif í nútíma þjóðfélagi, en ekki eru áhrif þeirra alltaf til góðs. »Tíminn« er annað stærsta dagblað á Íslandi og hefur ýtarlegar fréttir af landsbyggðinni. Ísland hefur ekki hráefni til iðnaðar, en það hefur hins vegar mikla orku í formi gufu, heits vatns og vatnsorku. Rithöfundurinn er að lesa kvæðin sín í útvarpinu. Skipið er að koma að landi frá útlöndum. Í hreiðrinu hefur fuglinn unga sína. Þeir eru að vaxa upp og þeir fara síðan út í heim með foreldrum sínum. Þið hafið ekki töskuna ykkar með.

**áhrif** n. pl. 43 Einfluß
**alltaf** adv. immer, stets
**annar** z. (2.4.1) der zweite
**bók** f. 34 (-, -ar, bækur) Buch
**dagblað** n. 47 (-i, -s, -blöð) Zeitung, Tageszeitung
**fara** vi. abl. 6 (fór, fórum, farið) fahren, gehen, reisen, sich begeben
**foreldri** n. 48 (-, -s), pl. **foreldrar** m. 1 Eltern
**frétt** f. 29 (-, -ar, -ir) Nachricht
**fugl** m. 1 (-i, -s, -ar) Vogel
**hafa** vt. ur. (2.6.3) (hafði, haft) haben; besitzen
**heitur** adj. 1 (heit, heitt; -ari, -astur) warm, heiß
**hins vegar** adv. auf der anderen Seite, andererseits
**hlusta** vt. 4 (hlustaði, hlustað) hören, zuhören, anhören
**hráefni** n. 48 (-, -s, -) Rohstoff
**hreiður** n. 46 (-ri, -s, -) Nest
**í** präp. mit dat. oder akk. in
**iðnaður** m. 1 (-i, -ar, ohne pl.) Industrie

**kvæði** n. 48 (-, -s, -) Gedicht
**land** n. 47 (-i, -s, lönd) Land
**landsbyggð** f. 29 (-, -ar, -ir) Land (als Gegensatz zur Stadt)
**lesa** vt. abl. 5 (las, lásum, lesið) lesen
**mikill** adj. 6 (mikil, mikið; meiri, mestur) groß
**minn** poss. pron. (2.5.3) mein
**núna** adv. jetzt
**nútíma** adj. unfl. modern, zeitgenössisch
**orka** f. 55 (-u, ohne pl.) Energie
**rithöfundur** m. 1 (-i, -ar, -ar) Schriftsteller, Verfasser
**síðan** adv. dann, darauf, danach
**sinn** poss. pron. (2.5.3) sein, ihr
**sjónvarp** n. 47 (-i, -s, -vörp) Fernsehen, Fernsehgerät
**skip** n. 43 (-i, -s, -) Schiff
**stærstur** adj. (sup. von **stór**) der größte
**taska** f. 58 (-u, -ur) Tasche; Koffer; Aktentasche
**tími** m. 51 (-a, -ar) Zeit
**ungi** m. 51 (-a, -ar) Junges, hier: seine Kleinen
**útland** n. 47 (-i, -s, -lönd) Ausland; **frá útlöndum** aus dem Ausland
**útvarp** n. 47 (-i, -s, -vörp) Rundfunk; Rundfunkgerät
**vatn** n. 47 (-i, -s, vötn) Wasser; See m.
**vatnsorka** f. 55 (-u, ohne pl.) Wasserkraft, Wasserenergie
**vaxa** vi. abl. 7 (óx, uxum, vaxið) wachsen; **vaxa upp** aufwachsen
**viðgerð** f. 29 (-, -ar, -ir) Reparatur; **í viðgerð** zur Reparatur
**vinna** f. 55 (-u, ohne pl.) Arbeit, das Arbeiten
**vökva** vt. 4 (vökvaði, vökvað) bewässern
**ykkar** pers. pron. (2.5.1) euer
**ýtarlegur** adj. 1 (-leg, -legt; -ri, -astur) ausführlich
**þinn** poss. pron. (2.5.3) dein
**þjóðfélag** n. 49 (-i, -s, -félög) Gesellschaft; Staat

## 5.

Perfekt von **vera** »sein« (2.6.3). Starke und schwache Flexion der Adjektive (2.3.1, 2.3.2).

Anna hefur verið í Reykjavík í dag til að gera innkaup. Stelpan hennar, Jóna, var með henni. Þær hafa verið með bláa bílinn hans pabba, en nú eru mæðgurnar aftur heima. Veður hefur verið gott og við höfum þess vegna verið úti allan daginn. Það er blátt þak á húsinu, en nú ætlar pabbi að mála bláa þakið rautt. Hús nágrannanna hafa líka rauð þök. Ég hef verið lengi á leiðinni, enda langan veg að fara. Enginn var við og þess vegna hjólaði ég til baka. Hann hefur verið í dökkum jakkafötum í dag, en í kvöld fer hann í ljósa vinnugallann til að mjólka kýrnar úti. Kýrnar eru margvíslega litar: sumar eru svartar, aðrar rauðar eða hvítar og enn aðrar eru skjöldóttar. Íslenskt fé er einnig margvíslega litt: hvítt, svart, grátt og mórautt.

**aftur** adv. wieder
**allur** ind. pron. (2.5.7) alle, ganz; **allan daginn** den ganzen Tag
**annar** ind. pron. (2.5.7) der andere
**baka: til baka** adv. zurück
**bíll** m. 2 (-, -s, -ar) Wagen, Auto
**blár** adj. 3 (blá, blátt; blárri, bláastur) blau
**dagur** m. 1 (degi, -s, -ar) Tag
**dökkur** adj. 1 (dökk, dökkt; dekkri, dekkstur) dunkel
**enda** kon. da, folglich
**enginn** ind. pron. (2.5.7) niemand, keiner
**enn** adv. noch
**fara** vi. abl. 6 (fór, fórum, farið) fahren, gehen; **fara í** sich anziehen
**gera** vt. 3 (gerði, gert) tun, machen; **gera innkaup** einkaufen
**grár** adj. 3 (grá, grátt; grárri, gráastur) grau
**hjóla** vi. 4 (hjólaði, hjólað) radfahren
**hús** n. 43 (-i, húss, -) Haus
**hvítur** adj. 1 (hvít hvítt; -ari, -astur) weiß
**innkaup** n. pl. 43 Einkauf; das Einkaufen
**íslenskur** adj. 1 (íslensk, íslenskt; -ari, -astur) isländisch
**jakkaföt** n. pl. 47 Anzug
**kýr** f. 38 (kú, -, -) Kuh
**leið** f. 29 (-, -ar, -ir) Weg, Route; **á leiðinni** unterwegs
**lengi** adv. lange Zeit; lange
**litur** adj. 1 (lit, litt) (nur prädaktiv) gefärbt, Farbe haben, farbig

**ljós** adj. 1 (ljós, ljóst; -ari, -astur) hell

**mála** vt. 4 (málaði, málað) anstreichen

**margvíslega** adv. vielerlei, verschieden

**margvíslegur** adj. 1 (-leg, -legt; -legari, -legastur) verschieden; **eru margvíslega litar** haben viele Farben

**mjólka** vt. 4 (mjólkaði, mjólkað) melken

**mórauður** adj. 1 (-rauð, -rautt; -rauðari, -rauðastur) hellbraun

**mæðgur** f. pl. 34 Mutter und Tochter

**nágranni** m. 51 (-a, -ar) Nachbar

**rauður** adj. 1 (rauð, rautt; rauðari, rauðastur) rot

**skjöldóttur** adj. 1 (skjöldótt, skjöldótt; -ari, astur) bunt, gefleckt

**stelpa** f. 55 (-u, -ur) Mädchen; Tochter

**sumir** ind. pron. (2.5.7) einige

**svartur** adj. 1 (svört, svart; svartari, svartastur) schwarz

**vegur** m. 12 (-i, -ar, -ir) Weg, Straße, Route; **langan veg að fara** es ist eine lange Strecke

**vera við** da sein, anwesend sein; **enginn var við** niemand war da

**vinnugalli** m. 51 (-a, -ar) Arbeitsanzug

**þak** n. 47 (-i, -s, þök) Dach

**ætla** vt. 4 (ætlaði, ætlað) wollen; werden; beabsichtigen; vorhaben; glauben, annehmen

5. A. **Übersetzen Sie ins Isländische**

Wo bist du gewesen? Ich war in Reykjavík, um dort einzukaufen. Ich wohne (**bý** von **búa** »wohnen«) nicht in Reykjavík und fahre deshalb mit dem Auto dahin. Hans liest und schreibt. Er bereitet die Schule vor (**undirbúa sig undir e-ð** »sich auf etwas vorbereiten«). Bist du draußen gewesen? Ja, aber das Wetter ist schlecht. Morgen wird das Wetter besser (**verður** »wird«).

Benutzen Sie, statt der Präsensform im Deutschen, die Umschreibung **vera að + Inf.** (2.6.4) in den Fällen, wo es möglich ist.

## 6.

Unpersönliches Subjekt **það** »es« (2.5.1, 3.3.1). Präsens von **verða** »werden«, Imperfekt und Perfekt von **hafa** »haben« (2.6.3). Starke Maskulina (Paradigmen 1 bis 16).

Jóhann er læknir. Hann verður að ferðast mikið til að vitja sjúklinga. Stundum fer hann á bílnum, en stundum verður hann að fara á hestum. Hann hafði fjóra hesta í fyrra, en í vetur hefur hann aðeins tvo.

Við verðum að flýta okkur í skólann. Klukkan er að verða sjö og kennslan byrjar klukkan átta. Það er leiðinlegt veður. Himininn er þakinn skýjum, en samt er ekki enn rigning. Mikið regn er slæmt fyrir tún og akra, en endur og gæsir eru glaðar. Stundum er rigning í heilan dag og pollar myndast. Í skólanum lesum við og skrifum. Í skólastofunni eru borð, stólar og margt fleira. Á veggjunum eru myndir af hverum og hestum. Söngur er samt alltaf í stóra salnum. Ég hafði haft töskuna með í skólann. Í töskunni eru blýantur, penni, strokleður, stílabók og lestrarbækur. Sonur Jóns hafði líka sína tösku með.

**aðeins** adv. nur; nicht mehr als
**akur** m. 3 (-ri, -s, -rar) Acker
**átta** z. (2.4.0) acht
**á bílnum** mit dem Auto
**blýantur** m. 1 (-i, -s, -ar) Bleistift
**borð** n. 43 (-i, -s, -) Tisch
**byrja** vi., vt. 4 (byrjaði, byrjað) beginnen
**ferðast** vi. 4 (ferðaðist, ferðast) (med. 2.6.11) reisen
**fjórir** z. (2.4.0, 2.4.1) vier
**flýta** vt. 3 (flýtti, flýtt) beschleunigen; **flýta sér** sich beeilen
**fyrir** kon. mit dat. oder akk.: für
**í fyrra** adv. im letzten Jahr
**glaður** adj. 1 (glöð, glatt; glaðari, glaðastur) froh
**gæs** f. 29 (-, -ar, -ir) Gans
**hafa með** mitbringen, mithaben
**hestur** m. 1 (-i, -s, -ar) Pferd; **á hesti, á hestum** zu Pferd
**heill** adj. 5 (heil, heilt; heilli, heilastur) ganz; voll; gesund

**himinn** m. 2 (-i, -s, -ar) Himmel; **himininn er þakinn skýjum** es ist völlig bedeckt
**hver** m. 11 (-, -s, -ir) heiße Quelle
**Jóhann** m. 1 (-i, -s) männl. Vorname
**kennsla** f. 55 (-u, ohne pl.) Unterricht
**klukka** f. 55 (-u, -ur) Uhr; **klukkan er að verða sjö** es ist bald sieben Uhr
**leiðinlegur** adj. 1 (-leg, -legt; -(a)ri, -astur) häßlich, langweilig
**lesa** vt. abl. 5 (las, lásum, lesið) lesen
**lestrarbók** f. 34 (-, -ar, -bækur) Lesebuch
**læknir** m. 4 (-i, -s, -ar) Arzt
**margt fleira** vieles mehr, viele andere Sachen
**mikið** adv. viel
**mynd** f. 29 (-, -ar, -ir) Bild; Photographie; Porträt
**myndast** vi. 4 (myndaðist, myndast) sich bilden, entstehen
**penni** m. 51 (-a, -ar) (Schreib)-feder, Füllfederhalter
**pollur** m. 1 (-i, -s, -ar) Pfütze, Tümpel
**regn** m. 43 (-i, -s, ohne pl.) Regen
**salur** m. 9 (-, -s, -ir) Saal
**samt** adv. noch, trotzdem
**sjúklingur** m. 1 (-i, -s, -ar) Kranker, Patient
**sjö** z. (2.4.0) sieben
**skólastofa** f. 55 (-u, -ur) Klasse, Unterrichtsraum
**skóli** m. 51 (-a, -ar) Schule
**skrifa** vt. 4 (skrifaði, skrifað) schreiben
**ský** n. 44 (-i, -s, -) Wolke
**slæmur** adj. 1 (slæm, slæmt; verri, verstur) schlimm
**sonur** m. 15 (syni, -ar, synir) Sohn
**stílabók** f. 34 (-, -ar, -bækur) Schreibheft
**stóll** m. 2 (-, -s, -ar) Stuhl
**strokleður** n. 46 (-ri, -s, -) Radiergummi
**stundum** adv. ab und zu, bisweilen
**söngur** m. 5 (-, -s, -var) Gesang
**tún** n. 43 (-i, -s, -) Hauswiese
**tveir** z. (2.4.0, 2.4.1) zwei
**veggur** m. 10 (-, -s (oder -jar), -ir) Wand
**verða** vi. abl. 3 (varð, urðum, orðið) werden, müssen, gezwungen sein; **ég verð að fara** ich muß fahren
**vetur** m. 19 (-ri, -rar, -) Winter; **í vetur** in diesem Winter
**vitja** vt. 4 (vitjaði, vitjað); **vitja sjúklings** einen Krankenbesuch machen

**þekja** vt. 1 (þakti, þakið) bedecken

**önd** f. 36 (-, andar, endur) Ente

## 6. A. Übersetzen Sie ins Isländische

Ich bin heute in der Schule gewesen. Im Unterrichtsraum sind Stühle, Tische und eine Tafel (**tafla** f. 58). In der Tasche habe ich einen Bleistift, ein Schreibheft und einige (nokkrar) Lesebücher, aber ich habe kein Radiergummi gehabt. Jóhann hat vier Pferde und einen Wagen. Er hat auch ein Haus und einen Hund (**hundur** m. 1). Er muß viel reisen, weil (af því að) er Arzt ist. Es ist oft schwierig (**erfitt** adv.) zu reisen, wenn das Wetter schlecht ist.

# 7.

Präsens von **skulu** »sollen« (2.6.3), von **eiga** »besitzen, müssen« und von **mega** »dürfen« (2.6.6). Starke Maskulina, insbesondere Paradigmen 8 bis 16 (2.2.1).

Sigurður er dýralæknir í Austur-Húnavatnssýslu á Norðurlandi. Hann verður oft að fara í vitjanir. Hann á tvo bíla. Stundum verður hann að fara í snjó og má þá til að nota jeppann. Að sumarlagi hefur hann léttan bíl. Hann á heima í fallegum dal. Hverir eru sérstakt íslenskt náttúrufyrirbæri. Við skulum fara til Íslands í sumar. Þú mátt til að sjá hveri á Íslandi. Þú skalt fara til Hveragerðis, en jafnvel í Reykjavík er hægt að sjá hveri. Hver er heit laug úti í náttúrunni. Jón á kött og hund. Á Íslandi eru margir fallegir firðir og dalir. Flestar borgir landsins standa við fjörð eða við ströndina, en inni í landi eru einnig fagrir staðir. Við megum ekki vera sein. Við eigum að koma klukkan fimm. Synir hans eiga hlutina á borðinu. Hann á ekki margra kosta völ. Hann má ekki koma seint.

**Austur-Húnavatnssýsla** f. 55 (-u, -ur) Provinz in Nordisland

**borg** f. 29 (-, -ar, -ir) Stadt; **flestar borgir** die meisten Städte

**dalur** m. 9 (-, -s, -ir) Tal

**dýralæknir** m. 4 (-i, -s, -ar) Tierarzt

**eiga** vt. ur. (á, átti, átt) (2.6.6) besitzen, haben; **hann á að koma** er muß kommen; **eiga heima** wohnen

**einnig** adv. auch

**fagur** adj. 2 (fögur, fagurt; fegri (fegurri), fegurstur) schön

**fallegur** adj. 1 (falleg, fallegt; fallegri, fallegastur) schön

**fimm** z. (2.4.0) fünf

**fjörður** m. 14 (firði, fjarðar, firðir) Fjord

**heitur** adj. 1 (heit, heitt; heitari, heitastur) warm, heiß

**hlutur** m. 12 (-, -ar, -ir) Gegenstand; Ding; Sache

**hundur** m. 1 (-i, -s, -ar) Hund

**Hveragerði** n. 48 (-, -s) Ortsname

**hægt** adv. möglich

**Ísland** n. 47 (-i, -s) Island; **á Íslandi** in Island

**jafnvel** adv. sogar

**jeppi** m. 51 (-a, -ar) Jeep

**kostur** m. 12 (-, -ar, -ir) Vorteil; Alternative; Ausweg;

**hann á ekki margra kosta völ** er hat nicht viele Alternativen

**köttur** m. 13 (ketti, kattar, kettir) Katze

**land** n. 47 (-i, -s, lönd) Land; **inni í landi** im Inneren des Landes

**laug** f. 23 (-, -ar, -ar) warme Quelle; Schwimmbassin

**léttur** adj. 1 (létt, létt; -ari, -astur) leicht, munter; einfach; **hann hefur léttan bíl** er hat einen einfachen Wagen

**mega** vt. ur. (má, mátti, mátt) (2.6.6) dürfen; **mega til** müssen; gezwungen sein

**náttúra** f. 55 (-u, ohne pl.) Natur

**náttúrufyrirbæri** n. 48 (-, -s, -) Naturphänomen

**Norðurland** n. 47 (-i, -s) Nordland, der nördliche Teil Islands; pl. **Norðurlönd** Norden, die skandinavischen Länder

**nota** vt. 4 (notaði, notað) anwenden, benutzen, gebrauchen

**oft** adv. oft, häufig, öfters

**seinn** adj. 5 (sein, seint; seinni, seinastur) spät

**seint** adv. spät

**sérstakur** adj. 1 (sérstök, sérstakt; -ari, -astur) bestimmt, besonders; speziell, sonderbar

**Sigurður** m. 1 (-i, -ar) männl. Vorname

**sjá** vt. abl. 5 (sá, sáum, séð) sehen, schauen; blicken; erblicken; einsehen

**skulu** vi. ur (skal, Impf. Konj. skyldi) (2.6.3) sollen

**snjór** m. 7 (snjó, snævar) Schnee; pl. **snjóar** örtlich gefallene Schneemenge; Schneelage, Schneedecke

**staður** m. 12 (-, -ar, -ir) Ort, Stelle

**standa** vi. abl. 6 (stóð, stóðum, staðið) stehen

**strönd** f. 36 (-, strandar, strendur) Strand, Meeresufer, Küste

**sumar** n. 50 (-ri, -rs, sumur) Sommer; **í sumar** in diesem Sommer; **á sumrin** im Sommer

**að sumarlagi** adv. im Sommer

**úti** adv. draußen

**við** präp. mit dat. und akk. bei, an

**vitjun** f. 31 (-, -ar, -anir) Besuch; Krankenbesuch; hier: Besuch zu kranken Tieren

**þá** adv. dann, damals

## 7. A. **Übersetzen Sie ins Isländische**

Er hat einen schönen blauen Wagen. Er hat auch einen kleinen Hund, eine weiße Katze und zwei dunkle Pferde. Hast du auch einen Wagen? Nein, ich habe keinen Wagen, aber Einar hat zwei Autos. Ich habe nur ein Fahrrad (**reiðhjól**, n. 43). Akureyri ist eine Stadt im Norden Islands. Die meisten Städte auf Island sind klein, aber kleine Städte sind oft sehr schön.

Wo wohnst du? Ich wohne nicht in der Stadt, sondern (heldur) in dem kleinen Dorf (**þorp** n. 43) Eyrarbakki an der Südküste (**suðurströnd** f. 36) Islands.

8.

Imperativ mit dem nachgestellten Pronomen **þú** »du« (2.6.17). Das Relativpronomen **sem** (2.5.5). Schwache Flexion des Adjektivs (2.3.2) und starke Maskulina (2.2.1.)

»Vertu ávallt tilbúinn«, er kjörorð skáta. Hafðu það með, sem þú ætlar. Þetta hús hefur grænt þak, en grænu þökin á þessum húsum á að mála í sumar. Einar er kaupmaður. Sú vara, sem hann selur, er mestmegnis fiskur. Hann hefur alltaf nýjan og góðan fisk, sem hann kaupir beint af bátunum. Þessir bátar eru í róðri á nóttunni og koma inn á morgnana með ferskan fisk. Aflinn hefur mestmegnis verið þorskur, ýsa eða ufsi, en nú er hann stundum líka koli eða lúða. Ef þú ert í Reykjavík, skaltu líka kaupa fisk hjá Einari kaupmanni. Hlauptu út í búð og keyptu dagblað. Þetta dagblað er bæði með heimsfréttir og fréttir af því, sem gerist innanlands. Góðir gestir hafa verið hér í dag. Gestirnir, sem þú ert að tala um, eru að norðan. Það er Sigurður dýralæknir og fjölskylda hans. Þau hafa verið á ferðalagi á Suðurlandi, en eru að fara norður aftur á morgun.

**af** präp. mit dat.: von, aus
**afli** m. 51 (-a, -ar) Fang, Fischfang
**aftur** adv. wieder
**ávallt** adv. immer
**bátur** m. 1 (-i, -s, -ar) Boot; Fischkutter
**beint** adv. direkt
**búð** f. 29 (-, -ar, -ir) Geschäft, Laden
**bæði – og** kon. sowohl – als auch
**í dag** adv. heute
**dagblað** n. 47 (-i, -s, -blöð) Zeitung, Tageszeitung
**Einar** m. 1 (-i, -s) männl. Vorname
**ferðalag** n. 47 (-i, -s, -lög) Reise
**ferskur** adj. 1 (fersk, ferskt; ferskari, ferskastur) frisch
**fiskur** m. 1 (-i, -s, -ar) Fisch; **róa til fiskjar** auslaufen um Fische zu fangen
**fjölskylda** f. 55 (-u, -ur) Familie, Verwandtschaft

**frétt** f. 29 (-, -ar, -ir) Nachricht
**gerast** vi. 3 (gerðist, gerst) geschehen; sich ereignen
**gestur** m. 8 (-i, -s, -ir) Gast, Besucher
**grænn** adj. 5 (græn, grænt; grænni, grænastur) grün
**heimsfrétt** f. 29 (-, -ar, -ir) Nachricht aus der Welt, ausländische Nachricht
**hlaupa** vi. abl. 7 (hljóp, hlupum, hlaupið) laufen
**innanlands** adv. im Lande
**kaupa** vt. 2 (keypti, keypt) kaufen
**kaupmaður** m. 22 (-manni, -manns, -menn) Kaufmann
**kjörorð** n. 43 (-i, -s, -) Motto, Wahlspruch
**koli** m. 51 (-a, -ar) Scholle
**lúða** f. 55 (-u, -ur) Heilbutt
**mála** vt. 4 (málaði, málað) anstreichen, malen
**mestmegnis** adv. zum größten Teil; hauptsächlich
**á morgnana** jeden Morgen, morgens
**morgunn** m. 2 (-i, -s, -ar) Morgen
**að norðan** aus dem Nordlande
**norður** adv. nach Norden, nordwärts
**nótt** f. 37 (-, nætur, nætur) Nacht; **á nóttunni** nachts
**nýr** adj. 3a (ný, nýtt; nýrri, nýjastur) neu, frisch
**róður** m. 3 (-ri, -rar, -rar) Rudern; (Fisch)Fangfahrt
**sá** dem. pron. (2.5.4) der, dieser
**selja** vt. 1 (seldi, selt) verkaufen
**sem** rel. pron. (2.5.5) der, die, das
**skáti** m. 51 (-a, -ar) Scout, Wandervogel, Pfadfinder
**Suðurland** n. 47 (-i, -s, -lönd) Südland, der südliche Teil Islands
**tala** vi. 4 (talaði, talað) sprechen; berichten, reden; **tala um e-ð** von (über) etwas reden
**tilbúinn** adj. 4 (tilbúin, tilbúið; tilbúnari, tilbúnastur) bereit, vorbereitet
**ufsi** m. 51 (-a, -ar) Seelachs, Köhler
**utanlands** adv. im Ausland
**vara** f. 58 (vöru, vörur) Ware
**vilja** vt. ur. (2.6.6) (vil, vildi, viljað) wollen
**ýsa** f. 55 (-u, -ur) Schellfisch
**þessi** dem. pron. (2.5.4) dieser
**þorskur** m. 1 (-i, -s, -ar) Dorsch

8. A. **Übersetzen Sie ins Isländische**

Lauf in den Laden und kauf frischen Fisch. Nimm alles (**allt**) mit, was du haben willst. »Sei immer bereit«, ist auch das Motto des Arztes. Diese zwei Autos gehören dem Arzt (= der Arzt besitzt diese zwei Autos). Das Haus hat ein rotes Dach, aber diese Häuser haben im letzten Jahr grüne Dächer gehabt. Gute Zeitungen bringen (**vera með**) inländische (**innlendur** adj. 1) und ausländische (**erlendur** adj. 1) Nachrichten. Heute bin ich in Akureyri gewesen, aber morgen werde ich in Reykjavík sein.

## 9.

Starke Verben im Präsens und Perfekt (2.6.14, 2.6.15): **vera** »sein«, **fara** »fahren«, **koma** »kommen«, **geta** »können«, **taka** »nehmen«, **ganga** »gehen«, **halda** »halten«, **heita** »heißen«, **vita** »wissen«.

Sástu flugvélina, sem var að koma yfir bæinn? Já, en hún er of stór til að lenda í Reykjavík. Svona stór flugvél getur aðeins lent á Keflavíkurflugvelli. Tókuð þið eftir, hvort þetta var íslensk eða erlend flugvél? Þetta var íslensk flugvél. Á því er ekki vafi, held ég. Þetta var ein flugvéla Loftleiða, en ég veit ekki, hvað hún heitir. Flugvélar bera nöfn ekki síður en skipin. Mikill fjöldi ferðamanna kemur til Íslands með flugvélum.
Hvað heitir þú? Ég heiti Jón Guðmundsson. Nafn mitt er Jón, en Guðmundsson er af nafni föður míns. Hann heitir Guðmundur. Bróðir minn er líka Guðmundsson, en systir mín heitir Guðlaug Guðmundsdóttir. Við systkinin höfum því ólík föðurnöfn og mamma hefur enn annað hafn. Hún heitir Anna Jónsdóttir. Á Íslandi eru næstum ekki til ættarnöfn. Þessi íslensku mannanöfn eru leifar gamals germansks arfs, sem einnig var til í Þýskalandi fyrir mörgum öldum. Nú eru ættarnöfn allsráðandi í öllum löndum Evrópu nema á Íslandi.

**Bemerkung:** Das Verb **geta** »können« hat als Hilfsverb das Hauptverb im Part. Perfekt: ég get **komið, farið, gengið** »ich kann kommen, fahren, gehen« usw. (siehe 2.6.5).

**allsráðandi** adj. unfl. vorherrschend

**allur** ind. pron. (2.5.7) (öll, allt) alle

**Anna** f. 58 (Önnu) weibl. Vorname

**arfur** m. 1 (-i, -s, ohne pl.) Erbe n.

**bera** vt. abl. 4 (bar, bárum, borið) tragen; **bera nafn** Namen haben (tragen)

**bróðir** m. 18 (-ur, -ur, bræður) Bruder

**bær** m. 10 (bæ, -jar, -ir) Stadt, Kleinstadt; Bauernhof

**Evrópa** f. 55 (-u) Europa

**faðir** m. 17 (föður, föður, feður) Vater

**ferðamaður** m. 22 (-i, -s, -menn) Reisender, Tourist

**fjöldi** m. 51 (-a, -ar) Menge, Anzahl

**flugvél** f. 23 (-, -ar, -ar) Flugzeug

**flugvöllur** m. 13 (-velli, -vallar, -vellir) Flughafen, Flugplatz

**föðurnafn** n. 47 (-i, -s, -nöfn) Vatersname

**gamall** adj. 5 (gömul, gamalt; eldri, elstur) alt

**ganga** vi. abl. 7 (gekk, gengum, gengið) gehen; **úrið gengur ekki** die Uhr geht nicht

**germanskur** adj. 1 (germönsk, germanskt; -ari, -astur) germanisch

**Guðlaug** f. 24 (-u, -ar) weibl. Vorname

**Guðmundur** m. 1 (-i, -ar) männl. Vorname; **er líka Guðmundsson** hat auch den Namen Guðmundsson

**halda** vt. abl. 7 (hélt, héldum, haldið) halten; glauben, meinen; denken

**heim** adv. nach Hause

**heita** vt. abl. 7 (hét, hétum, heitið) heißen; versprechen; **hvað heitir þú?** wie heißt du?

**Keflavíkurflugvöllur** m. 13 (-i, -ar) der Flughafen zu Keflavík (Islands wichtigster internationaler Flughafen)

**leifar** f. pl. 23 Reste, Überbleibsel

**lenda** vi., vt. 2 (lenti, lent) landen

**Loftleiðir** m. pl. (Flexion jedoch nach f. pl. 29 (**leið** »Weg«) Name der isl. Flug-

gesellschaft (eigentl. »Luftwege«)
**mannanafn** n. 47 (-i, -s, -nöfn) Personenname
**minn** poss. pron. (2.5.3) mein
**nafn** n. 47 (-i, -s, -nöfn) Name; **er af nafni föður míns** wird vom Namen meines Vaters abgeleitet
**nema** kon. mit Ausnahme von, ausgenommen; außer, bis auf
**næstum** adv. beinahe
**of** adv. zu; **of stór** zu groß
**ólíkur** adj. 1 (ólík, ólíkt; -ari, -astur) verschieden, ungleich
**síður** adv. komp. weniger; **ekki síður en** genau wie
**skip** n. 43 (-i, -s, -) Schiff
**svona** adv. so; solch ein; derartig
**systir** f. 42 (-ur, -ur, -ur) Schwester
**systkin** n. pl. 43 Geschwister
**taka eftir** vt. abl. 6 (tók, tókum, tekið) bemerken
**til** präp. mit gen. (2.7.0) um, zu
**vafi** m. 51 (-a, -ar) Zweifel; **á því er ekki (enginn) vafi** daran besteht kein Zweifel
**vera til** vorhanden sein, existieren, bestehen
**vita** vt. ur. (2.6.6) (veit, vissi, vitað) wissen
**yfir** präp. mit dat. und akk. über
**því** adv. deshalb, daher
**Þýskaland** n. 47 (-i, -s) Deutschland
**ættarnafn** n. 47 (-i, -s, -nöfn) Familienname
**öld** f. 30 (-, aldar, aldir) Jahrhundert

## 9. A. **Übersetzen Sie ins Isländische**

Das große Flugzeug kommt über die Stadt. Es ist ein isländisches Flugzeug, glaube ich. Du glaubst es nicht. Flugzeuge und Schiffe haben immer einen Namen. Ich gehe (zu Fuß) in die Stadt. Ich muß einkaufen (**gera innkaup**). Ich komme danach (**svo á eftir**) nach Hause.
Wie heißt du? Ich heiße Ólafur. Ist das ein isländischer Name? Ja, aber eigentlich (**eiginlega**) ist es ein alter, germanischer

Name. Isländische Namen sind häufig alt und stammen von (**eru komin af**) germanischen Namen. Siehst du den Mann, der dort kommt? Es ist Jón. Er bringt (**koma með**) die Schultasche. Ich nehme die Tasche in die Stadt mit (**taka með**).

## 10.

Interrogativpronomina (2.5.6). Schwache Verben im Präsens und Imperfekt (2.6.7, 2.6.8). Verben **hafa** »haben«, **segja** »sagen«, **spyrja** »fragen«, **gera** »tun, machen«, **kalla** »rufen«. Starke Feminina (2.2.2).

Hver stendur við dyrnar? Ég veit það ekki, en ég skal spyrja Einar. Hvað segirðu? Er þetta virkilega satt? Já, það er satt. Kallaðu á börnin, sem eru að leika sér í garðinum.
Ég gerði það fyrir fimmtán mínútum. Hann sagði mér, hvaða maður þetta var. Hvor bræðranna spurði eftir mér? Það gerði Jón, því að Ragnar er að vinna. Ég kallaði á Jón, en hann heyrði ekki. Við ströndina stendur reisulegur bóndabær. Skammt frá fellur á til sjávar. Í fjörunni eru skeljar og kuðungar, einkum eftir mikið brim. Jón heitir bóndinn, sem býr þar. Hann hefur tuttugu kýr og tvö hundruð ær og auk þess hænsni. Hann selur eggin í verslun í þorpinu þar, sem dóttir hans er líka í skóla. Móðir Jóns, amma litlu stúlkunnar, kona hans og tveir synir búa líka á bænum. Þetta er dæmigerð fjölskylda á íslensku sveitaheimili. Íslenskar bændafjölskyldur eru oft fámennar, en vélvæðing landbúnaðarins gerir jafnvel fámennri fjölskyldu mögulegt að reka stórt og myndarlegt bú með fjölbreyttum búskap.

**á** f.26 (-, ár, ár) Fluß
**auk þess** adv. außerdem; darüber hinaus
**barn** n.47 (-i, -s, börn) Kind
**bóndabær** m.10 (-, -jar, -ir) Bauernhof
**bóndi** m.53 (-a, bændur) Bauer

**brim** n. 43 (-i, -s, ohne pl.) Brandung
**bú** n. 43 (-i, -s, -) Hof, Wirtschaft (vor allem landwirtschaftlicher Betrieb)
**búa** vi. abl. 7 (bjó, bjuggum, búið) wohnen
**búskapur** m. 9 (-, -s oder -ar, ohne pl.) Landwirtschaft
**bændafjölskylda** f. 55 (-u, -ur) Bauernfamilie
**dóttir** f. 41 (-ur, -ur, dætur) Tochter
**dyr** f. pl. 35 Tür
**dæmigerður** adj. 1 (-gerð, -gert; -ari, -astur) typisch
**egg** n. 44 (-i, -s, -) Ei
**falla** vi. abl. 7 (féll, féllum, fallið) fallen; **áin fellur til sjávar** der Fluß mündet ins Meer
**fámennur** adj. 1 (-menn, -mennt; fámenn(a)ri, -astur) arm an Leuten, wenig (Personen)
**fimmtán** z. (2.4.0) fünfzehn
**fjara** f. 58 (-u, -ur) Ebbe, Strand
**fjölbreyttur** adj. 1 (-breytt, -breytt; -ari, -astur) verschiedenartig, vielseitig
**fjölskylda** f. 55 (-u. -ur) Familie
**garður** m. 1 (-i, -s, -ar) Garten
**heyra** vt. 2 (heyrði, heyrt) hören
**hvað** int. pron. (2.5.6) was
**hvaða** int. pron. (2.5.6) was für ein, welcher
**hver** int. pron. (2.5.6) wer
**hvor** int. pron. (2.5.6) wer von beiden
**kalla** vt. 4 (kallaði, kallað) rufen
**kona** f. 55 (-u, -ur; gen. pl. kvenna) Frau
**kuðungur** m. 1 (-i, -s, -ar) Schneckengehäuse
**kýr** f. 38 (kú, -, -) Kuh
**landbúnaður** m. 1 (-i, -ar, ohne pl.) Landwirtschaft
**lítill** adj. 6 (lítil, lítið; minni, minnstur) klein
**mínúta** f. 55 (-u, -ur) Minute
**móðir** f. 40 (-ur, -ur, mæður) Mutter
**myndarlegur** adj. 1 (-leg, -legt; -(a)ri, -astur) stattlich; schön; geschickt
**reisulegur** adj. 1 (-leg, -legt; -(a)ri, -astur) schön, schön gebaut
**reka** vt. abl. 5 (rak, rákum, rekið) treiben, vertreiben; jagen, leiten; betrieben; **reka stórt bú** einen großen landwirtschaftlichen Betrieb haben
**sannur** adj. 1 (sönn, satt; -ari, -astur) wahr
**segja** vt. 3 (sagði, sagt) sagen

**sjór** m. 6 (sjó, sjávar, sjóir) Meer, See f.; pl. **sjóir** Wellen (hauptsächlich große Wellen)
**skammt frá** adv. nicht weit weg davon
**skel** f. 28 (-, -jar, -jar) Muschel
**spyrja** vt. 1 (spurði, spurt) fragen; **spyrja eftir e-m** nach jemandem fragen
**standa** vt. abl. 6 (stóð, stóðum, staðið) stehen
**sveit** f. 29 (-, -ar, -ir) Gemeinde, Gegend, Distrikt; Trupp, Mannschaft; Land (als Gegensatz zu Stadt)
**sveitaheimili** n. 48 (-, -s, -) Heim, Wohnung, Wohnsitz auf dem Lande
**tuttugu** z. (2.4.0) zwanzig
**tveir** z. (2.4.0) zwei
**vélvæðing** f. 24 (-u, -ar, ohne pl.) Mechanisierung
**verslun** f. 31 (-, -ar, -anir) Laden, Geschäft
**vinna** vi. abl. 3 (vann, unnum, unnið) arbeiten
**virkilega** adv. wirklich
**þorp** n. 43 (-i, -s, -) Dorf
**því að** kon. weil
**ær** f. 39 (á, -, -) Mutterschaf

## 10. A. Übersetzen Sie ins Isländische

Wer steht an der Tür? Wessen Haus ist das? Wen hat er gesehen? Wer von den beiden Brüdern kam hierher (**hingað**)? Wer ist dieser Mann? Wer sind diese Brüder? Wer ist dieses Kind? Welches Haus hast du gehabt? Wem hast du das gesagt? Was hat er gesagt? Was haben wir getan? Wo wohnt Einar? Er wohnt auf dem Lande (**úti í sveit**). Sein Vater ist Bauer. Er hat viele Kühe und Schafe und im letzten Jahr (**í fyrra**) hatte er auch Hühner. Einar ist dort draußen. Ruf doch nach ihm (kalla á). Ruf den Hund hierher (hingað). Ich fragte nach seinem Bruder. Er war nicht zu Hause. Er arbeitete in der Fabrik. Morgen ist er wieder zu Hause.

## 11.

Zahlwörter (2.4.0, 2.4.1). Starke Flexion der Maskulina (2.2.1), Feminina (2.2.2) und Neutra (2.2.3).

Við höfum tvö augu, tvö eyru, tvo fætur og tvær hendur, tíu fingur og tíu tær. Hesturinn hefur fjóra fætur og á hverjum fæti einn hóf, en til eru skordýr með tuttugu fætur eða fleiri. Hann kaupir þrjá fiska og fjögur pund af kjöti. Brúin hvílir á fimmtán stólpum. Við fjörðinn standa tuttugu og tveir bóndabæir og eitt þorp, sem hefur um átta hundruð íbúa. Flestir stunda sjóinn eða vinna í fiskiðnaði. Í dag er níundi október nítján hundruð sjötíu og átta. Vikan hefur sjö daga, sem heita sunnudagur, mánudagur, þriðjudagur, miðvikudagur, fimmtudagur, föstudagur og laugardagur. Árið hefur tólf mánuði, sem heita janúar, febrúar, mars, apríl, maí, júní, júlí, ágúst, september, október, nóvember og desember. Sumir mánuðir hafa þrjátíu daga, en febrúar hefur aðeins tuttugu og átta daga eða tuttugu og níu, þegar hlaupár er. Hann á tvær dætur og tvo syni. Elsta dóttirin er fædd tuttugasta og fyrsta apríl nítján hundruð fjörtíu og þrjú. Í bókasafninu eru alls sex hundruð þúsund fjögur hundruð og þrjátíu bindi. »Sjaldan er ein báran stök«, segir íslenskur málsháttur og oft má það til sanns vegar færa.

**ágúst** m. unfl. August
**apríl** m. unfl. April
**ár** n. 43 (-i, -s, -) Jahr
**alls** adv. insgesamt
**átta** z. acht
**bára** f. 55 (-u, -ur) Welle, Woge; **sjaldan er ein báran stök** das (ein) Unglück kommt selten allein
**bindi** n. 48 (-, -s, -) Band (Buchwesen); Krawatte
**bókasafn** n. 47 (-i, -s, -söfn) Bibliothek, Bücherei
**brú** f. 35 (-, -ar, brýr) Brücke
**desember** m. unfl. Dezember
**einn** z. (2.4.0, 2.4.1) ein
**elstur** sup. von **gamall**, der älteste
**eyra** n. 59 (-, -u) Ohr
**febrúar** m. unfl. Februar
**fimmtán** z. fünfzehn

**fimmtudagur** m. 1 (-degi, -s, -ar) Donnerstag
**fingur** m. 21 (-ri, -urs, -ur) Finger
**fiskiðnaður** m. 1 (-i, -s, ohne pl.) Fischverarbeitungsindustrie, Fischindustrie
**fjórir** z. (2.4.0, 2.4.1) vier
**flestur** sup. von **margur; flestir** die meisten
**fótur** m. 20 (fæti, -ar, fætur) Fuß
**fæða** vt. 2 (fæddi, fætt) gebären
**færa** vt. 2 (færði, fært) bringen; führen; rücken; verrücken; **það má til sanns vegar færa** es stimmt, es ist wirklich wahr
**föstudagur** m. 1 (-degi, -s, -ar) Freitag
**hestur** m. 1 (-i, -s, -ar) Pferd
**hlaupár** n. 43 (-i, -s, -) Schaltjahr
**hófur** m. 1 (-i, -s, -ar) Huf
**hver** ind. pron. (2.5.7) jeder
**hvíla** vt., vi. 3 (hvíldi, hvílt) ruhen; stehen; **hvíla sig** sich ausruhen
**hönd** f. 36 (-, handar, hendur) Hand
**íbúi** m. 51 (-a, -ar) Einwohner
**janúar** m. unfl. Januar
**júlí** m. unfl. Juli
**júní** m. unfl. Juni
**kaupa** vt. 2 (keypti, keypt) kaufen
**kjöt** n. 43 (-i, -s, ohne pl.) Fleisch
**laugardagur** m. 1 (-degi, -s, -ar) Sonnabend, Samstag
**maí** m. unfl. Mai
**málsháttur** m. 16 (-hætti, -ar, -hættir) Sprichwort
**mánuður** m. 12 (-i, -ar, -ir) Monat
**mánudagur** m. 1 (-degi, -s, -ar) Montag
**miðvikudagur** m. 1 (-degi, -s, -ar) Mittwoch
**nítján** z. neunzehn
**níundi** z. der neunte
**nóvember** m. unfl. November
**október** m. unfl. Oktober
**pund** n. 43 (-i, -s, -) Pfund
**september** m. unfl. September
**sex** z. sechs
**sjaldan** adv. selten
**sjötíu** z. siebzig
**skordýr** n. 43 (-i, -s, -) Insekt
**stakur** adj. 1 (stök, stakt; -ari, -astur) einzeln; einzig, einmalig; ungerade; **stök tala** ungerade Zahl
**stólpi** m. 51 (-a, -ar) Pfeiler, Pfahl
**stunda** vt. 4 (stundaði, stundað) betreiben; lernen;
**stunda sjóinn** Fischerei betreiben

**sunnudagur** m. 1 (-degi, -s, -ar) Sonntag
**tá** f. 34 (-, -ar, pl. nom. akk. tær, dat. tám, gen. táa) Zehe; Landspitze
**tuttugu** z. zwanzig
**vika** f. 55 (-u, -ur) Woche
**þorp** n. 43 (-i, -s, -) Dorf
**þriðjudagur** m. 1 (-degi, -s, -ar) Dienstag
**þrjátíu** z. dreißig

11. A. **Übersetzen Sie ins Isländische**

Ich kaufte zwei Eier, zwei Fische und zwei Bücher. An dem Fjord stehen zwei Bauernhöfe. Er besitzt nur ein Buch. Der Bauer hat vier Kühe und zweihundert Schafe. Der Mann hat einen Sohn und zwei Töchter. Heute ist der 21.[1] Februar 1976. Ein Jahrhundert hat 100 Jahre. In Island gibt es nur eine große Stadt. Das ist Reykjavík. Im Jahre 1786 hatte Reykjavík nur 302 Einwohner. Heute sind die Einwohner von Reykjavík 89846. Im Garten stehen drei schöne Bäume. Der Juni hat 26 Werktage (**virkur dagur**) und vier Sonntage.

## 12.

Possessivpronomen (2.5.3). Schwache Verben (2.6.7).

### Fjölskyldan

Faðir minn heitir Sigurður Jónsson og móðir min Guðrún Einarsdóttir. Við erum þrjú systkinin: Jón Sigurðsson bróðir minn, systir mín Margrét Sigurðardóttir[2] og ég, Gunnar Sigurðsson. Systir okkar bræðranna er gift Pétri Gunnarssyni. Hann er því mágur okkar, en tengdasonur foreldra minna. Kona mín heitir Kristín Magnúsdóttir og er tengdadóttir foreldra minna. Faðir

1 Schreiben Sie die Zahlen mit Buchstaben.
2 Vor dem Suffix **-dóttir** »Tochter« ist die Genitivendung in diesem Falle **-ar**.

minn er tengdafaðir hennar og móðir mín tengdamóðir, m. ö. o. foreldrar mínir eru tengdaforeldrar hennar. Bróðir minn er giftur Jórunni, systur Kristínar. Við eigum þá sína systurina hvor og erum svilar. Konur okkar eru mágkonur systur minnar.
Faðir og sonur eru feðgar. Móðir og dóttir eru mæðgur. Faðir og dóttir eru feðgin. Móðir og sonur eru mæðgin. Systir föður míns er föðursystir mín, en bróðir hans er föðurbróðir minn. Systir móður minnar er móðursystir mín, en bróðir hennar móðurbróðir. Börn okkar bræðranna eru bræðrabörn, bræðrasynir og bræðradætur, en börn systra eru systrabörn (systurbörn), systrasynir eða systradætur. Börn systkina eru systkinabörn. Ef það eru drengir, eru það systkinasynir, en stúlkur eru þá systkinadætur. Börn okkar systkinanna eru barnabörn foreldra minna. Til fjölskyldunnar heyra einnig afi og amma, móðurafi og móðuramma, föðurafi og föðuramma, og stundum langafi og langamma. Í sumum fjölskyldum eru líka til stjúpi (stjúpfaðir) og stjúpa (stjúpmóðir), stjúpbörn og einnig ættleidd börn. Fjölskyldan er sem sagt: faðir og móðir, afi og amma, sonur og dóttir, bróðir og systir. Allt annað fólk er kallað skyldfólk (skyldmenni) eða frændfólk: karlmennirnir kallast frændur, en kvenfólk (kvenmenn) frænkur. Tengdafólk nefnist fólk, sem maður tengist með mægðum: mágar, mágkonur, tengdafaðir og tengdamóðir.

**barnabarn** n. 47 (-i, -s, -börn) Enkelkind
**bræðrabörn** n. pl. 47 Kinder von Brüdern
**bræðradætur** f. pl. 41 Töchter von Brüdern
**bræðrasynir** m. pl. 15 Söhne von Brüdern
**drengur** m. 10 (-, -s, -ir) Junge, Knabe; Held, edler Mensch
**feðgar** m. pl. 1 Vater und Sohn
**feðgin** n. pl. 43 Vater und Tochter
**fólk** n. 43 (-i, -s, ohne pl.) Leute; Personen; Volk
**frændfólk** n. 43 (-i, -s, ohne pl.) Verwandte (pl.)
**frændi** m. 53 (-a, -ur) Verwandte(r), **bes.** Vetter oder Onkel
**frænka** f. 55 (-u, -ur) Ver-

wandte, bes. Tante oder Kusine

**föðurafi** m. 51 (-a, -ar) Vater des Vaters (Großvater)

**föðuramma** f. 58 (-u, -ömmu) Mutter des Vaters (Großmutter)

**föðurbróðir** m. 18 (-ur, -ur, -bræður) Onkel (Bruder des Vaters)

**föðursystir** f. 42 (-ur, -ur, -ur) Tante (Schwester des Vaters)

**giftur** adj. 1 (gift, gift; ohne komp. und sup.) verheiratet

**Guðrún** f. 24 (-u, -ar) weibl. Vorname

**Gunnar** m. 1 (-i, -s) männl. Vorname

**Jón** m. 1 (-i, -s) männl. Vorname

**karlmaður** m. 22 (-manni, -manns, -menn) Mann

**Kristín** f. 24 (-u, -ar) weibl. Vorname

**kvenfólk** n. 43 (-i, -s, ohne pl.) Frauen; das weibliche Geschlecht

**kvenmaður** m. 22 (-manni, -manns, -menn) Frau

**langafi** m. 51 (-a, -ar) Urgroßvater

**langamma** f. 58 (-u, -ömmur) Urgroßmutter

**maður** ind. pron. (2.5.7) man

**mágkona** f. 55 (-u, -ur, gen. pl. -kvenna) Schwägerin

**mágur** m. 1 (-i, -s, -ar) Schwager

**Margrét** f. 25 (-i, -ar) weibl. Vorname

**móðurafi** m. 51 (-a, -ar) Vater der Mutter (Großvater)

**móðuramma** f. 58 (-u, -ömmur) Mutter der Mutter (Großmutter)

**móðurbróðir** m. 18 (-ur, -ur, -bræður) Onkel (Bruder der Mutter)

**móðursystir** f. 42 (-ur, -ur, -ur) Tante (Schwester der Mutter)

**mæðgin** n. pl. 43 Mutter und Sohn

**mæðgur** f. pl. 55 Mutter und Tochter

**mægðir** f. pl. 29 Verschwägerung

**m.ö.o. = með öðrum orðum** mit anderen Worten

**nefna** vt. 2 (nefndi, nefnt) nennen; **nefnast** (med.) genannt werden

**orð** n. 43 (-i, -s, -) Wort

**Pétur** (-ri, -s) m. 3 männl. Vorname

**skyldfólk** n. 43 (-i, -s, ohne pl.) Verwandte

**skyldmenni** n. pl. 48 Verwandte

**stjúpa** f. 55 (-u, -ur) Stiefmutter

**stjúpbarn** n. 47 (-i, -s, -börn) Stiefkind

**stjúpfaðir** m. 17 (-föður, -föður, -feður) Stiefvater

**stjúpi** m. 51 (-a, -ar) Stiefvater

**stjúpmóðir** f. 40 (-ur, -ur, -mæður) Stiefmutter

**svili** m. 51 (-a, -ar) ein Mann, der zu einem anderen Mann dadurch in Verwandtschaftsverhältnis steht, daß jeder von ihnen mit je einer Schwester aus einer Familie verheiratet ist

**systkinabörn** n. pl. 47 Kinder von Geschwistern

**systkinadætur** f. pl. 41 Töchter von Geschwistern

**systkinasynir** m. pl. 15 Söhne von Geschwistern

**systrabörn** n. pl. 47 Kinder von Schwestern

**systradætur** f. pl. 41 Töchter von Schwestern

**systrasynir** m. pl. 15 Söhne von Schwestern

**tengja** vt. 2 (tengdi, tengt) verbinden, schalten; **tengjast** (med.) verschwägert sein

**tengdadóttir** f. 41 (-ur, -ur, -dætur) Schwiegertochter

**tengdafaðir** m. 17 (-föður, -föður, -feður) Schwiegervater

**tengdafólk** n. 43 (-i, -s, ohne pl.) Personen, die durch die Heirat eines Verwandten miteinander verbunden sind

**tengdaforeldrar** m. pl. 1 Schwiegereltern

**tengdamóðir** f. 40 (-ur, -ur, -mæður) Schwiegermutter

**tengdasonur** m. 15 (-syni, -ar, -synir) Schwiegersohn

**ættleiddur** adj. 1 (-leidd, -leitt; ohne komp. und sup.) adoptiv; adoptiert

## 12. A. **Übersetzen Sie ins Isländische**

Meine Familie ist groß. Ich habe drei Brüder und zwei Schwestern. Wir sind insgesamt sechs Geschwister, aber viele isländische Familien sind noch (**ennþá**) größer. Mein Vater ist Bauer, und mein Großvater war auch Bauer, aber der Bruder meines Vaters ist Lehrer (**kennari**, m. 51). Meine Schwester ist verheiratet und hat zwei Töchter, und mein Bruder, der ebenfalls (**líka**) verheiratet ist, hat eine Tochter und einen Sohn. Der Mann meiner Schwester ist der Schwiegersohn meiner Eltern, und die Kinder meiner Geschwister sind Enkelkinder meiner Eltern. Hast du auch Geschwister? Nein, ich bin das einzige Kind (**eina barnið** oder **einbirni**, n. 48) in meiner Familie. Wo arbeitet dein Vater? Er ist Tischler (**trésmiður**, m. 9) und arbeitet bei einer großen Firma (**firma**, n. 59).

## 13.

Prädikativer Gebrauch des Adjektivs (3.4.0). Indefinitpronomina (2.5.7): **allur** »alle, ganz«, **annar** »der andere«, **nokkur** »jemand«, **neinn** »niemand, keiner«, **enginn** »niemand, keiner«. Das reflexive Pronomen (2.5.2).

**Ellefu hundruð ára hátíð landnáms á Íslandi**

Fyrstu landnámsmenn komu til Íslands árið 874. Það liðu 56 ár frá byrjun landnáms, uns íbúarnir komu sér saman um að stofna allsherjarþing fyrir allt landið. Þetta þing stofnuðu þeir árið 930 og kölluðu Alþingi. Þeir völdu til þess stað suðvestanlands, sem þeir nefndu Þingvelli eða Þingvöll í eldra máli. Á Íslandi eru margir merkir staðir, en líklega eru Þingvellir samt merkastir. Segja má, að enginn annar staður sé eins vel til þinghalds fallinn. Hann liggur dálitið inni í landi, svo að fyrir alla ferðalanga, sem koma frá byggðunum við ströndina, verður ferðin til þings styttri. Þar er nóg vatn fyrir menn og skepnur og gróður er nægur fyrir reiðhestana. Nokkrar aflíðandi brekkur skapa eins konar þingpalla og minna sums staðar á rómversk leikhús. Á Þingvöllum stóð Alþingi samfleytt frá 930 til 1798, en eftir það var það tvö ár í Reykjavík þar, sem það hætti störfum árið 1800. Barátta Jóns Sigurðssonar (1811–1879), sjálfstæðishetju Íslendinga, gerði kleyft að endurreisa Alþingi árið 1845, en þá í Reykjavík. Á öllum þessum öldum gerðust margir merkir, bæði gleðilegir og dapurlegir, atburðir í sögu þjóðarinnar. Meðal annars héldu Íslendingar þar hátíðlegt þúsund ára afmæli byggðar í landinu árið 1874 og 1100 ára afmælið héldu þeir einnig þar hátíðlegt í ágúst árið 1974. Ekki er nein leið að lýsa þeirri hátíð hér. Hún stóð í einn dag og var öllum til sóma og ógleymanleg. Það var eins og guðirnir vildu sýna hollustu sína, því að veðrið var allan tímann himneskt og engin slys urðu, og var þó nærri helmingur þjóðarinnar eða um 80 þúsund manns þar viðstaddur.

**að** kon. daß

**aflíðandi** adj. unfl. sanft geneigt

**afmæli** n. 48 (-, -s, -) Geburtstag; Jahrestag

**allsherjarþing** n. 43 (-i, -s, -) Parlament für das ganze Land

**Alþingi** n. 48 (-, -s) Parlament (Name des isl. Parlaments, eigentl. »Gesamtparlament«)

**atburður** m. 12 (-i, -ar, -ir) Ereignis; Begebenheit

**barátta** f. 55 (-u, ohne pl.) Kampf

**brekka** f. 55 (-u, -ur) Abhang

**byggð** f. 29 (-, -ar, -ir) Wohngebiet; bewohntes Land; Siedlung; Besiedlung

**byrjun** f. 31 (-, -ar, -anir) Anfang, Beginn

**dálítið** adv. etwas, ein wenig

**dapurlegur** adj. 1 (-leg, -legt; -(a)ri, -astur) traurig

**eða** kon. oder

**eftir** präp. mit dat. oder akk. nach

**eins konar** adv. eine Art von

**endurreisa** vt. 2 (endurreisti, endurreist) neugründen, wiedereinführen

**ferð** f. 29 (-, -ar, -ir) Reise

**ferðalangur** m. 1 (-i, -s, -ar) Reisender

**fyrsti** z. (2.4.0) der erste

**gera kleyft** möglich machen

**gleðilegur** adj. 1 (-leg, -legt; -(a)ri, -astur) erfreulich, fröhlich

**gróður** m. 3 (-ri, -s, ohne pl.) Vegetation

**guð** m. 8 (-i, -s, -ir) Gott

**halda** vt. abl. 7 (hélt, héldum, haldið) halten, glauben, meinen; **halda hátíðlegt** feiern

**hátíð** f. 29 (-, -ar, -ir) Fest, Feier, Feiertage

**hátíðlegur** adj. 1 (-leg, -legt; -(a)ri, -astur) feierlich

**helmingur** m. 1 (-i, -s, -ar) Hälfte
**himneskur** adj. 1 (-nesk, -neskt; -ari, -astur) wunderbar, wunderschön
**hollusta** f. 55 (-u, -ur) Treue, Gunst, Ergebenheit
**hætta** vt. 2 (hætti, hætt) aufhören; riskieren; **hætta störfum** aufhören, aufgeben
**Íslendingur** m. 1 (-i, -s, -ar) Isländer
**koma sér saman um e-ð** sich über etwas einigen
**land** n. 47 (-i, -s, lönd) Land
**landnám** n. 43 (-i, -s, -) Landnahme
**landnámsmaður** m. 22 (-manni, -manns, -menn) Kolonist, Landnehmer, Ansiedler
**leikhús** n. 43 (-i, -húss, -) Theater, Schauspielhaus
**líða** vi. abl. 1 (leið, liðum, liðið) schweben, gleiten; vergehen; gehen; **tíminn líður** die Zeit vergeht
**liggja** vi. abl. 5 (lá, lágum, legið) liegen; krank liegen; **staðurinn liggur inni í landi** der Ort befindet sich (liegt) im Inneren des Landes
**líklega** adv. wahrscheinlich
**lýsa** vt. 2 (lýsti, lýst) beschreiben; beleuchten
**merkur** adj. 1 (merk, merkt; merkari, merkastur) berühmt, bekannt
**minna** vt. 2 (minnti, minnt) erinnern; **minna á e-ð** an etwas erinnern
**neinn** ind. pron. (2.5.7) niemand, keiner; **ekki nein leið er** es ist unmöglich
**nógur** adj. 1 (nóg, nógt (nóg)) genug, genügend
**nokkur** ind. pron. (2.5.7) einige
**nægur** adj. 1 (næg, nægt; nægari, nægastur) genug
**nærri** adv. ungefähr
**ógleymanlegur** adj. 1 (-leg, legt; -(a)ri, -astur) unvergeßlich
**reiðhestur** m. 1 (-i, -s, -ar) Reitpferd
**rómverskur** adj. 1 (-versk, -verskt; -ari, -astur) römisch
**saga** f. 58 (-u, sögur) Geschichte; Roman
**samfleyttur** adj. 1 (-fleytt, -fleytt; -ari, -astur) ununterbrochen (wenn von Zeit gesprochen wird)
**sé** konj. von **vera** sein; **vera vel til e-s fallinn** für etwas günstig (geeignet) sein

**sjálfstæðishetja** f. 56 (-ju, -jur) Unabhängigkeitsheld; Freiheitskämpfer

**skapa** vt. 4 (skapaði, skapað) bilden; schaffen

**skepna** f. 55 (-u, -ur) Tier; Kreatur; Vieh

**slys** n. 43 (-i, slyss, -) Unfall

**sómi** m. 51 (-a, ohne pl.) Ehre; **vera til sóma** zur Ehre sein

**staður** m. 12 (-, -ar, -ir) Ort, Stelle

**starf** n. 47 (-i, -s, störf) Beruf; Tätigkeit; Arbeit; Beschäftigung; Dienst

**stofna** vt. 4 (stofnaði, stofnað) stiften, gründen

**stuttur** adj. 1 (stutt, stutt; styttri, stystur) kurz

**suðvestanlands** adv. im südwestlichen Island

**sums staðar** adv. an einigen Stellen

**svo að** kon. so daß

**sýna** vt. 2 (sýndi, sýnt) zeigen

**vatn** n. 47 (-i, -s, vötn) Wasser, See **m.**

**vel** adv. (komp. betur, sup. best) gut

**velja** vt. 1 (valdi, valið) wählen, auswählen

**viðstaddur** adj. 1 (viðstödd, viðstatt) anwesend; **vera viðstaddur** anwesend sein

**vilja** vt. ur. (2.6.6) (vildi, viljað) wollen

**þing** n. 43 (-i, -s, -) Parlament; Kongreß; Tagung

**þinghald** n. 47 (-i, -s, -höld) Parlamentssitzung; das Abhalten von Parlamentssitzungen

**þingpallur** m. 1 (-i, -s, -ar; dat. pl. -pöllum) Sitzbank (im Parlament)

**Þingvellir** m. pl. 13 Ortsname, eigentl. »Dingplatz«

**Þingvöllur** m. 13 (-i, -ar, -ir) siehe **Þingvellir**

**þjóð** f. 29 (-, -ar, -ir) Volk; Nation

## 13. A. **Übersetzen Sie ins Isländische**

Wir haben nicht alle Bücher mit. Einige sind auf dem Tisch, aber andere sind im Schrank (**skápur** m. 1 (-, -s, -ar)). Alle waren gestern hier, aber heute sind nur noch einige hier. Hast du kein Buch? Doch, ich habe eines, aber er hat zwei. Sie einigen sich auf diese Frage (**spurning** f. 24). Er schämt sich nicht (**skammast sín** sich schämen). Das Kind zieht sich selbst an (**klæða sig** sich anziehen). Wer steht an der Tür? Niemand. Ist jemand in diesem Zimmer (**herbergi** n. 48)? Nein, in diesem Zimmer ist niemand. Alle Kinder sind in dem anderen Zimmer.

## 14.

Steigerung des Adjektivs (2.3.4). Unregelmäßige Steigerung (2.3.5). Schwache Flexion des Komparativs (2.3.6). Schwache Verben (2.6.7) und deren Personenendungen (2.6.8). Verwendung des Akkusativs (3.1.0).

Þetta er langur blýantur, en þessi blýantur er lengri og þessi þarna er lengstur. Hæsta fjall Íslands er Hvannadalshnjúkur í Öræfajökli, en hæð hans er 2119 metrar. Stærsta vatn landsins er Þingvallavatn og lengsta áin er Þjórsá. Ísland er stórt land, en samt minna en Þýskaland. Hann er elstur þriggja bræðra, en Páll er yngstur. Það vantaði fleiri menn. Vinnan gengur betur, þegar dagarnir eru lengri á sumrin. Skammdegið er lengra á Íslandi en á meginlandi Evrópu, en í staðinn er sólin á lofti allan sólarhringinn í júní, julí og ágúst. Stytsta leiðin er ekki alltaf best. Við veljum hagkvæmustu lausnina. Reyndu að finna enn hagkvæmari lausn. Brekkan er brattari og meira aflíðandi en ég hélt. Hún er öruggust með þessa ritvél. Þetta ljós er skærara en hitt. Ekkert er erfiðara en breyta venjum sínum. Það vantar meira sement í bygginguna. Fátt er auðveldara en gera mistök. Hús eldra bróðurins stendur við götuhornið.

**auðveldur** adj. 1 (-veld, -velt; -ari, -astur) leicht, einfach
**brekka** f. 55 (-u, -ur) Abhang
**breyta** vt. 2 (breytti, breytt) ändern, verändern
**bygging** f. 24 (-u, -ar, -ar) Bau, Gebäude

**en** kon. als (nach Komp.); **Ísland er minna en Þýskaland** Island ist kleiner als Deutschland

**enginn** ind. pron. (2.5.7) niemand, keiner; **ekkert** nichts

**erfiður** adj. 1 (erfið, erfitt; -ari, -astur) schwierig, beschwerlich, mühsam

**finna** vt. abl. 3 (fann, fundum, fundið; imp. konj. fyndi) finden; **finnast** (med.) scheinen, gefunden werden

**ganga** vi. abl. 7 (gekk, gengum, gengið) gehen; zu Fuß gehen; Fortschritt machen

**götuhorn** n. 43 (-i, -s, -) Straßenecke

**hagkvæmur** adj. 1 (-kvæm, -kvæmt; -ari, -astur) günstig, praktisch

**hár** adj. 3 (há, hátt; hærri, hæstur) hoch

**Hvannadalshnjúkur** m. 1 (-i, -s) der höchste Berggipfel Islands

**hæð** f. 29 (-, -ar, -ir) Höhe

**jökull** m. 2 (-kli, -ls, -klar) Gletscher

**lausn** f. 29 (-, -ar, -ir) Lösung

**ljós** n. 43 (-i, ljóss, -) Licht

**loft** n. 43 (-i, -s, -) Luft; Atmosphäre; Decke; oberes Stockwerk; Boden; **sólin er á lofti** die Sonne steht am Himmel

**meginland** n. 47 (-i, -s, -lönd) Festland, Kontinent

**mistök** n. pl. 47 (gen. pl. mistaka) Fehler; Versehen; Fehlgriff; **gera mistök** Fehler machen

**Páll** m. 2 (-i, -s) männl. Vorname

**reyna** vt. 2 (reyndi, reynt) versuchen, prüfen; erfahren; dulden

**ritvél** f. 23 (-, -ar, -ar) Schreibmaschine

**sement** n. 43 (-i, -s, ohne pl.) Zement

**skammdegi** n. 48 (-, -s, -) die kurzen Wintertage (vom Nov. bis Febr.)

**sól** f. 29 (-, -ar, -ir; gen. pl. sólna) Sonne

**sólarhringur** m. 1 (-, -s, -ar) Tag (= 24 Stunden)

**í staðinn** dagegen, statt dessen

**á sumrin** im Sommer

**ungur** adj. 1 (ung, ungt; yngri, yngstur) jung

**vanta** vi. 4 (vantaði, vantað) fehlen

**velja** vt. 1 (valdi, valið) wählen

**venja** f. 56 (-u, -ur) Gewohnheit; Sitte; Brauch

**Þingvallavatn** n. 47 (-i, -s) Name von Islands größtem See

**Þjórsá** f. 26 (-, -ár) Name von Islands längstem Fluß
**öruggur** adj. 1 (örugg, öruggt; -ari, -astur) sicher
**Öræfajökull** m. 2 (-kli, -ls) Gletscher im südlichen Teil Islands

14. A. **Übersetzen Sie ins Isländische**

Jón ist tüchtiger (**duglegur**, adj. 1) als Einar, aber Björn ist der tüchtigste. Páll ist jünger als Jón. Der Kaufmann ist reicher als der Bauer. Ist das Flugzeug sicherer als das Auto? Heute ist das Wetter besser als es gestern war. Er hat mehr gesagt als ich dachte (**hélt** von **halda** vt. abl. 7). Die Reise dauerte länger als einen Tag. Im Sommer sind die Tage heller (**bjartur**, adj. 1) und länger als im Winter. Welches der Bilder ist am schönsten? Das war schwieriger als er dachte. Das ist günstiger als du denkst. Versuch die beste und sicherste Lösung zu finden.

14. B. Setzen Sie die richtige Kasusform des in Klammern stehenden Wortes ein. Achten Sie darauf, daß sowohl das Substantiv als auch der Artikel Kasusendungen erhalten.

1. Maðurinn stendur við (bíllinn) hjá (húsið). 2. Hann er að hugsa um (langa ferðin) og (góða veðrið). 3. Sólin er hátt á (loft) og engin ský eru á (himininn). 4. Á (Ísland) er sólin á (loft) allan sólarhringinn og hægt er að lesa dagblað um (mið nótt) úti á (gata). 5. Björtu næturnar eru yndislegur (»wunderbar«) tími og menn og skepnur njóta (sumarið, gen. sg. mit **njóta** »genießen«). 6. Ég held á (bókin) í (höndin). 7. Hann hefur (skólataskan) með í (skólinn). 8. Í (skólinn) eru borð og stólar til að lesa við og skrifa. 9. Í (áin) eru fiskar. 10. Á (Þingvellir) stofnuðu Íslendingar Alþingi árið 930.

## 15.

Indefinitpronomina: **annar** »der andere«, **enginn** »niemand, keiner« (2.5.7). Ordnungszahlen (2.4.0, 2.4.1). Verben **vita** »wissen«, **kunna** »können« (2.6.6) und **geta** »können«.

Í dag er fimmtándi október nítján hundruð sjötíu og átta. Hann er fæddur annan október árið nítján hundruð og tvö. Hann dó sautjánda ágúst árið nítján hundruð fjörutíu og tvö, aðeins fjörutíu ára að aldri. »Enginn ræður sínum næturstað«, segir íslenskur málsháttur. Ég veit ekki, hvort ég get komið. Hann getur hafa komið í morgun, en það gat líka hafa verið í gær. Ég veit ekki, hvort hann getur komið. Hann kann ekki þýsku, en þið kunnið íslensku. Hann skrifaði bréfið tuttugasta og fimmta júní. Svar getur komið síðar. Hann kunni ekki við sig á Akureyri og vissi ekki, hvernig hann átti að eyða tímanum. Þetta er allt annað hús. Það gat engin önnur en Anna. Öngvum er láandi að hika í fyrsta sinn, en við vissum, að þau hikuðu ekki í annað og þriðja sinn. Þetta gat enginn vitað. Það kann að vera þannig, en það getur líka verið öðruvísi.

**aðeins** adv. nur
**aldur** m.3 (-ri, s, ohne pl.) Alter; **fjörutíu ára að aldri** im Alter von vierzig Jahren
**bréf** n.43 (-i, -s, -) Brief; Papier
**deyja** vi.abl.6 (dó, dóum, dáið) sterben; erlöschen
**eiga** vt.ur. (2.6.6) (á, átti, átt) besitzen; **eiga að + Inf.** sollen, müssen; **hann á að koma** er soll (muß) kommen
**eyða** vt.2 (eyddi, eytt) vernichten; verwüsten; zerstören; verbringen (Zeit)
**fæða** vt.2 (fæddi, fætt) gebären; ernähren; **fæðast** (med.) geboren werden
**geta** vt.abl.4 (gat, gátum, getað) können; imstande sein; erwähnen (p.p. getið)
**hika** vi.4 (hikaði, hikað) zögern; wanken; schwanken
**hvernig** adv. wie
**hvort** kon. ob
**íslenska** f.55 (-u) Isländisch (isländische Sprache)

**kunna** vt. ur. (2.6.6) (kann, kunni, kunnað) können; wissen; **kunna við sig** sich wohl fühlen

**lá** vt. 2 (láði, láð) verdenken; verübeln (wird nur mit Verneinung verwendet); **öngvum er láandi** es kann niemandem übel genommen werden

**næturstaður** m. 12 (-, -ar, -ir) Ruhestätte; Ort, wo man die Nacht verbringt

**ráða** vt. abl. 7 (präs. ræð; réð, réðum, ráðið) raten, deuten; bestimmen; herrschen; anstellen

**sinn** n. 43 (-i, -s, -) Mal; **í fyrsta sinn** zum ersten Mal

**svar** n. 47 (-i, -s, svör) Antwort

**tími** m. 51 (-a, -ar) Zeit; Periode

**vita** vt. ur. (2.6.6) (veit, vissi, vitað) wissen

**þannig** adv. auf diese Weise

**þýska** f. 55 (-u) Deutsch (deutsche Sprache)

**öðruvísi** adv. anders

15. A. **Übersetzen Sie ins Isländische**

Er ist am 17. Juni 1952 geboren, aber sie ist am 30. August 1960 geboren. Das Kind ist am 20. September 1978 geboren. Er starb am 22. November 1974. Er kann am 4. Mai 1977 kommen und er kann zwei Tage später fahren. Kannst du Deutsch? Nein, ich kann leider (**því miður**) kein Deutsch, und wir müssen deshalb Isländisch sprechen. Wann hat er den Brief geschrieben? Er schrieb den Brief am 25. Januar, aber noch ist keine Antwort da. Zum dritten Mal hat er einen Brief geschrieben. Heute ist Zeit, um an eine Reise nach Island zu denken.

15. B. Setzen Sie das in Klammern stehende Adjektiv in die richtige Form.

1. Mennirnir eru (stór) og (sterkur). 2. Hann situr á (fljótur) hesti. 3. Hestarnir eru vel (taminn). 4. Barnið er (þægur) og

(hlýðinn). 5. Veðrið er (góður) og (fallegur). 6. Hún gaf mér (góður) kaffi. 7. Tímarnir eru (erfiður). 8. Kýrin er (rauður) og (hvítur) á litinn. 9. Það vantar (nægur) tíma. 10. Sumir eru (glaður) vegna þessa (mikill) sigurs. 11. (lítill) börn eru alltaf (fallegur) 12. Vegna (erfiður) vinnu er hann mjög þreyttur.

## 16.

Das Passiv (2.6.10). Konjugation der Hilfsverben **vera** »sein« und **verða** »werden« (2.6.3) und des Partizips Perfekt (2.6.9). Im Isländischen muß besonders darauf geachtet werden, daß mit den Hilfsverben **vera** und **verða** das Partizip in Zahl und Geschlecht nach dem Subjekt des Satzes seine Form ändert. Der Täter wird im Passiv durch die Präp. **af + Dat.** bezeichnet.

Hann skrifar bréfið. Bréfið er skrifað af honum. Hún skrifaði bréfið. Bréfið var skrifað af henni. Barnið hefur skrifað bréfið. Bréfið hefur verið skrifað af barninu. Þeir skrifuðu bréfin. Bréfin voru skrifuð af þeim. Þær höfðu skrifað bréfin. Bréfin höfðu verið skrifuð af þeim. Húsin voru áður grá, en nú hafa þau verið máluð gul að utan. Brúin var sprengd í loft upp og vagnarnir voru líka sprengdir. Hins vegar voru kerrurnar ekki sprengdar. Fáninn var dreginn að húni. Jóhann var kallaður Jói, og Guðrún var kölluð Gunna í hópi félaga. Húsið er kallað Merkjalækur. Þjófarnir voru teknir fastir. Lögregla er álitin þýðingarmikil í sérhverju þjóðfélagi. Á fundinum var mynduð nefnd til að athuga þessi mál. Esperanto er tungumál, sem myndað er af orðstofnum annarra tungumála. Kýrnar eru mjólkaðar á kvöldin. Ljósin eru kveikt klukkan fimm. Áin var stífluð neðan við brúna. Brúin var byggð á tveim árum. Bókin var samin á löngum tíma. Hundinum var haldið föstum. Bátarnir voru sjósettir í gær. Húsin voru byggð á stuttum tíma. Kaupfélagið var stofnað árið átján hundruð áttatíu og fjögur.

**álíta** vt. abl. 1 (áleit, álitum, álitið) meinen; betrachten; dafürhalten

**athuga** vt. 4 (athugaði, athugað) untersuchen; überprüfen, betrachten

**byggja** vt. 2 (byggði, byggt) bauen

**Esperanto** n. unfl. Esperanto

**fáni** m. 51 (-a, -ar) Fahne

**félagi** m. 51 (-a, -ar) Kamerad; Freund; Kollege; **í hópi félaga** unter Kollegen (Freunden)

**fundur** m. 12 (-i, -ar, -ir) Versammlung, Sitzung

**gulur** adj. 1 (gul, gult; -ari, -astur) gelb

**hópur** m. 1 (-i, -s, -ar) Gruppe; Schwarm

**húnn** m. 2 (-i, -s, -ar) Knopf; Klinke; **draga fána að húni** die Fahne hissen

**kaupfélag** n. 49 (-i, -s, -lög) kooperative Handelsgesellschaft

**kerra** f. 55 (-u, -ur) Karre

**kveikja** vt. 2 (kveikti, kveikt) Licht machen; anzünden

**kvöld** n. 43 (-i, -s, -) Abend; **á kvöldin** abends

**lögregla** f. 55 (-u, -ur) Polizei

**mál** n. 43 (-i, -s, -) Sache, Sachverhalt; Sprache

**mála** vt. 4 (málaði, málað) anstreichen; malen

**Merkjalækur** m. 10 (-, -jar, -ir) Eigenname (eigentl. »Grenzbach«)

**mjólka** vt. 4 (mjólkaði, mjólkað) melken

**mynda** vt. 4 (myndaði, myndað) bilden

**neðan** adv. von unten; **neðan við** unterhalb

**nefnd** f. 29 (-, -ar, -ir) Ausschuß, Kommission, Komitee

**orðstofn** m. 1 (-i, -s, -ar) Wortstamm, Wurzel

**semja** vt. 1 (samdi, samið) verfassen; verhandeln

**sjósetja** vt. 1 (sjósetti, sjósett) vom Stapel laufen lassen

**sprengja** vt. 2 (sprengdi, sprengt) sprengen; **sprengja í loft upp** in die Luft sprengen

**stífla** vt. 4 (stíflaði, stíflað) dämmen, stauen; verstopfen

**stofna** vt. 4 (stofnaði, stofnað) errichten; gründen, bilden

**tungumál** n. 43 (-i, -s, -) Sprache

**utan** adv. von außen, außen, draußen; að **utan** von außen, von draußen

**vagn** m. 1 (-i, -s, -ar) Wagen, Fuhre

**þýðingarmikill** adj. 6 (-mikil, -mikið; -meiri, -mestur) wichtig, bedeutungsvoll

16. A. **Übersetzen Sie ins Isländische**

Das Haus ist angestrichen worden. Die Häuser sind gebaut worden. Der Brief wurde geschrieben. Die Briefe wurden geschrieben. Die Brücken sind gesprengt worden. Die Lichter wurden angemacht. Die Hunde wurden festgehalten. Sie ist Gunna genannt worden. Der Dieb wurde von der Polizei festgenommen. Die Ausschüsse wurden gebildet. Die Brücke wird von den Männern angestrichen. Die Sachverhalte wurden untersucht. Bist du gerufen worden? (**kalla á e-n** jemanden rufen). Nein, ich wurde nicht gerufen. Ich kam aufgrund meiner eigenen Entscheidung (**ákvörðun** f. 33).

16. B. Setzen Sie die Substantive und die Pronomina nach der Präposition in die richtige Kasusform.

1. Gamli maðurinn liggur í (rúmið). 2. Hjá (hann) er lampi og ljós. 3. Á (borðið) liggur bók. 4. Undir (bókin) liggja ýmis blöð. 5. Hann setur fötuna undir (stóllinn). 6. Í (fatan) er vatn. 7. Ég kem eftir (tveir tímar). 8. Ég fer á eftir (hann). 9. Vegna (erfiðleikar) gat hann ekki komið. 10. Ég sagði ekkert gegn (hún). 11. Ég kem ekki með (þeir). 12. Þú gengur yfir (brúin). 13. Yfir (brúin) er ljós. 14. Í (húsið) er ljós. 15. Hann fer inn í (húsið). 16. Hann svarar ekki í (sími).

## 17.

Das Verb **vera** »sein« mit Bewegungsverben (2.6.4). Angabe von Datum und Uhrzeit (vgl. Übung Nr. 11 und 2.4.0, 2.4.1).

Jóhann er kominn, en Hans er farinn. Hann var ekki kominn, þegar kennslan byrjaði. Hún hefði verið farin, ef síminn hefði ekki hringt klukkan fimm. Barnið er farið í skólann. Hann verður farinn klukkan fimmtán mínútur yfir sex. Klukkan er orðin tuttugu mínútur yfir sjö. Nýárið byrjar á miðnætti á gamlárskvöld. Klukkan er tvö (þrjú, fjögur, fimm, sex o. s. frv.). Klukkan er tíu mínútur gengin í ellefu. Hádegi er klukkan tólf. Miðnætti er klukkan tólf á kvöldin eða með öðrum orðum klukkan tuttugu og fjögur. Hvað er klukkan orðin? Hún er tuttugu mínútur yfir tíu (tuttugu mínútur gengin í ellefu). Klukkan er hálf tólf. Klukkan er korter (fimmtán minútur) yfir eitt. Á Íslandi eru yfirleitt tvær máltíðir á dag. Klukkan tólf á hádegi er hádegisverður (hádegismatur), sem er aðalmáltíð dagsins. Kvöldverður (kvöldmatur) er klukkan sjö á kvöldin. Flestir borða einnig morgunverð (morgunmat) eða drekka morgunkaffi, áður en þeir fara í vinnuna á morgnana. Um eftirmiðdaginn, venjulega klukkan þrjú eða hálf fjögur, er oftast drukkið kaffi eða eftirmiðdagskaffi. Í sumum fjölskyldum er líka drukkið kvöldkaffi eða borðað kvöldsnarl, áður en farið er að sofa. Menn fara svo á fætur næsta dag klukkan sjö að morgni, en vinna byrjar yfirleitt klukkan átta eða hálf níu á morgnana á Íslandi. Ef yfirvinna (eftirvinna) er, er oft unnið langt fram eftir kvöldi eða jafnvel fram á nótt, eftir að dagvinnunni lýkur klukkan fjögur eða fimm á daginn. Klukkuna vantar tólf mínútur í eitt. Klukkan flýtir (seinkar) sér.

**aðalmáltíð** f. 29 (-, -ar, -ir) Hauptmahlzeit
**áður en** kon. bevor
**borða** vt. 4 (borðaði, borðað) essen
**byrja** vi., vt. 4 (byrjaði, byrjað) beginnen; anfangen
**á dag** täglich, jeden Tag
**á daginn** am Tage, tagsüber
**dagvinna** f. 55 (-u) Tagesar-

beit (d. h. die gesetzlichen 8 Stunden; Arbeit am Tage)

**drekka** vt. abl. 3 (drakk, drukkum, drukkið) trinken

**eftirmiðdagskaffi** n. 48 (-, -s, -) Nachmittagskaffee

**eftirmiðdagur** m. 1 (-degi, -s, -ar) Nachmittag; **um eftirmiðdaginn** nachmittags

**eftirvinna** f. 55 (-u, ohne pl.) Überstunden

**einnig** adv. auch

**fara á fætur** aufstehen

**flýta** vt. 3 (flýtti, flýtt) beschleunigen; **klukkan flýtir sér** die Uhr geht vor

**fram** adv. vorwärts; hinaus; **fram á nótt** bis in die Nacht hinein

**gamlárskvöld** n. 43 (-i, -s, -) Silvesterabend

**hádegi** n. 48 (-, -s, -) Mittag

**hádegismatur** m. 12 (-, -ar, ohne pl.) Mittagessen

**hádegisverður** m. 8 (-i, -ar, -ir) Mittagessen

**hringja** vi., vt. 2 (hringdi, hringt) klingeln; telephonieren

**jafnvel** adv. sogar

**kaffi** n. 48 (-, -s, -) Kaffee

**kennsla** f. 55 (-u, ohne pl.) Unterricht

**korter** n. 43 (-i, -s, -) Viertelstunde (15 Minuten)

**kvöldkaffi** n. 48 (-, -s, -) Abendkaffee

**kvöldmatur** m. 12 (-, -ar, ohne pl.) Abendessen

**kvöldsnarl** n. 43 (-i, -s, ohne pl.) leichte Abendmahlzeit

**kvöldverður** m. 8 (-i, -ar, -ir) Abendessen

**langt fram eftir kvöldi** bis spät in den Abend hinein

**ljúka** vt. abl. 2 (lauk, lukum, lokið) enden; beenden; abschließen; zu Ende führen (bringen)

**máltíð** f. 29 (-, -ar, -ir) Mahlzeit

**matur** m. 12 (-, -ar, ohne pl.) Essen

**miðnætti** n. 48 (-, -s, -) Mitternacht

**morgunn** m. 2 (-i, -s, -ar) Morgen; **að morgni, á morgnana** morgens

**morgunkaffi** n. 48 (-, -s, -) Frühstück

**morgunmatur** m. 12 (-, -ar, ohne pl.) Frühstück

**morgunverður** m. 8 (-i, -ar, -ir) Frühstück

**nýár** n. 43 (-i, -s, -) Neujahr

**næstur** adj. 1 (næsta, næsta; ohne komp. und sup.) der nächste

**oft** adv. (oftar, oftast) oft, häufig

**seinka** vt. 4 (seinkaði, seinkað) verzögern; **klukkan seinkar sér** die Uhr geht nach

**snarl** n. 43 (-i, -s, ohne pl.) leichte Mahlzeit

**sofa** vi. abl. 4 (svaf, sváfum, sofið) schlafen

**yfirleitt** adv. im allgemeinen, überhaupt

**yfirvinna** f. 55 (-u, ohne pl.) Überstunden

17. A. **Übersetzen Sie ins Isländische**

Wie spät ist es? Es ist sechs Uhr. Es ist sechs Uhr fünfundzwanzig. Die Uhr geht sechs Minuten nach. Es ist fünf Minuten vor zwei. Es ist fünf Minuten nach drei. Es ist fünf Uhr zwanzig. Es ist vier Minuten vor Mitternacht. Es ist sieben Minuten vor elf. Es ist einundzwanzig Uhr. Er ist zur Arbeit gegangen und kommt vierzehn Minuten nach fünf nach Hause. Er ist genau (**nákvæmlega**) um ein Uhr fünfundzwanzig gekommen und er ist nach fünfzehn Minuten, zwanzig Minuten vor zwei wieder gegangen. In Island wird das Abendessen um neunzehn Uhr abends gegessen.

17. B. Setzen Sie die Verben in folgenden Sätzen ins Imperfekt und ins Perfekt. Machen Sie anschließend die Sätze negativ und vergleichen Sie den negativen und den affirmativen Satz.

1. Þeir drekka kaffi á morgnana, áður en þeir fara (fóru) í vinnuna. 2. Hann kemur akandi á bílnum sínum. 3. Hún skrifar foreldrum sínum bréf. 4. Pabbi er að mála húsið. 5. Börnin eru að leika sér í garðinum. 6. Hann er kominn, en hann fer aftur klukkan fimm. 7. Dagurinn er langur. 8. Bóndinn vinnur vel og mikið. 9. Kýrnar eru mjólkaðar á kvöldin. 10. Klukkan er fimm. 11. Hún á tvö börn. 12. Hann hefur tíma. 13. Hann lýkur verkinu á réttum tíma. 14. Síminn hringir.

Starke Verben (2.6.14, 2.6.15, 2.6.16). Die Umschreibungen **fara að, taka að** (2.6.5) und **vera búinn að** (2.6.4).

Hann kemur klukkan tvö, þegar hann er búinn að borða. Sólin skín á daginn, en gengur undir á nóttunni. Þá kemur tunglið upp og lýsir yfir nóttina. Það tekur að dimma upp úr klukkan sex um eftirmiðdaginn. Hann fer að skrifa. Hún hafði farið að skrifa. Á vorin fer grasið að vaxa. Það vex yfir sumarið og deyr á haustin. Þá getur farið að snjóa og síðan kemur veturinn. Ertu búinn að skrifa bréfið? Við lukum við verkefnið og vorum búin að öllu, þegar tíminn var kominn til að leggja af stað. Hundurinn beit lambið. Jón rær út á sjó á hverjum laugardegi. Hann á lítinn bát, sem í daglegu tali er kallaður trilla. Útgerð trillubáta er mikilvægur þáttur í atvinnulífi ýmissa sjávarþorpa á Íslandi. Venjulega róa trillur aðeins að degi til eða yfir nótt með net og handfæri. Áhöfn trillubáts er sjaldan meiri en einn til tveir menn. Trillukarlar þekkja miðin sín eins og lófann sinn og eru næmir á veðrið, sem þeir finna á sér. Kostnaður við trilluútgerð er því í lágmarki. Samt flytur slík útgerð drjúgan afla á land. Þegar trillukarlinn er búinn að draga fiskinn, fer hann strax í land og kemur því yfirleitt með ferskari fisk að landi en stórir togarar, sem eru marga daga eða jafnvel vikur í veiðiferðinni.

**áhöfn** f. 30 (-, áhafnar, áhafnir) Besatzung

**atvinnulíf** n. 43 (-i, -s, -) Wirtschaft; Arbeit

**bíta** vt. abl. 1 (beit, bitum, bitið) beißen

**daglegur** adj. 1 (-leg, -legt; -(a)ri, -astur) täglich

**deyja** vi. abl. 6 (dó, dóum, dáið) sterben

**dimma** vi. 3 (dimmdi, dimmt) dunkel werden

**draga** vt. abl. 6 (dró, drógum, dregið) ziehen; **draga fisk** fischen; Fisch an Bord bringen

**drjúgur** adj. 1 (drjúg, drjúgt; -ari, -astur oder drýgri, drýgstur) bedeutend; überraschend viel; beträchtlich

**ferskur** adj. 1 (fersk, ferskt; -ari, -astur) frisch
**finna** vt. abl. 3 (fann, fundum, fundið) finden; **finna á sér** fühlen; **finna á sér veðrið** wetterfühlig sein
**flytja** vt. 1 (flutti, flutt) befördern; transportieren; bringen
**ganga undir** untergehen (Sonne, Mond)
**handfæri** n. 48 (-, -s, -) Angelleine
**haust** n. 43 (-i, -s, -) Herbst
**koma upp** aufgehen (Sonne, Mond)
**kostnaður** m. 1 (-i, -ar; ohne pl.) Kosten
**lágmark** n. 47 (-i, -s, -mörk) Minimum
**lamb** n. 47 (-i, -s, lömb) Lamm
**leggja** vt. 1 (lagði, lagt) legen, hinlegen
**ljúka** vt. abl. 2 (lauk, lukum, lokið) enden, beenden
**lófi** m. 51 (-a, -ar) Handfläche
**lýsa** vi., vt. 2 (lýsti, lýst) leuchten; erleuchten; schildern; beschreiben
**mið** n. pl. 43 Fanggebiet
**net** n. 43 (-i, -s, -) Netz
**næmur** adj. 1 (næm, næmt; -ari, -astur) empfindlich, leicht lernend
**síðan** adv. danach, daraufhin
**sjávarþorp** n. 43 (-i, -s, -) Fischereidorf, Fischerdorf
**skína** vi. abl. 1 (skein, skinum, skinið) scheinen, strahlen, leuchten
**snjóa** vi. 4 (snjóaði, snjóað) schneien
**sól** f. 29 (-, -ar, -ir, gen. pl. sólna) Sonne
**strax** adv. sofort
**tal** n. 43 (-i, -s, ohne pl.) Sprechen; **í daglegu tali** im täglichen Sprachgebrauch
**togari** m. 51 (-a, -ar) (Schleppnetz-)Fischdampfer; Trawler
**trilla** [$t^h$rɪl:a] f. 55 (-u, -ur) kleines offenes Motorboot
**trillubátur** m. 1 (-i, -s, -ar) kleines offenes Motorboot
**trillukarl** m. 1 (-i, -s, -ar) Seemann (der mit kleinem offenem Motorboot fischt)
**trilluútgerð** f. 29 (-, -ar, -ir) Betrieb eines kleinen offenen Motorboots
**tungl** n. 43 (-i, -s, -) Mond
**útgerð** f. 29 (-, -ar, -ir) Betrieb; Reederei; Ausrüstung eines Fischers
**vaxa** vi. abl. 7 (óx, uxum, vaxið) wachsen; zunehmen
**veiðiferð** f. 29 (-, -ar, -ir) Jagd; Fischfangfahrt
**vor** n. 43 (-i, -s, -) Frühling

**þáttur** m. 16 (þætti, -ar, þættir) Teil; Abschnitt; Faktor

**þekkja** vt. 2 (þekkti, þekkt) kennen, erkennen

18. A. **Übersetzen Sie ins Isländische**

Gunnar wohnt in einem kleinen Fischerdorf in Island. Er besitzt ein kleines Motorboot und fährt tagsüber häufig zu einer Fangfahrt aus. Ab und zu bringt er nach einer Fangfahrt einen beträchtlichen Fang an Land. Wenn er mit der Arbeit in der Schule fertig ist, nimmt er gerne sein Boot und sucht die Fanggründe auf (Fanggründe aufsuchen **halda á miðin**). Viele isländische Fischer haben solche offene Boote, die ein wichtiger Teil des Lebens (**líf** n. 43) in den kleinen Dörfern sind. Diese Boote bringen einen beachtlichen Fang an Land und bringen dem Fischer (**fiskimaður** m. 22) auch viel Freude.

18. B. Setzen Sie die im Text befindlichen Verben ins Imperfekt und ins Perfekt.

1. Hundurinn bítur lambið. 2. Kindin hleypur burtu. 3. Kýrin gengur rólega. 4. Hesturinn stekkur yfir girðinguna. 5. Báturinn rær á miðin. 6. Skipið siglir til útlanda. 7. Jón vinnur í verksmiðju. 8. Lögreglan stjórnar umferðinni. 9. Veðrið versnar undir kvöldið. 10. Það snjóar allan daginn. 11. Hann telur bækurnar. 12. Pabbi málar þakið. 13. Jón drekkur mjólk. 14. Einar lýkur verkinu. 15. Grasið vex á sumrin. 16. Hann býður Gunnari kaffibolla.

## 19.

Futur, Konditional und Plusquamperfekt (2.6.3). Verben **munu** »werden« (2.6.3), **kunna** »können«, **vita** »wissen«, **þurfa**

»brauchen«, **muna** »erinnern«, **vilja** »wollen«, **unna** »lieben« (2.6.6). Partizip Perfekt verwendet als Adjektiv (2.6.9).

Hann mun koma á morgun. Þú veist, að hann er ekki heima. Þú mundir segja þetta rangt, en það er samt satt. Enginn veit sína ævina, fyrr en öll er. Ég man ekki, hvað þetta kostaði. Þú manst vel, hvernig þetta gerðist. Hún unni mjög íslensku fornsögunum og las þær í frítímum sínum sér til skemmtunar. Ég þarf ekki að koma snemma. Hann hafði komið á stórum vörubíl hlöðnum ýmsum varningi. Ég mundi vilja fara, en það er erfitt við svona aðstæður. Ef þú skrifaðir bréfið í dag, mundi það komast í hendur móttakanda á morgun.
Á Íslandi eru engar járnbrautir. Eina járnbrautin, sem þar hefur verið til, var notuð til grjótflutninga við hafnargerð í Reykjavík. Eimreiðin er að vísu enn til, en hún er aðeins safngripur. Flutningar á Íslandi fara fram með bifreiðum, skipum og flugvélum. Skipulagðar flugferðir eru um allt land, jafnvel til smærri staða og víða eru ágætir flugvellir. Flugvélin er fljótasti farkosturinn og hefur rofið einangrun afskekktra byggðarlaga. Íslendingar þurfa meira á góðum flugvélum að halda en aðrar þjóðir, því að vegna snjóa eru þjóðvegir stundum lokaðir í langan tíma á vetrum. Lokaðir og ófærir þjóðvegir gagna lítið til flutninga og þá verður að grípa til skipa og flugvéla. Það þarf því ekki að undrast, að Íslendingar séu meðal þeirra þjóða, sem mest ferðast í lofti.

**aðstæða** f. 55 (-u, -ur) Umstand
**afskekktur** adj. 1 (-skekkt, -skekkt; -ari, -astur) entlegen, abseits
**bifreið** f. 29 (-, -ar, -ir) Auto
**byggðarlag** n. 47 (-i, -s, -lög) Gemeinde; Ort
**eimreið** f. 29 (-, -ar, -ir) Zugmaschine, Lokomotive
**einangrun** f. 31 (-, -ar, ohne pl.) Isolierung
**farkostur** m. 12 (-i, -s, -ir) Verkehrsmittel
**ferðast** vi. 4 (med.) (ferðaðist, ferðast) reisen
**fljótur** adj. 1 (fljót, fljótt; -ari, -astur) schnell
**flutningur** m. 1 (-i, -s, -ar) Transport

**fornsaga** f. 58 (-sögu, -sögur) alte Geschichte (bes. die Isländersaga)

**frítími** m. 51 (-a, -ar) Ferien; Erholungszeit; freie Stunde

**gagna** vt. 4 (gagnaði, gagnað) nützen

**gerast** vi. 3 (med.) (gerðist, gerst) geschehen; sich ereignen

**grípa** vt. abl. 1 (greip, gripum, gripið) greifen, fassen, fangen; **grípa til e-s** etwas verwenden

**grjótflutningur** m. 1 (-i, -s, -ar) Gestein- oder Geröllstransport

**hafnargerð** f. 29 (-, -ar, -ir) Hafenbau

**hlaða** vt. abl. 6 (präs. hleð; hlóð, hlóðum, hlaðið) laden, beladen

**járnbraut** f. 29 (-, -ar, -ir) Eisenbahn

**komast** vi. abl. 4 (med.) (komst, komumst, komist) gelangen; ankommen

**loka** vt. 4 (lokaði, lokað) schließen; sperren

**meðal** präp. mit gen. unter; **meðal annars** unter anderem

**móttakandi** m. 53 (-a, -takendur) Empfänger

**muna** vt. ur. (2.6.6) (man, mundi, munað) erinnern; sich erinnern

**ófær** adj. 1 (ófær, ófært; -ari, -astur) unbefahrbar

**rangur** adj. 1 (röng, rangt; -ari, -astur) falsch, unwahr

**rjúfa** vt. abl. 2 (rauf, rufum, rofið) brechen

**safngripur** m. 9 (-, -s, -ir) Museumsgegenstand

**séu** konj. von **vera** sein (2.6.3)

**skemmtun** f. 31 (-, -ar, -anir) Vergnügen; Unterhaltung; Tanzabend

**skipuleggja** vt. 1 (-lagði, -lagt) organisieren

**smár** adj. 3 (smá, smátt; smærri, smæstur) klein

**snemma** adv. (fyrr, fyrst) früh

**undrast** vt. 4 (med.) (undraðist, undrast) über etwas verwundert sein

**unna** vt. ur. (2.6.6) (ann, unni, unnað) lieben

**varningur** m. 1 (-i, -s, ohne pl.) Ware(n); Güter

**vera til** existieren, vorhanden sein; **það er til** es gibt

**víða** adv. an vielen Stellen; vielerorts; weit; weit und breit

**vilja** vt. ur. (2.6.6) (vil, vildi, viljað) wollen

**að vísu** adv. zwar

**vörubíll** m. 1 (-, -s, -ar) Lastwagen

**ýmis** ind. pron. (2.5.7) verschieden

**þjóðvegur** m. 12 (-i, -ar, -ir) Nationalstraße; Hauptstraße

**þurfa** vt. ur. (2.6.6) (þarf, þurfti, þurft) brauchen; **þurfa á að halda** benötigen

**ævi** f. 57 (-, ævir) Leben, Lebenszeit

19. A. **Übersetzen Sie ins Isländische**

Er wird morgen um sechs Uhr mit dem Zug nach Frankfurt fahren. Ich werde den Bleistift noch brauchen. Das würde ich nicht meinen. Ich werde mit dem Flugzeug nach Deutschland reisen. Er kam mit einem geschlossenen Wagen. Ich will morgen die beladene Karre bringen. Bring die geschriebenen Briefe mit. Die angestrichenen Dächer sind schön. Ein isländisches Sprichwort besagt: ein begonnenes Werk ist bereits zur Hälfte abgeschlossen (**hálfnaður** adj. 1 »zur Hälfte abgeschlossen«). Wo warst du gewesen? Ich war bei meinen Eltern gewesen. Hattest du etwas mitgebracht? Nein, diesmal nicht. Ich hatte keine Zeit. Kannst du Isländisch? Nein, noch nicht, aber bald werde ich es gelernt haben.

19. B. Setzen Sie das in Klammern stehende Adjektiv oder das Partizip Perfekt in die richtige Kasusform.

1. Maðurinn stendur við (lokaður) dyr. 2. Ég ferðast með (hlaðinn) flugvél. 3. Þú býrð í (hár) húsi. 4. Hann keypti (notaður) bíl. 5. Við kaupum (notaður) bækur. 6. Hann kom með löng (skrifaður) bréf. 7. Blómin standa í (opinn) glugga. 8. Hann gerir við (brotinn) rúðu.

19. C. Setzen Sie die richtige Endung des Demonstrativpronomens ein:

1. Ég á þess ... bók. 2. Ég þarf þenn ... blýant. 3. Þess ... bændur vinna mikið. 4. Kaupmaðurinn selur þess ... vörur. 5. Hann keypti þess ... hús. 6. Ég kem frá þess ... mönnum. 7. Hús þess ... manna eru stór og falleg. 8. Bíll þess ... konu er við húsið. 9. Barn þess ... manns er duglegt. 10. Þess ... börn eru að lesa.

## 20.

Genitiv mit Artikel (3.2.0). Indefinitpronomina (2.5.7). Reduplikationsverben (2.6.16).

### Söfn á Íslandi

Íslensk söfn eru öll fremur ung. Engu að síður hefur mikið gerst í þeim efnum á tiltölulega stuttum tíma og íslensk söfn eru í senn bæði fróðleg og ágætlega skipulögð. Þegar nefna skal söfn á Íslandi kemur fyrst í hug Landsbókasafnið í Reykjavík, sem er þekktast safna meðal vísindamanna erlendis. Hús Landsbókasafnsins var byggt við erfiðar aðstæður og rúmar ekki lengur þau 700 þúsund bindi bóka og handrita, sem safnið telur. Í sama húsi er einnig Þjóðskjalasafnið, sem geymir skjöl, er varða sögu og stjórn landsins. Annað þekkt safn er Þjóðminjasafnið, sem geymir muni frá liðnum tímum. Það stendur í grennd við Háskólann, en hús þess safns var byggt í sambandi við stofnun lýðveldisins árið 1944. Þjóðminjasafnið annast vörslu allra fornminja í landinu, þar með taldar byggingar víða um land, sem varðveittar eru komandi kynslóðum til fræðslu. Auk safnanna í Reykjavík eru einnig til héraðssöfn víða um land. Frægust þeirra eru söfnin á Skógum undir Eyjafjöllum og Reykjum í Hrútafirði. Á Reykjum er varðveitt hákarlaskipið fræga, Ófeigur, frá Ströndum. Á því réru menn til hákarlaveiða við Húnaflóa áður fyrr. Auk almennra safna eru einnig til sérsöfn, t. d. sjóminjasöfn, lista- og málverkasöfn eða söfn helguð minningu einstakra afreksmanna.

Þar eru söfn á Akureyri í sérflokki. Þar eru t.d. safn um líf og starf Davíðs Stefánssonar skálds (1895–1964), Matthíasar Jochumssonar sálmaskálds (1835–1920) og katólska prestsins Jóns Sveinssonar, Nonna (1857–1944), sem skrifaði flestar bækur sínar á þýsku.

**áður fyrr** in früheren Zeiten

**afreksmaður** m.22 (-manni, -manns, -menn) Held; Künstler

**ágætlega** adv. gut, ausgezeichnet

**almennur** adj.1 (-menn, -mennt; -(a)ri, -astur) allgemein

**annast** vt.4 (med.) (annaðist, annast) pflegen; besorgen; **annast vörslu e-s** etwas hüten

**bindi** n.48 (-, -s, -) Band (Buch); Krawatte

**bygging** f.24 (-u, -ar, -ar) Bau, Bauwerk; Gebäude

**byggja** vt.2 (byggði, byggt) bauen

**einstakur** adj.1 (-stök, -stakt; -ari, -astur) einzelner; einzeln

**engu að síður** trotzdem

**Eyjafjöll** n.pl.47 Berge in Südisland

**fornminjar** f.pl.28 Altertümer

**fremur** adv. ziemlich

**fróðlegur** adj.1 (-leg, -legt; -(a)ri, -astur) lehrreich, interessant

**fræðsla** f.55 (-u, ohne pl.) Unterricht, Belehrung

**frægur** adj.1 (fræg, frægt; -(a)ri, -astur) berühmt

**geyma** vt.2 (geymdi, geymt) aufbewahren

**grennd** f.29 (-, -ar, ohne pl.) Nähe, Nachbarschaft, Umgebung

**hákarlaskip** n.43 (-i, -s, -) Haifangschiff

**hákarlaveiði** f.57 (-, -ar) Haifang

**handrit** n.43 (-i, -s, -) Manuskript

**háskóli** m.51 (-a, -ar) Universität

**helga** vt.4 (helgaði, helgað) widmen

**héraðssafn** n.47 (-, -s, -söfn) Regionalmuseum

**Hrútafjörður** m.14 (-firði, -fjarðar) Fjord in Westisland

**hugur** m.8 (-i, -ar, -ir) Gedanke, Sinn, Geist, Gemüt, Mut, Interesse

**Húnaflói** m. 51 (-a, -ar) Bucht im nordwestlichen Island
**katólskur** adj. 1 (katólsk, katólskt; -ari, -astur) katholisch
**koma í hug** einfallen
**kynslóð** f. 29 (-, -ar, -ir) Generation
**Landsbókasafn** n. 47 (-i, -s, -söfn) Nationalbibliothek
**líða** vi. abl. 1 (leið, liðum, liðið) vergehen (Zeit)
**listasafn** n. 47 (-i, -s, -söfn) Kunstmuseum
**lýðveldi** n. 48 (-, -s, -) Republik
**málverkasafn** n. 47 (-i, -s, -söfn) Galerie, Gemäldemuseum
**minning** f. 24 (-u, -ar, -ar) Erinnerung; Andenken
**munur** m. 9 (-, -ar, -ir) Unterschied; pl. **munir** Sachen, Gegenstände
**Nonni** m. 51 (-a) Eigenname; Kosename für Jón
**Ófeigur** m. 8 (-i, -s, -ir) Eigenname, eigentl. »der Unsterbliche«
**prestur** m. 1 (-i, -s, -ar) Pfarrer, Priester
**reykur** m. 10 (-, -jar, -ir) Rauch; **Reykir** pl. Ortsname in Westisland
**rúma** vt. 4 (rúmaði, rúmað) enthalten; fassen; Platz haben für (Zimmer, Koffer usw.)
**safn** n. 47 (-i, -s, söfn) Museum
**sálmaskáld** n. 43 (-i, -s, -) Psalmendichter
**samband** n. 47 (-i, -s, -bönd) Verbindung; **í sambandi við** im Zusammenhang mit
**í senn** adv. gleichzeitig
**sérflokkur** m. 1 (-i, -s, -ar) spezielle Gruppe
**sérsafn** n. 47 (-i, -s, -söfn) Spezialmuseum
**sjóminjasafn** n. 47 (-i, -s, -söfn) Meeresmuseum, Seefahrtsmuseum
**skáld** n. 43 (-i, -s, -) Dichter
**Skógar** m. pl. 1 Ortsname in Südisland, eigentl. »Wälder«
**skógur** m. 1 (-i, -ar, -ar) Wald
**starf** n. 47 (-i, -s, störf) Arbeit, Beschäftigung, Tätigkeit; Beruf
**stofnun** f. 31 (-, -ar, -anir) Gründung; Institut
**Strandir** f. pl. 30 Name der Küste in der Provinz Strandasýsla im westlichen Island
**t. d. = til dæmis** z. B. zum Beispiel
**tiltölulega** adv. ziemlich

**varðveita** vt. 2 (-veitti, -veitt) aufbewahren, bewahren
**varsla** f. 58 (vörslu, ohne pl.) Aufbewahrung
**víða um land** an vielen Stellen des Landes
**vísindamaður** m. 22 (-i, -s, -menn) Wissenschaftler
**Þjóðskjalasafn** n. 47 (-i, -s, -söfn) Nationales Dokumentarchiv, Nationales Dokumentmuseum

20. A. **Übersetzen Sie ins Isländische**

Das Haus des Mannes hat ein rotes Dach. Die Häuser der Männer haben große Fenster (**gluggi** m. 51). Der Sohn des Mannes arbeitet in der Fabrik. Das Auto des Vaters ist grün. Die Fenster des Hauses sind ziemlich klein. Das Buch des Lehrers ist auf dem Tisch. Die Universität Islands ist in Reykjavík, der Hauptstadt des Landes. Dort sind auch die meisten Museen des Landes. Der Hof des Bauern ist in der Nähe des Dorfes. Die Waren des Kaufmannes sind gut. Das Haus des berühmten Dichters ist jetzt Museum. Der Brief des Vaters kam zu spät. Die Reise der Kaufleute ging (**var**) nach Island. Die Gegenstände der Museen bleiben für kommende Generationen erhalten. Der Dichter ist der berühmteste Mann des Jahrhunderts (**öld,** f. 30).

20. B. Setzen Sie die im Genitiv stehenden Wörter in die entsprechende Form im Sg. und Pl. mit dem bestimmten Artikel[1]:

1. Bíll **manns** stendur við hús **konu**. 2. Faðir **drengs** vinnur í verksmiðju. 3. Þak **húss** er rautt. 4. Myndir **listamanns** eru fallegar. 5. Bók **skálds** er mikið lesin. 6. Veiði **bónda** var mikil. 7. Bygging **safns** er ný. 8. Verk **dags** er erfitt. 9. Sonur **smiðs** er duglegur nemandi. 10. Sími **móður** svarar ekki. 11. Veggir **herbergis** eru háir. 12. Söngur **dóttur** heyrist um allt húsið. 13.

1 Die im Genitiv stehenden Wörter sind fett gedruckt. Zu beachten ist, daß diese Sätze erst dann normal klingen, wenn die im Genitiv stehenden Wörter den Artikel erhalten haben.

Garður **sonar** er lítill. 14. Kálfur **kýr** er svartur. 15. Lömb **ær** eru lítil.

## 21.

Konjunktiv der Hilfsverben (2.6.3). Gebrauch des Konjunktivs in Nebensätzen (3.5.1). Wortfolge bei vorangestelltem Nebensatz (3.6.4).

Ég vona, að hann sé heima. Þú vonar, að hann hafi bókina. Hann vonar, að þú verðir ekki veikur. Hún vonar, að við séum tilbúin til að leggja af stað. Hann telur, að það muni taka langan tíma. Þó að veðrið væri ekki gott, var vegurinn yfir heiðina samt ágætlega fær. Þótt lítill tími sé til ráðstöfunar, mun honum samt takast að ljúka verkinu í tæka tíð. Ef hann yrði heima, mundum við geta talað um þetta mál. Hann mundi koma, ef mögulegt væri. Enda þótt Jóhann muni langa til að fara, er ekki víst, að það sé hægt. Ég mundi ekki trúa því, þótt mér væri sagt það. Þótt Einar verði ekki heima, get ég samt látið bréfið í póstkassann. Hann álítur, að þið séuð ekki of sein. Þið vonið, að áætlunin muni heppnast, en ég tel það vafasamt. Síminn hringdi, þótt enginn væri heima. Útvarpið sendi tilkynningu um eldgosið og jarðskjálftann, svo að fólk væri tilbúið að yfirgefa bæinn, ef nauðsynlegt yrði. Íslenskur málsháttur segir, að enginn verði verri, þótt hann vökni.

**álíta** vt. abl. 1 (áleit, álitum, álitið) meinen, dafürhalten

**áætlun** f. 31 (-, -ar, -anir) Plan; Schätzung

**eldgos** n. 43 (-i, -goss, -) Vulkanausbruch

**fær** adj. 1 (fær, fært; -ari, -astur) befahrbar

**heiði** f. 25 (-, -ar, -ar) Heide, Hochebene

**heppnast** vt. 4 (med.) (heppnaðist, heppnast) gelingen

**hægt** adv. möglich

**jarðskjálfti** m. 51 (-a, -ar) Erdbeben

**langa** vt. 4 (langaði, langað) wollen, wünschen; **langa til e-s** mögen; Lust zu etwas haben

**láta** vt. abl. 7 (lét, létum, látið) lassen; hinlegen; legen, stellen

**mál** n. 43 (-i, -s, -) Sache, Sachverhalt; Sprache

**mögulegur** adj. 1 (-leg, -legt; -(a)ri, -astur) möglich

**nauðsynlegur** adj. 1 (-leg, -legt; -(a)ri, -astur) notwendig

**póstkassi** m. 51 (-a, -ar) Postkasten

**ráðstöfun** f. 33 (-, -ar, -anir) Ordnung, Maßnahme; **til ráðstöfunar** zur Verfügung

**seinn** adj. 5 (sein, seint; seinni, seinastur) spät

**taka langan tíma** lange Zeit beanspruchen

**takast** vt. abl. 6 (med.) (tókst, tókumst, tekist) gelingen; **takast e-ð á hendur** etwas unternehmen

**tilbúinn** adj. 4 (tilbúin, tilbúið; -ari, -astur) bereit

**tilkynning** f. 24 (-u, -ar, -ar) Mitteilung, Meldung, Bekanntmachung

**útvarp** n. 47 (-i, -s, -vörp) Rundfunk, Rundfunkgerät

**vafasamt** adv. zweifelhaft

**vafasamur** adj. 1 (-söm, -samt; -ari, -astur) zweifelhaft

**vegur** m. 12 (-i, -ar (-s), -ir) Weg, Straße; Ausweg, Möglichkeit

**verri** adj. komp. von **illur** oder von **vondur** oder **slæmur**

**víst** adv. sicher

**vona** vt. 4 (vonaði, vonað) hoffen

**vökna** vi. 4 (vöknaði, vöknað) naß werden

**vökni** konj. von **vökna**

**yfirgefa** vt. abl. 4 (-gaf, -gáfum, -gefið) verlassen

## 21. A. Übersetzen Sie ins Isländische

Obwohl er zu Hause ist, ist er nicht krank. Er würde kommen, wenn es nur möglich wäre. Wenn er gekommen wäre, hätten wir Zeit gehabt, nach Reykjavík zu fahren. Er meint, daß Jón nicht gekommen ist. Sie hofft, daß ihr noch Zeit genug habt. Obwohl

Einar kommen würde, können wir nicht hoffen, daß der Plan gelingen wird. Wir wären froh, wenn das Wetter gut bleibt (bliebe). Wenn ein Vulkanausbruch beginnen sollte, ist alles bereit, um die Stadt schnell verlassen zu können. Ich meine, daß es zu spät geworden ist. Meinst du, daß es nicht zu früh ist? Wenn es notwendig wäre, würde er doch kommen.

21.B Setzen Sie die in Klammern stehenden Hilfsverben in die entsprechende Konjunktivform.

1. Ef tími (vera) nógur, mundi hægt að gera mikið. 2. Þó að langt (vera) til strandar, má samt sjá sjóinn úr fjarska. 3. Hann mundi koma, ef veðrið (verða) gott. 4. Enda þótt þetta (vera) erfitt, er ekki ástæða til að kvarta. 5. Þótt ég (hafa) bílinn, get ég ekki komið strax. 6. Hann vonar, að þú (hafa) tíma. 7. Við álítum, að enn (vera) nógur tími. 8. Þú mundir hafa komið, ef við (hafa) verið heima. 9. Ég taldi, að það (verða) að fara gætilega. 10. Hann taldi vafasamt, hvort hann (verða) heima. 11. Húsin yrðu fallegri, ef þökin (vera) máluð. 12. Þið vonið, að þeir (munu) koma. 13. Þeir álíta, að enn (vera) von. 14. Við væntum þess, að þetta (verða) svona. 15. Hann hleypur og vonar, að strætó (munu) bíða augnablik.

## 22.

Imperativ und Konjunktiv von starken und schwachen Verben (2.6.6, 2.6.7, 2.6.15, 2.6.17). Gebrauch des Konjunktivs (3.5.1). Allgemeines zur Wortreihenfolge (3.6.0–3.6.6).

Þó að hann fari í kvöld, kemur hann ekki til Akureyrar fyrr en á morgun. Væri hann tilbúinn, gætum við farið strax af stað. Komi hann snemma, verður nógur tími. Þó að við hefðum tíma, gætum við ekki lokið öllu fyrir lokun verslananna. Þó að þú lesir skáldsöguna, er ekki víst, að þér takist að skilja hugsun skáldsins.

Sendu mér bókina, svo að ég geti lesið hana. Hringdu í Jón, ef hann skyldi vera heima.

Þó að Ísland liggi norðarlega, er það ekki heimskautaland. Að vísu eru til jöklar, og sumur eru ekki mjög heit, en vetur eru heldur ekki mjög kaldir. Það heyrir til undantekninga, að hafnir frjósi á Íslandi og með öllu er óþekkt, að Íslendingar byggi hús úr snjó og klaka. Ísbirnir og önnur dýr pólarsvæðanna eru einnig óþekkt á Íslandi. Að vísu kemur fyrir, að ís liggi landfastur um tíma við strendur landsins, en það er samt fágætt og skeður varla oftar en á þrjátíu ára fresti. Þvert á móti þá hefur Ísland ótrúlega margt, sem fullyrða má, að ferðamenn sjái aðeins þar. Sumarfegurð í sveitum og á hálendi landsins er næsta ótrúleg. Auk þess er til landslag eins og t. d. hraunin, sem hvergi er hægt að sjá nema þar. Þegar allt kemur til alls, má segja, að það kaldasta við Ísland sé nafn landsins, sem Hrafna-Flóki gaf landinu, þegar hann yfirgaf það með mönnum sínum nálægt árinu 870, áður en landið var numið.

**dýr** n. 43 (-i, -s, -) Tier

**fágætur** adj. 1 (-gæt, -gætt; -ari, -astur) selten

**fara af stað** aufbrechen, sich auf den Weg begeben

**fegurð** f. 23 (-, -ar, ohne pl.) Schönheit

**frestur** m. 8 (-i, -s, -ir) Frist, Aufschub; **á 30 ára fresti** alle 30 Jahre

**frjósa** vi. abl. 2 (fraus, frusum, frosið) frieren; zufrieren

**hálendi** n. 48 (-, -s, -) Hochebene

**heimskautaland** n. 47 (-i, -s, -lönd) Polarland

**heitur** adj. 1 (heit, heitt; -ari, -astur) warm, heiß

**heyra** vt. 2 (heyrði, heyrt) hören; **heyra til e-s** jemanden hören; zu etwas zählen (gehören)

**hraun** n. 43 (-i, -s, -) Lava, Lavafeld

**hugsun** f. 31 (-, -ar, -anir) Gedanke

**hvergi** adv. nirgends

**höfn** f. 30 (-, hafnar, hafnir) Hafen

**ís** m. 1 (-, íss, ísar) Eis; **ísar** pl. Eisdecke

**ísbjörn** m. 14 (-birni, -bjarnar, -birnir) Eisbär

**jökull** m. 2 (-kli, -uls, -klar) Gletscher
**kaldur** adj. 1 (köld, kalt; -ari, -astur) kalt
**klaki** m. 51 (-, -ar) Eis
**koma fyrir** vorkommen
**landfastur** adj. 1 (-föst, -fast; -ari, -astur) landfest
**liggja** vi. abl. 5 (lá, lágum, legið) liegen
**lokun** f. 31 (-, -ar, -anir) Schließung; Verschließen; **lokun verslana** Geschäftsschluß
**með öllu** gänzlich, absolut
**nálægur** adj. 1 (-læg, -lægt; -ari, -astur) nahe, nahe gelegen; **nálægt árinu 870** um das Jahr 870
**nema** vt. abl. 4 (nam, námum, numið) lernen; nehmen; **nema land** Land besiedeln (bewohnen, nehmen)
**norðarlega** adv. im Norden; nördlich
**næsta** adv. fast, beinahe
**ótrúlega** adv. unglaublich
**óþekktur** adj. 1 (óþekkt, óþekkt; -ari, -astur) unbekannt
**pólarsvæði** n. 48 (-, -s, -) Polarregion
**skáldsaga** f. 58 (-sögu, -sögur) Roman
**ske** vi. 1 (präs. skeður; skeði, skeð) geschehen
**skilja** vt. 1 (skildi, skilið) verstehen
**snemma** adv. früh
**sumarfegurð** f. 23 (-, -ar, ohne pl.) Sommerschönheit, schöner Sommer
**undantekning** f. 24 (-u, -ar, -ar) Ausnahme
**varla** adv. kaum
**þegar allt kemur til alls** zusammenfassend, kurz gesagt
**þver** adj. 1 (þver, þvert; -ari, -astur) quer; **þvert á móti** im Gegenteil

## 22. A. Übersetzen Sie ins Isländische

Wenn er heute käme, könnten wir unsere Arbeit beenden. Obwohl es heute bedeckt ist, glaube ich kaum, daß es regnen wird. Er meint, daß Jón heute fahren wird. Ich glaube, daß ihr noch genug Zeit habt. Obwohl Island weit im Norden liegt, ist es dort nicht sehr kalt. Nimm das Buch jetzt mit, damit du es nicht vergißt (**gleyma** vt. 2). Wenn er mir das gesagt hätte, hätte ich nicht fragen müssen. Frag ihn, ob er kommen wird. Sag ihm, daß er nicht zu kommen braucht. Ich hoffe, daß du kommen willst. Jón hofft, daß sie kommen kann. Der Sommer ist schön gewesen, obwohl es im Juli viel geregnet hat. Wenn du deine Arbeit nicht so spät beendet hättest, hätten wir noch Zeit gehabt, um in die Stadt zu fahren. Frag ihn, ob du das machen darfst.

22. B. Ersetzen Sie die einfachen Imperativformen durch die entsprechenden Formen mit dem nachgestellten Pronomen.

1. Seg honum að bíða ekki lengi. 2. Far ekki aleinn. 3. Send eftir mér. 4. Haf allt saman með. 5. Tak bókina líka með. 6. Hring í hann. 7. Bíð eftir þeim. 8. Lát okkur ekki standa hér. 9. Send bókina með pósti. 10. Brjót ekki blaðið saman.

22. C. Setzen Sie die in Klammern stehenden Verben in die entsprechende Konjunktivform.

1. Hann álítur, að enn (verða) nóg að gera í tvær vikur. 2. Ef hann (fara), (koma) hann í fyrramálið til Akureyrar. 3. Þó að vatnið (frjósa), er ísinn ekki heldur fyrr en eftir nokkra daga. 4. Hún vonar, að ekki (vera) enn orðið of seint. 5. Spurðu hann, hvort hann (ætla) að bíða. 6. Ég vænti þess, að þeir (bíða). 7. Það er ótrúlegt að þeir (geta) beðið svo lengi. 8. Ég efast um, að girðingin (standa) eftir veðrið. 9. Enda þótt þú (leita), muntu ekki finna neitt. 10. Jón vonaði, að þetta (vera) nú samt ekki satt.

## 23.

Das Medium (2.6.11, 2.6.12). Übersicht über die Adverbien (2.8.0, 2.8.1) und die Konjunktionen (2.9.0).

Þau hafa skrifast á í langan tíma, en við skrifumst sjaldan á. Áður fyrr skrifuðumst við oftar á, en með árunum hefur það orðið æ sjaldnar. Ég óttast, að bréfið komist ekki í tæka tíð á áfangastað. Þeir heilsuðust á bryggjunni og glöddust yfir því að hittast eftir margra ára fjarveru. Hann þykist aldrei hafa tíma til neins. Guðrún og Benedikt ferðast á hverju ári til útlanda, en þau ferðuðust aldrei neitt, áður en þau giftust. Hún sagðist varla hafa tíma til að búast til ferðar. Jón taldi, að verkið hlyti að heppnast, en það reyndist of mikil bjartsýni, því að verkið heppnaðist aðeins að nokkru leyti. Jóhann kvaðst hafa verið seinn, því að svo mikið væri að gera, að ekki tækist alltaf að ná strax í strætisvagninn. Einar dáðist að öllu, sem var að sjá í borginni. Þú hefur tíma til að setjast niður augnablik, meðan við spjöllum saman yfir kaffibolla. Við settumst inn á veitingahús og fengum okkur snarl, en þar höfðum við mælt okkur mót, svo að við færumst ekki á mis. Það hefur ekkert frést af ferðalöngunum. Okkur leiddist aldrei, þegar við hömuðumst í vinnunni. Það er naumast við að búast, að þeim finnist veðrið gott til að ferðast. Gunnar hefur elst mikið síðasta ár. Þið reynið að hnýsast í smáatriðin, þegar tækifæri gefst.

**áfangastaður** m. 12 (-, -ar, -ir) Reiseziel

**bjartsýni** f. 57 (-, ohne pl.) Optimismus

**bryggja** f. 56 (-u, -ur) Anlegebrücke, Kai

**búast** vi. abl. 7 (bjóst, bjuggumst, búist) erwarten; **búast til e-s** sich auf etwas vorbereiten

**dást** vi. 2 (dáðist, dáðst) bewundern; **dást að e-u** etwas bewundern

**eldast** vi. 3 (eltist, elst) älter werden

**fá** vt. abl. 7 (fékk, fengum, fengið) bekommen, sich verschaffen; **fá sér e-ð að borða** etwas zum Essen bestellen (kaufen)

**farast** vi. abl. 6 (fórst, fórumst, farist) untergehen; **farast á mis** sich verfehlen

**fjarvera** f. 55 (-u, -ur) Abwesenheit

**frétta** vt. 2 (frétti, frétt) erfahren; hören; **fréttast** (med.) sich verbreiten (Nachricht); Nachricht erhalten
**gefast** sich ergeben
**giftast** vi. 2 (giftist, gifst) heiraten
**gleðjast** vi. 1 (gladdist, glaðst) sich freuen
**hamast** vi. 4 (hamaðist, hamast) sich anstrengen; sich unartig benehmen; rasen, toben
**heilsast** vi. 4 (heilsaðist, heilsast) sich begrüßen
**hittast** vi. 2 (hittist, hist) sich treffen
**hlyti** konj. impf. von **hljóta** vt. abl. 2 müssen
**hnýsast** vi. 3 (hnýstist, hnýst); **hnýsast í** nachforschen
**kveðast** vi. abl. 5 (kvaðst, kváðumst, kveðist) sagen, behaupten
**leiðast** vi. 2 (leiddist, leiðst) sich langweilen
**leyti** n. 48 (-, -s); **að nokkru leyti** zum Teil
**mót** n. 43 (-i, -s, -) Treffen, Zusammenkunft
**mæla** vt. 2 (mælti, mælt) sagen; **mæla sér mót** ein Treffen vereinbaren
**ná** vt. 2 (präs. næ; náði, náð) erreichen; **ná í strætó** den Bus erreichen
**naumast** adv. kaum
**óttast** vi. 4 (óttaðist, óttast) sich fürchten, bangen
**reynast** vi. 2 (reyndist, reynst) sich erweisen; sich bewähren; sich behaupten
**segjast** vi. 3 (sagðist, sagst) sagen
**síðastur** adj. sup. (komp. síðari) der letzte
**sjaldan** adv. (sjaldnar, sjaldnast) selten
**skrifast á** vt. 4 (skrifaðist, skrifast) korrespondieren, im Briefwechsel stehen
**spjalla** vi. 4 (spjallaði, spjallað) sich unterhalten, plaudern; **spjalla saman** sich unterhalten
**tíð** f. 29 (-, -ar, -ir) Zeit; Wetter; pl. **tíðir** Menstruation
**tækifæri** n. 48 (-, -s, -) Gelegenheit
**tækur** adj. 1 (tæk, tækt; -ari, -astur) annehmbar, zugelassen; **í tæka** tíð zur rechten Zeit
**veitingahús** n. 43 (-i, -húss, -) Restaurant, Gasthaus
**þykjast** vi. 2 (þóttist, þóst) sich einbilden, sich vorstellen
**æ** adv. immer, stets

## 23. A. **Übersetzen Sie ins Isländische**

Wir können uns morgen in der Stadt treffen. Die Arbeit wird ihnen gut gelingen. Er sagte, daß er es versuchen wollte. Du hast genug Zeit, um dich einen Moment hinzusetzen und eine Tasse Kaffee zu trinken. Jón und Guðrún reisen häufig nach Deutschland. Sie haben im letzten Jahr geheiratet. Es gelang ihm, das Schiff vor der Abreise (**brottför** f. 30) zu erreichen. Es ist kaum zu erwarten, daß er heute kommen kann. Ich fürchte, daß der Bus abgefahren ist. Je länger wir leben desto älter werden wir. Mit jedem Jahr kommt ein Jahr hinzu (**bætast við** hinzukommen). Ich glaube, daß es dir gelingt.

23. B. Setzen Sie die medialen Verben ins Imperfekt und ins Perfekt.

1. Við búumst til ferðar. 2. Þið ferðist daglega. 3. Hann kveðst koma brátt. 4. Sumarið styttist með hverjum degi. 5. Við hittumst í borginni. 6. Mennirnir heilsast við dyrnar. 7. Hann segist vera tilbúinn. 8. Hún óttast að koma seint. 9. Þeir skrifast á einu sinni í mánuði. 10. Hann dáist að þessu öllu. 11. Þú þykist aldrei hafa tíma. 12. Það fréttist ekkert af honum enn. 13. Mér leiðist aldrei. 14. Tækifæri gefst örugglega til að hugsa um þetta. 15. Þetta tekst örugglega vel.

## 24.

Ausdruck des unpersönlichen Subjekts (3.3.1). Präpositionen (2.7.0). Elemente der Wortbildungslehre (4.1.0–4.2.0).

## Veður

Á Íslandi, einkum á suðvesturhluta landsins, er veður oft óstöðugt. Ástæðan til þess er sú, að Ísland liggur á eðlilegri leið lægðanna, sem koma frá Labrador og suðurhluta Grænlands og stefna til meginlands Evrópu. Það rignir í suðvestanátt, því að hafgolan losar regnið, áður en hún fer yfir hálendið norður á bóginn. Á norðurhluta landsins rignir því minna og veður er þar eitthvað stöðugra. Áður en það byrjar að rigna, dregur upp ský og það verður skýjað. Veðurglöggir menn geta nokkuð sagt fyrir um veður eftir því, hvernig hann dregur upp á sig. Það myndast stundum þoka í dölum og á heiðum og á veturna frýs hún stundum við jörðina, ef hitastig er undir frostmarki. Slíkt nefnist hrím og sagt er, að það hrími. Á veturna kemur stundum hríð. Ef það snjóar aðeins stuttan tíma, er talað um byl á líkan hátt og rigning, sem stendur stutt er kölluð skúr eða regnskúr. Ef frost er talsvert, er snjór á jörðu líkt og hveiti og rýkur eða fýkur í minnsta vindgusti. Nefnist það skafrenningur eða neðanhríð til aðgreiningar frá venjulegri hríð eða ofanhríð. Snjór liggur sjaldan lengi á jörðu á Íslandi. Hláka kemur alltaf við og við og bráðna þá snjór og klaki fljótt. Þá er sagt, að það hláni. Ef djúp lægð er við landið, getur hvesst töluvert. Er þá talað um rok, storm eða hvassviðri. Lítils háttar vindgustur nefnist andvari eða gola, en ef það golar ekki og kyrrð er í lofti, er það kallað logn. Á Íslandi er yfirleitt hvorki mikill hiti né mikill kuldi, heldur er þar úthafsloftslag þar, sem munur á mesta og minnsta hitastigi er fremur lítill. Veðurstofa Íslands sendir út veðurspá oft á dag og spáir um veðurhorfur fyrir landið og miðin umhverfis.

**Bemerkung:** Zu beachten ist, daß das unpersönliche Subjekt það »es« bei Verben, die das Wetter bezeichnen, nicht in Fragesätzen nach dem Verb stehen kann, z. B.: **það rignir** »es regnet«. In Fragesätzen steht entweder das Verb allein **rignir**? »regnet es?« oder das unpersönliche Subjekt **hann** (bei Verben, die solches Subjekt nehmen können) wird eingeführt: **rignir hann**? »regnet es?« Wenn keine Änderung der Wortreihenfolge im Fragesatz erfolgt, kann **það** allerdings im Fragesatz auch stehen: **það rignir?** »es regnet?«

**aðgreining** f. 24 (-u, -ar, ohne pl.) Unterscheidung
**andvari** m. 51 (-a, ohne pl.) leiser Wind; Wachsamkeit
**ástæða** f. 55 (-u, -ur) Grund, Ursache
**bógur** m. 1 (-i, -s, -ar) Bug; **norður á bóginn** nordwärts, in nördlicher Richtung
**bráðna** vi. 4 (bráðnaði, bráðnað) schmelzen
**bylur** m. 10 (-, -jar, -jir) Schneesturm
**dalur** m. 9 (-, -s, -ir) Tal
**djúpur** adj. 1 (djúp, djúpt; dýpri, dýpstur) tief
**draga** vt. abl. 6 (dró, drógum, dregið) ziehen; **það dregur upp ský** Wolken ziehen auf den Himmel; **eftir því hvernig hann dregur upp á sig** je nach dem wie die Wolken am Himmel sich gestalten
**eðlilegur** adj. 1 (-leg, -legt; -(a)ri, -astur) natürlich
**einkum** adv. insbesondere, vor allem
**fjúka** vi. abl. 2 (präs. fýk; fauk, fukum, fokið) aufwirbeln, wegwehen; fliegen
**frost** n. 43 (-i, -s) Frost
**frostmark** n. 47 (-i, -s, -mörk) Gefrierpunkt
**gola** f. 55 (-u, ohne pl.) Brise
**gola** vi. 4 (golaði, golað); **það golar** eine Brise kommt auf
**Grænland** n. 47 (-i, -s) Grönland
**hafgola** f. 55 (-u, -ur) Meeresbrise
**hitastig** n. 43 (-i, -s, -) Temperatur
**hiti** m. 51 (-a, -ar) Wärme, Hitze; Fieber; pl. **hitar** Wärmeperiode
**hláka** f. 55 (-u, ohne pl.) Tauwetter
**hlána** vi. 4 (hlánaði, hlánað) tauen
**hríð** f. 23 (-, -ar, -ar) Schneesturm; Zeitspanne
**hrím** n. 43 (-i, -s, ohne pl.) Rauhreif
**hríma** vt. 4 (hrímaði, hrímað); **það hrímar** es bildet sich Rauhreif
**hvassviðri** n. 48 (-, -s, -) stürmisches Wetter, Sturmböen
**hveiti** n. 48 (-, -s, ohne pl.) Weizen
**hvessa** vi. 3 (hvessti, hvesst) windig werden; vt. **hvessa**

**augun (augum) á e-ð** etwas scharf ansehen
**kuldi** m. 51 (-a, -ar) Kälte; pl. **kuldar** Kälteperiode
**kyrrð** f. 29 (-, -ar, -ir) Ruhe
**liggja** vi. abl. 5 (lá, lágum, legið) liegen
**lítils háttar** ein wenig, ein bißchen
**logn** n. 43 (-i, -s, ohne pl.) Windstille
**losa** vt. 4 (losaði, losað) befreien; lockern; **losa regnið** den Regen loslassen
**lægð** f. 29 (-, -ar, -ir) Tiefdruckkern, Tiefdruckgebiet
**meginland** n. 47 (-i, -s, -lönd) Festland
**minna** adj. komp. von **lítill** (2.3.5) kleiner
**mynda** vt. 4 (myndaði, myndað) photographieren, abbilden; **myndast** (med.) sich bilden, entstehen
**ofanhríð** f. 23 (-, -ar, -ar) Schneesturm (von oben, d. h. vom Himmel)
**óstöðugur** adj. 1 (-ug, -ugt; -(a)ri, -astur) instabil
**neðanhríð** f. 23 (-, -ar, -ar) Schneesturm (von unten)
**regnskúr** m. 9 (-, -s, -ir) Regenschauer
**rjúka** vi. abl. 2 (präs. rýk; rauk, rukum, rokið) dampfen; rauchen; fliegen; stöbern, stieben (Schnee)
**rok** n. 43 (-i, -s, ohne pl.) Sturm
**segja fyrir** voraussagen
**skafrenningur** m. 1 (-i, -s, -ar) das Stöbern von Schnee
**skúr** m. 9 (-, -s, -ir) Schauer; kleine Hütte
**ský** n. 44 (-i, -s, -) Wolke
**skýjaður** adj. 1 (skýjuð, skýjað; -ðri, -astur) bewölkt, wolkig, bedeckt
**spá** vt. 2 (spáði, spáð) voraussagen
**stefna** vt. 3 (stefndi, stefnt) in eine Richtung steuern, steuern
**stöðugur** adj. 1 (-ug, -ugt; -ri, -astur) stabil
**stormur** m. 1 (-i, -s, -ar) Sturm
**suðurhluti** m. 51 (-a, -ar) südlicher Teil
**suðvestanátt** f. 29 (-, -ar, -ir) südwestliche Richtung; Wind aus südwestlicher Richtung
**suðvesturhluti** m. 51 (-a, -ar) südwestlicher Teil
**tala** vt. 4 (talaði, talað) sprechen; **tala um e-ð** über etwas sprechen
**töluvert** adv. ziemlich viel

**umhverfis** präp. mit akk. rings um

**úthafsloftslag** n. 47 (-i, -s, ohne pl.) ozeanisches Klima

**veðurglöggur** adj. 1 (-glögg, -glöggt; -gleggri, -gleggstur) wetterfühlig

**veðurhorfur** f. pl. 34 Wetteraussichten

**veðurspá** f. 23 (-, -spár, -spár) Wettervorhersage

**veðurstofa** f. 55 (-u, -ur) meteorologisches Institut, Wetteramt

**við og við** ab und zu

**vindgustur** m. 8 (-i, -s, -ir) kleiner Wind

**þoka** f. 55 (-u, -ur) Nebel

## 24. A. Übersetzen Sie ins Isländische

Wenn es draußen regnet und windig ist, bleiben wir besser drin im Hause und lesen gute Bücher. Gestern hat es viel geregnet und dann begann ich einen Roman von Halldór Kiljan Laxness zu lesen. Dieser Roman heißt »Salka Valka« und ist einer der berühmtesten, den er je geschrieben hat. Wir hoffen, daß es morgen nicht frieren wird. Bei Frost müssen wir uns gut anziehen (**klæðast** vt. 2). Das Schiff ist in einem großen Sturm untergegangen. Es wird wolkig, und es könnte bald (**bráðum**) regnen oder schneien.

24. B. Setzen Sie die in Klammern stehenden Wörter in die richtige Kasusform nach der Präposition.

1. Boltinn fór í gegnum (glugginn). 2. Þeir töluðu um (þessi maður). 3. Við búumst við (allt illt). 4. Hann gerir girðingu umhverfis (garðurinn). 5. Hann hljóp yfir (brúin). 6. Bílinn fór til (bærinn). 7. Börnin eru hjá (faðir sinn). 8. Ég kom með (þeir). 9. Af (hvað) býstu við (þetta)? 10. Hver býr í (þetta hús)? 11. Jón gengur meðfram (vegurinn). 12. Hver býr handan (áin)? 13. Ég set bókina á (borðið). 14. Bókin liggur á (borðið). 15. Ég fer án (hann). 16. Auk (mikil vinna) varð hann að byggja sér hús. 17. Sakir (erfiðar aðstæður) gat ég ekki komið. 18. Ljósið hangir yfir

(borðið). 19. Flugvélin flýgur yfir (borgin). 20. Vestan (húsið) stendur stórt tré. 21. Ég stend á milli (þessir tveir menn). 22. Hann kom vegna (börnin). 23. Meðal (annað) er hægt að hugsa sér. 24. Án (hjálp) get ég þetta ekki. 25. Hesturinn stendur hjá (dyrnar).

# Lesestücke

## a) Volksmärchen

Aus dem reichen Schatz isländischer Volksmärchen (þjóðsögur) werden hier zwei Episoden aus dem Leben des Gelehrten **Sæmundur Sigfússon** (1056–1133), **Sæmundur fróði** genannt, gewählt. Er war Pfarrer zu Oddi in der Provinz Rangárvallasýsla in Südisland. Er war der erste Isländer, der in Paris an der Sorbonne studiert hatte und von seinem außerordentlichen Wissen enthalten die isländischen Volksmärchen zahlreiche Erzählungen.

### 1. Sæmundur fróði fær Oddann

Þegar þeir Sæmundur, Kálfur og Hálfdán komu úr Svartaskóla, var Oddinn laus, og báðu þeir þá allir kónginn að veita sér hann. Kóngurinn vissi dável, við hverja hann átti, og segir, að sá þeirra skuli hafa Oddann, sem fljótastur verði að komast þangað. Fer þá Sæmundur undir eins og kallar á kölska og segir: »Syntu nú með mig til Íslands, og ef þú kemur mér þar á land án þess að væta kjóllafið mitt í sjónum, þá máttu eiga mig.« Kölski gekk að þessu, brá sér í selslíki og fór með Sæmund á bakinu. En á leiðinni var Sæmundur alltaf að lesa í Saltaranum. Voru þeir eftir lítinn tíma komnir undir land á Íslandi. Þá slær Sæmundur Saltaranum í hausinn á selnum, svo hann sökk, en Sæmundur fór í kaf og synti til lands. Með þessu varð kölski af kaupinu, en Sæmundur fékk Oddann.

## 2. Heyhirðingin

Einu sinni átti Sæmundur fróði mikið af þurri töðu undir, en rigningarlega leit út. Hann biður því allt heimafólk sitt að reyna að ná heyinu saman undan rigningunni.
Kerling ein var hjá honum í Odda mjög gömul, er Þórhildur hét. Prestur gengur til hennar og biður hana að haltra út á túnið og raka þar dreifar. Hún segist skuli reyna það, tekur hrífu og bindur á hrífuskaftsendann hettu þá, sem hún var vön að hafa á höfðinu, og skjöktir svo út á túnið. Áður en hún fór, segir hún við Sæmund prest, að hann skuli vera í garðinum og taka á móti heyinu; því vinnumennirnir verði ekki svo lengi að binda og bera heim. Prestur segist skuli fylgja ráðum hennar í því, enda muni þá best fara.
Þegar kerlingin kemur út á túnið, rekur hún hrífuendann undir hverja sátu, sem sætt var, og segir: »Upp í garð til Sæmundar.« Það varð að áhrínsorðum, því hver baggi, sem kerling renndi hrífuskaftinu undir með þessum ummælum, hvarf jafnóðum heim í garð. Sæmundur segir þá við kölska og ára hans, að nú sé þörf að duga að hlaða úr. Að skömmum tíma liðnum var allt heyið komið í garð undan rigningunni.
Á eftir sagði Sæmundur við kerlingu: »Eitthvað kannt þú, Þórhildur mín.« Hún segir: »Það er nú lítið og mestallt gleymt, sem ég kunni í ungdæmi mínu.«

## b) Das Leben in Island

**Grímsey** ist die nördlichste Gemeinde Islands. Im folgenden kurzen Beitrag erzählt der Gemeindevorsteher (hreppstjóri), wie das Leben dort sich gestaltet.

## 3. Að búa í Grímsey

Aflabrögð hafa verið ágæt, en tíðarfarið ekki eins gott og undanfarin sumur, en þá var einmunatíð, sagði hreppstjórinn í Grímsey í viðtali við Morgunblaðið fyrir skömmu. Bátar hafa ekki getað sótt eins mikið út á Stóragrunn og út á Kolbeinsey, en þar fæst yfirleitt stór og góður fiskur.

Héðan eru gerðir út 14 bátar, þar af fjórir dekkbátar, ellefu tonn hver. Á sumrin eru þeir gerðir út á handfæri, en á veturna eru flestar trillurnar settar á land og þá fara trillusjómennirnir yfir á stærri bátana, sem eru ýmist með línu eða net.

Fiskurinn er allur verkaður í salt og hefur það háð fiskverkuninni, að húsakynni hafa verið lítil og þröng. En nú er nýtt 300 fermetra saltfiskverkunarhús komið undir þak og bætir það alla aðstöðu í landi. Lítill fiskur hefur verið fluttur út á árinu, en nú er verið að meta hann allan og hann fer fljótlega.

Fuglinn hefur frekar aukist í eynni og síga menn eftir eggjum á vorin handa sjálfum sér og til að gefa kunningjum. Fuglaveiðar eru lítið stundaðar, en þó er ofurlítið háfaður lundi.

Í sumar hefur ofurlítið verið unnið við dýpkun hafnarinnar og viðgerðir hafa farið fram á steyptu plani við hafnargarðinn og fyrir framan fiskverkunarhúsin. Auk þess hefur nokkurt viðhald farið fram á hafnarmannvirkjum.

Flugfélag Norðurlands flýgur til Grímseyjar tvisvar í viku allt árið, en yfir sumarmánuðina er flogið þó nokkuð meira með ferðamenn. Í haust voru sett ljós á flugvöllinn. Þetta var mjög þörf framkvæmd, því að í skammdeginu mátti ekki fljúga á flugvöllinn nema þrjár eða fjórar klukkustundir, þannig að veruleg röskun varð á áætlunarflugi af þeim sökum. Yfir vetrarmánuðina kemur flóabáturinn Drangur tvisvar í mánuði, en á sumrin tvisvar í viku og er önnur ferðin meira hugsuð fyrir ferðamenn, svokölluð miðnætursólarferð.

Læknir kemur til eyjarinnar einu sinni í mánuði og hefur flugvél beðið eftir honum í þrjá eða fjóra tíma, en nú er sú skipan að komast, á, að hann hafi sólarhrings viðdvöl á eyjunni og er það mjög til bóta.
Íbúar í Grímsey eru tæplega 100 og hefur fjölgað á undanförnum árum. Þannig hafa 8 íbúðarhús verið byggð síðastliðin þrjú ár og byrjað verður á nýju húsi í vor.

Die meisten isländischen Dörfer sind Fischersiedlungen. Eine Arbeiterin in der Fischindustrie beschreibt ihre Arbeit und ihr Leben.

## 4. Að vinna við fisk er virkilega gaman

»Það er misjafnt, hve mikið er unnið, en þegar aflinn er mikill eins og í aflahrotunni í sumar er flest alla daga byrjað að vinna klukkan sjö á morgnana og til hálf ellefu á kvöldin. Þó er að jafnaði unnið til klukkan sjö á kvöldin. Í sumar var ekki unnið á laugardögum og sunnudögum, þ. e. í júlí og ágúst, en einn laugardaginn fengum við þó undanþágu frá yfirvinnubanninu, þegar alls ekki sást út úr aflanum.«
Við hvað vinnur þú helst? »Það er allt mögulegt, sem ég geri. Ég er við pökkun og vigtun á blokk á vélum, en hef verið mjög lítið við snyrtingu. Aftur mikið í öðru þar í kring.«
Hefurðu verið hér lengi? »Núna aðeins á annan mánuð í frystihúsinu, en hef aftur unnið í Sjóhúsinu Önnu á veturna við að setja upp net og gera að fiski, saltfiski og skreið.«
Hvernig kanntu við fiskvinnu? »Þetta er mikil vinna og geysilegt álag á manni, en það er ofsalega gaman. Ég held, að við hér séum allflestar þessarar skoðunar, þ. e. þessar reyndu, en það er erfitt fyrir þær ungu, en fyrir manndómsára stútungskerlingar er þetta virkilega gaman.« Hvernig gaman? »Andinn er hér afskaplega góður meðal okkar og þegar maður er kominn yfir það að þykja erfitt að sofna og vakna og eiga að fara að vinna strax aftur þá ertu

kominn á rétt stig. Það er í kringum átján-nítján ára og sumar komast upp á þetta fyrr.«

Er ekki erfitt að vinna svona lengi hvern dag með börn heima og bæði hjónin vinna úti? »Börnin mín eru orðin svo stór, tíu, ellefu og tólf ára, en það yngsta var fimm ára, þegar ég fór að vinna. Það kemur náttúrlega niður á krökkunum, þegar foreldrarnir eru báðir að vinna allan daginn. En ef við tökum t. d. mið af Reykjavík, þá er umferðin mjög lítil hér í bænum og börnin eru alltaf úti að leika sér, hvort sem maður er heima eða ekki.«

Er eitthvað til hér á vinnustaðnum, sem heitir karlmannsverk og kvenmannsverk? »Ja, ég held, að karlmönnum finnist það fyrir neðan sína virðingu að skera og snyrta fisk. Þeim finnst það einhvern veginn allt önnur vinna, en vinna að saltfiski og skreið. Einn veturinn fyrir um þremur árum unnu hér þrír karlmenn við að snyrta, að vísu fullorðnir karlmenn. Ungir karlmenn vilja þetta helst ekki.«

Hvað er með félagslíf á vinnustaðnum? »Á veturna hefur verið spiluð félagsvist hér í kaffisalnum einu sinni í mánuði á kvöldin. Og þá hefur þáttaka verið ágæt og hver hefur mátt bjóða þeim með sér, sem vilja. Frystihúsið hefur þá boðið upp á kaffi eða gos og meðlæti og góð verðlaun. Þessi kvöld hafa verið mjög skemmtileg. Á tveggja ára fresti hefur svo verið haldin árshátíð hjá frystihúsinu og þá hafa áhafnir bátanna, sem leggja upp hjá frystihúsinu, verið með. Í bænum eru svo fjöldinn allur af félögum með mikla félagsstarfsemi og þar má nefna leikfélagið, sem er að mínu áliti mjög gott.«

Ertu ánægð hér á Ólafsfirði, þ. e. með alla aðstöðu eða finnst þér eitthvað skorta hér á? »Ég veit ekki, hvort það væri nokkuð betra að vera annars staðar. Ég bjó í fjögur ár á Dalvík og þar er líka gott að vera. Í verslununum hér finnst mér yfirleitt gott vöruúrval. Ef maður er að leita að húsgögnum eða öðru, þá liggur leiðin til Akureyrar. En bráðnauðsynlegustu þjónustu skortir hér, svo sem tannlæknaþjónustu. Hér hefur enginn tannlæknir verið að staðaldri, en afskaplega margir leita suður til tannlækninga eða til Siglufjarðar. Það hefur verið mjög erfitt að komast að á Dalvík og enn erfiðara að komast að á Akureyri. Hér er verið að bæta tækjaaðstöðu, sem hér er fyrir tannlækningar og við verðum bara að vona, að tannlæknir fylgi svo með þeim nýja stóli. Ég veit, að þeir í bæjarstjórninni reyna, hvað þeir geta til að bjarga þessum málum. Læknar hafa verið hér í stuttan tíma hver í einu. En eitt væri afskaplega gott, að kæmi hér, en það eru einhverjir vinnumöguleikar fyrir gamalt fólk, sem ekki hefur lengur líkamsburði til að vinna í fiski. Það eru svo margir, sem ekki geta í rauninni unnið úti og hafa ekkert við að vera. Að vísu vantar hér einhverja létta útivinnu fyrir krakka á aldrinum ellefu til fjórtán ára. Þeir byrja margir þrettán ára í frystihúsinu, sem ættu reyndar alls ekki að vera við slíka vinnu, sem er erfið.«

En bæjarlífið? Eru ekki allir hér jafnir hver öðrum, ef það má reyndar orða það þannig? »Ég hef ekki búið á stærri stað og veit ekki, hvernig það er á þeim stöðum. Hingað kemur alltaf einn og einn og setur sig á háan hest, og þá er bara þaggað niður í honum. Hér þekkja allir alla og ég held, að aðkomufólki sé yfirleitt vel tekið.«

Er margt af aðfluttu fólki? »Já, það er þó nokkuð núna í seinni tíð og sem dæmi má nefna, að á stuttum tíma hafa fjórar fjölskyldur flutt hingað í bæinn. Ég held, að hér sé ekki nein húsnæðisekla, þannig að það horfi til vandræða. En hér er mikið byggt og samt sem áður er þörf fyrir fleiri byggingar, að því er virðist. Þeir, sem flytjast hingað, kaupa margir gömlu húsin í byrjun, en öðrum tekst að fá leiguhúsnæði.

## 5. **Á bernskustöðvum**

Aus der Biographie von Björn Jónsson (1846–1912), der von 1909 bis 1911 Islands zweiter Ministerpräsident war.

Miðbik norðurstrandar Breiðafjarðar eða nánar til tekið svæðið milli Þorskafjarðar í austri og Vatnsfjarðar að vestan er mjög vogskorið. Þarna skerast margir firðir inn í landið, flestir stuttir og sumir þeirra grunnir, en aðrir eru lengri og dýpri. Djúpifjörður er austastur þessara fjarða, næstur Þorskafirði í röðinni. Milli fjarðanna ganga fram hálsar, sem flestir enda í hnarreistum hyrningi frammi á annesjum. Að ofan bera hálsarnir ótvíræð merki hins mikla hefils, ísaldarjökulsins, og svo er um allt landslag á þessum slóðum. Fram af fjarðarbotnum ganga dalir. Flestir eru þeir stuttir, en undirlendið er slétt og grasi gróið, enda fornt árset. Árnar, sem falla um dali þessa, eru dragár, vatnslitlar oftast, en vaxa mjög í vætutíð. Talsverð silungsgengd hefur verið í þær frá fornu fari og nú á síðari árum er víða von á laxi. Akstur upp og niður hálsa og út fyrir annes ber hátt í minningum ferðamanna, sem hafa aðeins einu sinni ekið þessa leið. Minni þeirra geymir sundurlausar myndir frá fjörðunum sjálfum, en þó er hver þeirra heimur út af fyrir sig og ólíkur hinum um margt. Oft gengur illa að heimfæra þessar myndir á réttan fjörð eftir heimkomuna. Flestir muna eftir fjallahlíðunum, skriðrunnum hið efra, en vöxnum birkikjarri hið neðra. Kjarrið teygir sig meira að segja á nokkrum stöðum alveg upp á fjallsbrúnir, einkum í múlum, sem vita á móti suðri eða vestri. Ein og ein reynihrísla stingur í stúf við kjarrið. Berjalandið er mörgum minnisstætt, enda mjög gott og vinsælt af ferðamönnum. Þarna finnast aðalbláber, bláber, krækiber og hrútaber. Reyndar hafa ferðamenn aðeins átt kost á að sækja til berja á þessar slóðir í aldarfjórðung, enda varð fyrst bílfært um svæðið á sjötta tug aldarinnar. Það vakti athygli heimamanna í fyrstu, að allmargir ferðamenn virtust sækja í bláber og krækiber, en létu aðalbláberjabrekkurnar afskiptalausar. Var talið líklegt, að þetta fólk þekkti ekki gæði þessa kjörrétts sælkeranna, en nú mun þetta breytt. Af hálsum og annesjum er góð útsýn yfir Breiðafjörð og allar eyjarnar, hólmana og skerin. Í vestri blasa víða við útverðir byggðarlagsins, Snæfellsjökull og Skorarhlíðar.

## 6. Uppreisn einstaklingsins

Aus **Íslensk menning** von Sigurður Nordal (1886–1974), Professor für nordische Literatur an der Universität Islands.

Í eldingu íslenskrar sögu, þar sem fyrstu norrænu einstaklingarnir koma fram úr myrkri fornaldarinnar, sjáum vér bera við loft mann, sem er höfði hærri og miklu skýrari en aðrir svipir þeirra tíma. Þar er Egill Skallagrímsson.
Hann er fysti Íslendingur, sem áreiðanlegar heimildir eru um. Fyrir því hefur hann séð með því að yrkja um sjálfan sig og yrkja svo merkilega, að hvorki gleymdist né verður neinum seinni tíma manni treyst til þess að hafa gert honum upp slík orð. Hann er líka einn þeirra Íslendinga, sem markar hinni nýju þjóð stefnu, eins fyrirferðarmikill í andlegu lífi hennar og stofnendur allsherjarríkis í þjóðfélagslífinu. Hann er meira að segja fyrsti Germaninn, sem kemur fram á sjónarsvið sögunnar og lýsir sér með eigin orðum, allt frá ytra útliti til innsta sefa. Reyndar má líka kalla hann síðasta Germanann. Börn hans taka kristni, kynslóðirnar, sem lifa aldamótin 1000, eiga ekki sams konar ítök í forneskju né hún í þeim. Slíkur tímamótamaður er Egill. Hjá engum öðrum er fýsilegra að nema staðar til að njóta útsýnis á tvo vegu, þegar líta skal yfir norræna lífsskoðun á víkingaöld.
Ein af þeim skynvillum, sem algengastar eru um frumsögulega tíma, er hugmyndin um frelsi og sjálfstæði. Nútíðarmenn horfa frá þröngbýli sínu í borgum og byggðum, skipulagi og stjórn, sem leggur á þá alls konar hömlur, frá ríkistrú með skorðuðum kennisetningum – og hugsa sér veiðimann, sem reikar óháður um merkur og á allt undir afli sínu og vopnum. Þetta eru rómantískir draumar frá 18. öld. Svo dreymdi Rousseau um glaðvær börn náttúrunnar, sem hefðu unað við einfalt og óspillt líf, og jafnvel hinn þurrskynsama Voltaire um tíma, þegar hvorki kirkja né ríkisvald hefðu fjötrað mannkynið með bábiljum og rangsleitni. Svipaðar skoðanir hafa frá fornu fari mótað íslenska sögu: að landnámsmenn hafi leitað hér hælis til þess að varðveita gamalt

frelsi. En að því leyti, sem að frelsi var stefnt, er Ísland var byggt, var það nýunnið frelsi, hálfunnið frelsi, sem fremur var framtíðarmark en eftirstöðvar frá löngu liðnum tímum.

### c) Aus der isländischen Literatur

7. Aus **Íslandsklukkan** von Halldór Kiljan Laxness (1902-1998), Nobelpreis für Literatur 1955

Daginn eftir var bjart veður og kyrrt og menn voru að ýmsu starfi á landi og sjó, en Jón Hreggviðsson lá á grúfu uppi í bæli, formælti konu sinni og bað Drottinn með sárum stunum að gefa sér tóbak og brennivín og þrjár frillur. Bjáninn táði ull á gólfinu og hló ákaft. Hinn áleitni daunn líkþrárinnar ríkti í baðstofunni ofar öðrum daun.

Þá verður það jafnsnemma, að hundurinn hefst upp á bæjarhúsin með miklu upploki og úti dynur undir hófum margra hesta. Senn heyrist glamur af beislisstöngum og ómur af mannamáli fyrir dyrum; valdsmannsleg rödd skipar hestasveinum fyrir verkum. Jón Hreggviðsson rótaði sér hvergi. Konan kom hlaupandi í baðstofuna með andköfum svo mælandi: Drottinn Jesú vertu mér líknsamur, það eru komnir höfðingjar. Höfðingjar, sagði Jón Hreggviðsson. Eru þeir ekki búnir að flá af mér húðina? Hvað vilja þeir meir?

En hér varð ekki tóm fyrir langar skrafræður; klæðaþytur, fótatak og mannamál barst inn eftir göngum. Gestirnir buðu sér inn.

Fyrstur sté yfir þröskuld Jóns Hreggviðssonar þrekvaxinn tignarmaður rjóður, í víðri kápu, með hatt bundinn undir kverk, þungt fingurgull, silfurkross í festi og dýra svipu. Honum næst gekk kona með gulan stromphatt, í sortulitaðri reiðhempu skósíðri, og rauðan silkiklút, innan við miðjan aldur og blómleg á vanga, þótt spenning æskunnar væri slaknandi í fasinu, vöxturinn gildnandi, svipurinn tekinn að mótast af veraldleik. Í spor hennar gekk önnur kona mjög ung. Hún var að því leyti ljóðræn ímynd hinnar fyrri sem hún hafði færra reynt hluta, sem gera konu, berhöfðuð og lýsti af slegnu hárinu. Sveigjan í grönnum líkamanum var barnslega mjúk, augun jafn óveraldleg og himinbláminn. Hún hafði enn aðeins þegið fegurð hlutanna, en ekki gagn og því var bros hennar óskylt mennsku lífi, sem hún trað inn í þetta hús. Hempan hennar var indígóblá með silfurspöng í hálsmálið og tekin saman ofarlega í mittið, og hún hélt henni upp um sig nettfingruð, í rauðum brugðnum sokkum utan yfir skónum.

## 8. Til draumalandsins

Aus **Íslenskur Aðall** von Þórbergur Þórðarson (1889–1974)

Við lögðum af stað í vegavinnuna, nokkrir Reykvíkingar með flóabátnum Ingólfi klukkan rúmlega níu að morgni hins 8. júní. Verkstjórinn, Jón Jónsson kennari frá Flatey í Hornafirði, hafði farið upp í Borgarnes nokkrum dögum áður til þess að undirbúa leiðangurinn norður.

Sjóferðin upp í Borgarnes var yndisleg. Ofurhægar, áttavilltar voröldur á flóanum. Sviplétt útsýni til fjallanna. Sólin sveipuð suðrænni skýjakápu. Blátt vor. Mildi og tign yfir landi og sjó. Ég sat á afviknum stað á þilfarinu og var hugsi. Stemmingar þessarar dýrlegu óskastundar hófu hugann að gömlu lagi, sem ég hafði heyrt sungið í fyrsta sinn einmitt á þessum sömu votu vegum í svipuðu veðri fyrir fimm árum. Þá var ég kokkur á kútter Hafsteini, og við vorum á innsiglingu inn flóann. Þetta var um Jónsmessuleytið. Vortúrinn var á enda.

Það var að afhallandi miðjum morgni, á stuttu vaktinni. Ég hafði nýlokið við að skafa og skrúbba hálfsmánaðargamla skítaskán af lúgarsgólfinu, pusaði yfir það hverri pusunni eftir aðra og sópaði svo öllum afrakstrinum með nýjum strákústi niður í keðjukjallarann undir gólfinu, gekk síðan gaumgæfilega frá hleranum í kjallaraopinu, og nú blasti gólfið við mér tandurhvítt, fellt inn í umgerð reykblárra veggja, litaðra af kolsýrustækju margra arðbærra vertíða.

## d) Aus der isländischen Presse

### 9. Fréttir úr íslenskum dagblöðum

**Scotice loks tengdur**
Loks tókst í gær að tengja sæsímakapalinn Scotice, sem bilaður hefur verið frá því 5. nóvember og valdið miklum erfiðleikum varðandi talsamband við útlönd. Seint í gærkvöldi var verið að prófa, hvernig tekist hefði til með tenginguna, fyrst við Færeyjar og síðan í Vestmannaeyjum, og allar horfur voru á því, að eðlilegt samband yrði komið á í dag.

**Kveikt á jólatré í Kópavoginum í dag**
Kveikt verður á jólatrénu við Félagsheimilið í Kópavogi í dag klukkan 16. Í tilefni af því verður athöfn í bíósalnum þar, sem Hornaflokkur Kópavogs syngur og jólasveinn kemur í heimsókn. Jólatréð er gjöf frá vinabæ Kópavogs, Norrköping í Svíþjóð. Sænski sendiherrann mun afhenda Kópavogsbúum tréð og tendra ljós þess.

**Íslensku íþróttafólki boðið til Kína**
Handknattleikssambandi Íslands hefur borist boð frá Íþróttasambandi Alþýðulýðveldisins Kína um að senda 40 manna hóp handknattleiksmanna í 15 daga keppnisferð til landsins. Ætlast er til, að um landslið kvenna og karla sé að ræða. Kínverjar bjóða allar ferðir innan Kína svo og uppihald, en gert er ráð fyrir, að tekið verði á móti hópnum í Peking.
Er þetta í fyrsta skipti, sem íþróttafólki berst boð um að koma í heimsókn til Kína. Er boð þetta því einstakt og mjög ánægjulegt.

**Víðtæk leit að rjúpnaskyttu**
Víðtæk leit hófst í gærkvöldi að rjúpnaskyttu, sem saknað var í Norðurárdal í Borgarfirði. Á fjórða tug manna úr björgunarsveitum Slysavarnafélags Íslands hélt til leitar í gærkvöldi og fjölga átti leitarmönnum í birtingu í morgun, væri maðurinn þá enn ekki kominn í leitirnar.

**Fjall í þúfu. Ný ljóðabók eftir Ingimar Erlend Sigurðsson**
Bókaútgáfan Letur hefur gefið út nýja ljóðabók eftir Ingimar Erlend Sigurðsson, sem ber heitið **Fjall í þúfu**. Samtímis kemur út önnur útgáfa af **Ort á öxi**, en sú ljóðabók kom fyrst út árið 1973 og hefur verið ófáanleg allar götur síðan.
Hin nýja ljóðabók, Fjall í þúfu, er ellefta bók Ingimars Erlends og sjötta ljóðabókin, en auk ljóðabókanna hafa komið út eftir Ingimar þrjár skáldsögur og tvö söfn stuttra sagna, síðast í fyrra sagnasafnið **Göngustafur vindsins**.

**Fært eins og á sumardegi í Mývatnssveit**
Hér hefur verið einstök veðurblíða síðast liðinn hálfan mánuð miðað við árstíma. Varla hefur orðið úrkomu vart og vegir eru nánast eins og á sumardegi.
Fyrir nokkru var nýja hráefnisþróin Kísiliðjunnar tekin í notkun. Þró þessi var byggð á síðastliðnu sumri í svokallaðri Kringlu, nokkurn spöl norðvestur af gömlu þrónum. Nýja þróin er geysimikið mannvirki og einnig allur búnaður í sambandi við hana. Margir unnu að þessari framkvæmd, sem virðist hafa heppnast vel. Hún er vestan aðalsprungusvæðisins í Bjarnarflagi og er vonast til, að hún standist allar náttúruhamfarir, sem geta orðið hér í náinni framtíð.

**Kona slasast í umferðinni. Vitni vantar að slysinu**
Lögreglan var kölluð upp á Laugaveg laust eftir klukkan 10 í gærmorgun vegna umferðarslyss. Þegar lögreglumenn komu þangað fundu þeir konu liggjandi á nyrðri akrein Laugarvegar, en engan fundu þeir bílinn. Konan var flutt á slysadeildina og

reyndist hún talsvert slösuð. Hún hafði þá sögu að segja, að hún hefði verið að koma úr strætisvangi, leið númer 5, og hefði hún festst í vagninum með fyrrgreindum afleiðingum. Hins vegar kannast vagnstjórinn ekki við að hafa orðið var við nokkuð slíkt. Í þessu sambandi þarf slysarannsóknadeild lögreglunnar nauðsynlega að ná tali af konu, sem stóð í strætisvagnaskýli þarna rétt hjá og sá, hvað gerðist. Kona þessi gaf sig á tal við tvo menn eftir slysið, en gaf sig ekki fram við lögregluna. Er konan vinsamlega beðin að hafa samband við lögregluna strax.

**Dræmur afli Ólafsvíkurbáta**
Átta bátar róa héðan með línu, en afli þeirra hefur verið fremur dræmur, fjórar til sjö lestir í róðri. Tveir bátar eru á netum og hefur fiskast treglega í þau. Einn bátur er svo nýbyrjaður með troll.
Gæftir hafa verið góðar og atvinna jöfn. Togarinn Lárus Sveinsson er nú á veiðum, en brælur á Vestfjarðamiðum hafa dregið úr afla. Þeir Ólafsvíkurbátar, sem voru á reknetum í haust, fiskuðu yfirleitt vel.

Fréttaritari

## 10. Auglýsingar úr íslenskum dagblöðum

**Jörð á Suðurlandi**
Til sölu er jörð mjög þægileg til reksturs kúabús. Jörðin er um 100 km frá Reykjavík. Á henni er 111 fm íbúðarhús, fjós fyrir 26 kýr ásamt lausgöngufjósi og tilheyrandi hlöðum og útihúsum. Fénaður og vélar geta fylgt með í kaupum.

**Vélbátur til sölu**
3,6 smálestir með stýrishúsi og lúkar, vel búinn. Smíðaður 1975.

**Kaupmenn – Innkaupastjórar**
Vorum að taka upp síðustu sendingar af leikföngum fyrir jól. Vinsamlega lítið inn.

Heildverslun G. G.

**Skipstjóri**
óskast á loðnuskip, sem síðar fer á veiðar með þorskanetum. Þeir, sem óska frekari upplýsinga, leggi nöfn sín inn á afgreiðslu blaðsins.

**Atvinna óskast**
Maður um fertugt, sem gegnt hefur ábyrgðarstörfum á sviði viðskipta og fjármála, m. a. stjórnun fyrirtækja, óskar eftir starfi sem fyrst. Margt kemur til greina.

**Skrifstofustarf**
Stórt fyrirtæki, sem hefur með höndum innflutning og þjónustu, óskar að ráða starfsmann til að annast tollskýrslur, verðreikninga, vélritun o. fl. Umsókn um starfið ásamt upplýsingum um aldur, menntun og starfsreynslu sendist afgreiðslu blaðsins.

## Lösungen zu den grammatischen Übungen und zu den Übungstexten[1]

**5. A.** Hvar hefur þú (hefurðu) verið í dag? Ég var í Reykjavík til að gera innkaup. Ég bý ekki í Reykjavík og fer þess vegna á bílnum þangað. Hans er að lesa og skrifa. Hann er að undirbúa sig undir skólann. Hefur þú verið úti? (**oder** varstu úti?). Já, en það er vont veður (**oder** veðrið er vont). Á morgun verður betra veður (**oder** verður veðrið betra).

**6. A.** Ég hef verið í skólanum í dag. Í skólastofunni eru stólar, borð og tafla. Í töskunni er ég með blýant, stílabók og nokkrar lestrarbækur, en ég hef ekki haft neitt strokleður. Jóhann hefur fjóra hesta og bíl. Hann hefur líka hús og hund. Hann verður að ferðast mjög mikið, af því að hann er læknir. Það er oft erfitt að ferðast, þegar veðrið er vont (slæmt).

**7. A.** Hann á fallegan, bláan bíl. Hann á líka lítinn hund, hvítan kött og tvo dökka hesta. Átt þú líka bíl? Nei, ég á ekki bíl, en Einar á tvo bíla. Ég á bara (aðeins) reiðhjól. Akureyri er borg á Norðurlandi. Flestar borgir á Íslandi eru litlar, en litlar borgir eru oft mjög fallegar. Hvar býrð þú? (**oder** býrðu?). Ég bý ekki í borginni, heldur í þorpinu Eyrarbakki á suðurströnd Íslands.

**8. A.** Hlauptu út í búð og keyptu nýjan fisk. Taktu með allt, sem þú vilt hafa. »Vertu ávallt tilbúinn« er einnig (líka) kjörorð læknisins. Læknirinn á þessa tvo bíla. Húsið er með rautt þak, en þessi hús voru með græn þök í fyrra. Góð dagblöð eru með innlendar og erlendar fréttir. Í dag var (hef verið) ég á Akureyri, en á morgun verð ég í Reykjavík.

**9. A.** Stóra flugvélin kemur yfir bæinn. Það er íslensk flugvél, held ég. Þú heldur það ekki. Flugvélar og skip hafa alltaf nafn. Ég

1 In Klammern stehen mögliche Varianten.

geng inn í (niður í) bæ. Ég verð að gera innkaup. Ég kem svo á eftir heim. Hvað heitir þú? (**oder** heitirðu?). Ég heiti Ólafur. Er það íslenskt nafn? Já, en eiginlega er það gamalt germanskt nafn. Íslensk nöfn eru oft gömul og eru komin af germönskum nöfnum. Sérðu (sérð þú) manninn, sem kemur þarna? Það er Jón. Hann kemur með skólatöskuna. Ég tek töskuna með niður í bæ.

**10. A.** Hver stendur við dyrnar? Hver á þetta hús? Hvern sá hann? (**oder** hefur hann séð?). Hvor bræðranna kom hingað? Hver er þessi maður? Hverjir eru þessir bræður? Hvert er þetta barn? (**oder** Hvaða maður er þetta? Hvaða bræður eru þetta? Hvaða barn er þetta?). Hvaða hús áttir þú? Hverjum sagðir þú það? Hvað sagði hann? Hvað gerðum við? Hvar býr Einar? Hann býr úti í sveit. Faðir hans (pabbi hans) er bóndi. Hann á margar kýr og kindur og í fyrra átti hann líka hænsni. Einar er þarna úti. Kallaðu á hann. Kallaðu á hundinn hingað. Ég spurði eftir bróður hans. Hann var ekki heima. Hann var að vinna í verksmiðjunni. Á morgun verður hann aftur heima.

**11. A.** Ég keypti tvö egg, tvo fiska og tvær bækur. Við fjörðinn eru tveir bóndabæir. Hann á aðeins eina bók. Bóndinn á fjórar kýr og tvö hundruð kindur. Maðurinn á einn son og tvær dætur. Í dag er tuttugasti og fyrsti febrúar nítján hundruð sjötíu og sex. Öld er (hefur) hundrað ár. Á Íslandi er bara (aðeins) ein stór borg. Það er Reykjavík. Árið sautján hundruð áttatíu og sex hafði Reykjavík bara þrjú hundruð og tvo íbúa. Í dag eru íbúar Reykjavíkur áttatíu og níu þúsund átta hundruð fjörtíu og sex. Í garðinum standa þrjú falleg tré. Júní hefur tuttugu og sex virka daga og fjóra sunnudaga.

**12. A.** Fjölskylda mín er stór. Ég á þrjá bræður og tvær systur. Alls erum við sex systkin (systkinin), en margar íslenskar fjölskyldur eru enn þá stærri. Faðir minn er bóndi og afi minn var líka bóndi, en föðurbróðir minn er kennari. Systir mín er gift og á tvær dætur og bróðir minn, sem er líka giftur, á eina dóttur og einn son. Maður systur minnar er tengdasonur foreldra minna og börn systkina minna eru barnabörn foreldra minna. Átt þú líka systkini? Nei, ég er einbirni (eina barnið) í fjölskyldu minni. Hvar vinnur faðir þinn? Hann er trésmiður og vinnur hjá stóru firma (í stórri verksmiðju).

**13.A.** Við erum ekki með allar bækurnar með. Nokkrar eru á borðinu, en aðrar eru í skápnum. Allar voru hér í gær, en í dag eru hér aðeins fáeinar (bara nokkrar). Hefur þú (hefurðu) enga bók? Jú, ég hef eina, en hann hefur tvær. Þeir koma sér saman um þessa spurningu. Hann skammast sín ekki. Barnið klæðir sig sjálft. Hver stendur við dyrnar? Enginn. Er nokkur í þessu herbergi? Nei, í þessu herbergi er enginn. Öll börnin eru í hinu herberginu.

**14.A.** Jón er duglegri en Einar, en Björn er duglegastur. Páll er yngri en Jón. Kaupmaðurinn er ríkari en bóndinn. Er flugvél öruggari en bíll? Í dag er veðrið betra en það var í gær. Hann hefur sagt meira en ég hélt. Ferðin stóð lengur en einn dag. Á sumrin eru dagarnir bjartari og lengri en á veturna. Hvaða mynd (hver myndanna; hver af myndunum) er fallegust? Það var erfiðara en hann hélt. Það er hagkvæmara en þú heldur. Reyndu að finna bestu og öruggustu lausnina.

**14.B.** 1. bílinn, húsinu. 2. löngu ferðina, góða veðrið. 3. lofti, himninum. 4. Íslandi, lofti, miðja nótt, götu. 5. sumarsins. 6. bókinni, hendinni. 7. skólatöskuna, skólann. 8. skólanum. 9. ánni. 10. Þingvöllum.

**15.A.** Hann er fæddur (fæddist) sautjánda júní nítján hundruð fimmtíu og tvö, en hún er fædd (fæddist) þrítugasta ágúst nítján hundruð og sextíu. Barnið er fætt (fæddist) tuttugasta september nítján hundruð sjötíu og átta. Hann dó tuttugasta og annan nóvember nítján hundruð sjötíu og fjögur. Hann getur komið fjórða maí nítján hundruð sjötíu og sjö og hann getur farið tveim dögum síðar. Kannt þú (kanntu) þýsku? Nei, ég kann því miður ekki þýsku og við verðum þess vegna að tala íslensku. Hvenær skrifaði hann bréfið? Hann skrifaði bréfið tuttugasta og fimmta janúar, en ennþá er ekkert svar. Hann skrifaði bréf í þriðja sinn. Í dag er tími til að hugsa um ferð til Íslands.

**15. B.** 1. stórir, sterkir. 2. fljótum. 3. tamdir. 4. þægt, hlýðið. 5. gott, fallegt. 6. gott. 7. erfiðir. 8. rauð, hvít. 9. nægan. 10. glaðir, mikla. 11. lítil, falleg. 12. erfiðrar.

**16. A** Húsið hefur verið málað. Húsin hafa verið byggð. Bréfið var skrifað. Bréfin voru skrifuð. Brýrnar hafa verið sprengdar. Ljósin voru kveikt. Hundunum var haldið föstum. Hún hefur verið kölluð Gunna. Þjófurinn var tekinn fastur af lögreglunni. Nefndirnar voru myndaðar. Brúin er máluð af mönnunum. Málin voru athuguð. Hefur verið kallað á þig? Nei, það var ekki kallað á mig. Ég kom vegna ákvörðunar sjálfs mín (vegna eigin ákvörðunar).

**16. B.** 1. rúminu. 2. honum. 3. borðinu. 4. bókinni. 5. stólinn. 6. fötunni. 7. tvo tíma. 8. honum. 9. erfiðleika. 10. henni. 11. þeim (þá). 12. brúna. 13. brúnni. 14. húsinu. 15. húsið. 16. síma.

**17. A.** Hvað er klukkan? Hún er sex. Hún er tuttugu og fimm mínútur yfir sex (hana vantar fimm mínútur í hálfsjö). Klukkan (úrið) seinkar sér um sex mínútur. Klukkuna (hana) vantar fimm mínútur í tvö. Klukkan er fimm mínútur yfir þrjú. Klukkan er tuttugu mínútur yfir fimm. Klukkuna vantar fjórar mínútur í miðnætti. Klukkuna vantar sjö mínútur í ellefu. Klukkan er níu (tuttugu og eitt). Hann er farinn í vinnuna og kemur heim klukkan fjórtán mínútur yfir fimm. Hann kom nákvæmlega tuttugu og fimm mínútur yfir eitt og fimmtán mínútum síðar, tuttugu mínútur fyrir tvö (tíu mínútur yfir hálf tvö), fór hann aftur. Á Íslandi er kvöldverður borðaður um klukkan sjö (nítján) á kvöldin.

**17.B.** 1. drukku, hafa drukkið (drukku ekki, hafa ekki drukkið). 2. kom, hefur komið (kom ekki, hefur ekki komið). 3. skrifaði, hefur skrifað (skrifaði ekki, hefur ekki skrifað). 4. var að mála, hefur verið að mála (var ekki að mála, hefur ekki verið að mála). 5. voru að leika sér, hafa verið að leika sér (voru ekki að leika sér, hafa ekki verið að leika sér). 6. var kominn – fór, hefur verið kominn – hefur farið (var ekki kominn, hefur ekki verið kominn) 7. var, hefur verið (var ekki, hefur ekki verið). 8. vann, hefur unnið (vann ekki, hefur ekki unnið). 9. voru mjólkaðar, hafa verið mjólkaðar (voru ekki mjólkaðar, hafa ekki verið mjólkaðar). 10. var, hefur verið (var ekki, hefur ekki verið). 11. átti, hefur átt (átti ekki, hefur ekki átt). 12. hafði, hefur haft (hafði ekki, hefur ekki haft). 13. lauk, hefur lokið (lauk ekki, hefur ekki lokið). 14. hringdi, hefur hringt (hringdi ekki, hefur ekki hringt).

**18.A.** Gunnar býr í litlu fiskiþorpi (sjávarþorpi) á Íslandi. Hann á trillu og að degi til (á daginn) fer hann oft í veiðiferð. Hann kemur stundum með drjúgan afla að landi eftir eina veiðiferð (veiðiferðina). Þegar hann er búinn í vinnunni í skólanum, tekur hann gjarnan bátinn sinn (trilluna sína) og heldur á miðin. Margir íslenskir sjómenn eiga slíkar trillur, sem eru mikilvægur hluti lífsins í litlu þorpunum. Þessar trillur koma með drjúgan afla að landi og eru fiskimanninum einnig til mikillar gleði.

**18.B.** 1. beit, hefur bitið. 2. hljóp, hefur hlaupið. 3. gekk, hefur gengið. 4. stökk, hefur stokkið. 5. réri, hefur róið. 6. sigldi, hefur siglt. 7. vann, hefur unnið. 8. stjórnaði, hefur stjórnað. 9. versnaði, hefur versnað. 10. snjóaði, hefur snjóað. 11. taldi, hefur talið. 12. málaði, hefur málað. 13. drakk, hefur drukkið. 14. lauk, hefur lokið. 15. óx, hefur vaxið. 16. bauð, hefur boðið.

**19.A.** Hann mun fara klukkan sex á morgun með lestinni (járnbrautarlestinni) til Frankfurt. Ég mun enn þurfa (þurfa að nota) blýantinn. Það mundi ég ekki álíta. Ég mun fara (ferðast) með flugvél til Þýskalands. Hann kom í lokuðum vagni. Ég mun koma með hlöðnu kerruna á morgun. Komdu með skrifuðu bréfin. Máluðu þökin eru falleg. Íslenskur málsháttur segir: byrjað verk er þegar hálfnað. (In der Originalfassung lautet das Sprichwort: hálfnað verk þá hafið er.) Hvar hafðir þú (hafðirðu) verið? Ég hafði verið hjá foreldrum mínum. Hafðir þú komið með eitthvað? Nei, ekki að þessu sinni (í þetta sinn). Ég hafði ekki tíma. Kannt þú (kanntu) íslensku? Nei, ekki enn, en bráðum verð ég búinn að læra hana (mun ég hafa lært hana **oder** hef ég lært hana).

**19. B.** 1. lokaðar. 2. hlaðinni. 3. háu. 4. notaðan. 5. notaðar. 6. skrifuð. 7. opnum. 8. brotna.

**19. C.** 1. þessa. 2. þennan. 3. þessir. 4. þessar. 5. þessi. 6. þessum. 7. þessara. 8. þessarar. 9. þessa. 10. þessi.

**20. A.** Hús mannsins er með (hefur) rautt þak. Hús mannanna hafa (eru með) stóra glugga. Sonur mannsins vinnur í verksmiðjunni. Bíll föðurins er grænn. Gluggar hússins eru fremur litlir. Bók kennarans er á borðinu. Háskóli Íslands er í Reykjavík, höfuðborg landsins. Þar eru líka flest söfn landsins. Bær bóndans er í grennd við þorpið. Vörur kaupmannsins eru góðar. Hús hins fræga skálds (skáldsins fræga) er nú safn. Bréf föðurins kom of seint. Ferð kaupmannanna var til Íslands. Munir safnanna eru varðveittir fyrir komandi kynslóðir (handa komandi kynslóðum). Skáldið er frægasti maður aldarinnar.

**20. B.** 1. mannsins, mannanna; konunnar, kvennanna. 2. drengsins, drengjanna. 3. hússins, húsanna. 4. listamannsins, listamannanna. 5. skáldsins, skáldanna. 6. bóndans, bændanna. 7. safnsins, safnanna. 8. dagsins, daganna. 9. smiðsins, smiðanna. 10. móðurinnar, mæðranna. 11. herbergisins, herbergjanna. 12. dótturinnar, dætranna. 13. sonarins, sonanna. 14. kýrinnar, kúnna. 15. ærinnar, ánna.

**21. A.** Þó að (þótt) hann sé heima, er hann ekki veikur. Hann mundi koma, ef það aðeins væri hægt (mögulegt). Ef hann hefði komið, hefðum við haft tíma til að fara til Reykjavíkur. Hann heldur (álítur), að Jón sé ekki kominn. Hún vonar, að þið hafið enn nógan tíma. Þótt (þó að) Einar kæmi, gætum við ekki vonað (búist við), að áætlunin heppnaðist. Við værum glöð, ef veðrið yrði gott. Ef eldgos skyldi byrja, er allt tilbúið til að geta yfirgefið borgina brátt (bráðlega). Ég held, að það sé orðið of seint. Heldur þú (heldurðu), að það sé ekki of snemmt? Ef það væri (yrði) nauðsynlegt, mundi hann samt koma.

**21. B.** 1. væri. 2. sé. 3. yrði. 4. sé. 5. hafi. 6. hafir. 7. sé. 8. hefðum. 9. verði. 10. yrði. 11. væru. 12. muni. 13. sé. 14. verði. 15. muni.

**22. A.** Ef hann kæmi í dag, gætum við lokið verki okkar. Þó að (þótt) það sé skýjað í dag, held ég varla, að það rigni (muni rigna). Hann heldur, að Jón fari (muni fara) í dag. Ég held, að þið hafið ennþá nógan tíma. Þótt Ísland sé töluvert norðarlega, er þar ekki mjög kalt. Taktu bókina núna með, svo að þú gleymir henni ekki. Ef hann hefði sagt mér það, hefði ég ekki orðið að spyrja (þurft að spyrja). Spurðu hann, hvort hann komi (muni koma). Segðu honum, að hann þurfi ekki að koma. Ég vona, að þú viljir koma. Jón vonar, að hún geti komið. Sumarið hefur verið fallegt, þó að það hafi rignt mikið í júlí. Ef þú hefðir ekki lokið verki þínu svona seint, hefðum við ennþá haft tíma til að fara niður í bæ (bæinn). Spurðu hann, hvort þú megir gera það.

**22. B.** 1. segðu. 2. farðu. 3. sendu. 4. hafðu. 5. taktu. 6. hringdu. 7. bíddu. 8. láttu. 9. sendu. 10. brjóttu.

**22. C.** 1. verði. 2. færi, kæmi. 3. frjósi. 4. sé. 5. ætli. 6. bíði. 7. geti. 8. standi. 9. leitir. 10. væri.

**23. A.** Við getum hist í borginni (í bænum) á morgun. Þeim mun heppnast (takast) verkið vel. Hann sagði, að hann vildi reyna það. Þú hefur nógan tíma til að setjast niður og drekka kaffibolla. Jón og Guðrún ferðast oft til Þýskalands. Þau giftust í fyrra. Honum tókst að ná skipinu fyrir brottför. Það er varla við því að búast, að hann geti komið í dag. Ég óttast, að strætó (strætisvagninn) sé farinn. Því lengur sem við lifum, því eldri verðum við (því meira eldumst við). Með hverju ári bætist eitt ár við. Ég held, að þér takist það.

**23. B.** 1. bjuggumst, höfum búist. 2. ferðuðust, hafið ferðast. 3. kvaðst, hefur kveðist. 4. styttist, hefur styst. 5. hittumst, höfum hist. 6. heilsuðust, hafa heilsast. 7. sagðist, hefur sagst. 8. óttaðist, hefur óttast. 9. skrifuðust, hafa skrifast. 10. dáðist, hefur dáðst. 11. þóttist, hefur þóst. 12. fréttist, hefur frést. 13. leiddist, hefur leiðst. 14. gafst, hefur gefist. 15. tókst, hefur tekist.

**24. A.** Ef það rignir úti og hvassviðri er, er betra fyrir okkur að vera inni og lesa góðar bækur. Í gær rigndi mikið og þá byrjaði ég að lesa skáldsögu Halldórs Kiljan Laxness (eftir Halldór Kiljan Laxness). Þessi skáldsaga heitir »Salka Valka« og er ein sú frægasta (meðal þeirra frægustu), sem hann hefur nokkru sinni skrifað. Við vonum, að það frjósi ekki (verði ekki frost) á morgun. Í frosti verðum við að klæðast vel (klæða okkur vel). Skipið fórst í miklu hvassviðri (miklu roki, miklum stormi). Hann dregur upp á sig (það dregur upp ský, það verður skýjað) og það gæti bráðum rignt eða snjóað (farið að rigna eða snjóa).

**24. B.** 1. gluggann. 2. þennan mann. 3. öllu illu. 4. garðinn. 5. brúna. 6. bæjarins. 7. föður sínum. 8. þeim (**oder** þá). 9. hverju, þessu. 10. þessu húsi. 11. veginum. 12. árinnar. 13. borðið. 14. borðinu. 15. hans. 16. mikillar vinnu. 17. erfiðra aðstæðna. 18. borðinu. 19. borgina (**oder** borginni). 20. hússins. 21. þessara tveggja manna. 22. barnanna. 23. annars. 24. hjálpar. 25. dyrunum.

## Aufbau des Wörterverzeichnisses

Im Wörterverzeichnis sind alle Wörter, die in den grammatischen Übungen, den Lesestücken und den Ausspracheübungen vorkommen, enthalten. Als ein Buchstabe gelten **a, á; i, í; e, é; o, ó; u, ú; y, ý**. Die Buchstaben **ö, æ** werden dagegen gesondert behandelt und stehen in der normalen alphabetischen Reihenfolge am Ende des Alphabets.

Jedem aufgeführten Wort ist die notwendige grammatische Information beigefügt, um es flektieren bzw. konjugieren zu können. Dazu hier einige Beispiele:

**Substantive:**

Beim starken Substantiv werden drei Kasusendungen angegeben: Dat. Sg., Gen. Sg. und Nom. Pl. Auch werden das grammatische Geschlecht und das Paradigma angegeben, nach dem es dekliniert wird, durch die entsprechende Ziffer. Beispiele:

**bátur** m. 1 (-i, -s, -ar) Boot, d. h. Maskulinum, Paradigma 1, Dat. **báti**, Gen. **báts**, Nom. Pl. **bátar**. Mit diesen Hinweisen sind die nicht aufgeführten Kasusformen leicht abzuleiten. Fehlende Kasusendungen (Null-Endungen) werden durch einen Strich (–) bezeichnet, z. B.:

**hús** n. 43 (-i, -húss, -) Haus, d. h. Neutrum, Paradigma 43, Dat. **húsi**, Gen. **húss**, Nom. Pl. **hús**.

Beim schwachen Substantiv werden nur zwei Kasus, Gen. Sg. und Nom. Pl. angegeben, z. B.:

**saga** f. 58 (sögu, sögur) Geschichte, d. h. Femininum, Paradigma 58, Gen. **sögu**, Nom. Pl. **sögur**.

In gewissen Fällen können zusätzliche notwendige Hinweise gegeben werden. Z. B. steht bei Substantiven, die keinen Plural besitzen, der Hinweis **ohne pl.** Bei Substantiven, die nur im Plural vorkommen, steht **pl.** nach der Genusbezeichnung. Wenn der Plural eine andere und besondere Bedeutung hat, wird auch sie genannt.

**Adjektive:**
Beim Adjektiv werden das Paradigma, die Formen im Sg. der drei Geschlechter und die Steigerungsformen vermerkt, z. B.:
**vanur** adj. 1 (vön, vant; -ari, -astur) gewohnt, d. h. Paradigma 1, Fem. **vön,** Neutrum **vant;** Komparativ **vanari,** Superlativ **vanastur**.
Damit können sämtliche fehlenden Formen des Adjektivs erschlossen werden.

**Verben:**
Beim Verb werden die Konjugationsklasse und die Grundformen, von denen die anderen Formen abgeleitet werden, genannt, z. B.:
**fara** vi. abl. 6 (fór, fórum, farið) fahren, d. h. intransitives Verb, Ablautklasse 6, Imperfekt Sg. **fór,** Pl. **fórum,** Part. Perf. **farið**.
Beim schwach konjugierten Verb werden nur drei Grundformen angegeben. Schwache Verben haben keinen Ablaut. Z. B.:
**kalla** vt. 4 (kallaði, kallað) rufen, d. h. transitives Verb, schwache Konjugation Gruppe 4, Imperfekt **kallaði,** Part. Perf. **kallað**. In gewissen Fällen werden zusätzliche Hinweise angegeben.
Im Wörterverzeichnis stehen alle zusammengesetzen Wörter, weil es für den Anfänger oft schwierig ist, Zusammensetzungen als solche zu erkennen. Bei fortgeschrittener Vertrautheit mit der Sprache werden zusammengesetzte Wörter leicht als solche erkannt, so daß ihre Bedeutung in den meisten Fällen verhältnismäßig leicht erschlossen werden kann.
Nur ausnahmsweise wird die Aussprache in eckigen Klammern angegeben. Der Leser, der die Regeln der Aussprache beherrscht, kann sie im allgemeinen mühelos aus der orthographischen Form entnehmen.
Bei wörtlichen Zitaten, in denen auf die Lesetexte hingewiesen wird, steht die Nummer des Lesetextes in eckigen Klammern hinter dem betreffenden Zitat, z. B. [6] bedeutet, daß das Zitat aus dem Lesetext Nr. 6 stammt.

## A, Á

**á** präp. mit dat. oder akk. (2.7.0) in, auf; **á Spáni** in Spanien; **á Akureyri** in (zu) Akureyri; **á daginn** am Tage, tagsüber; **á sumrin** im Sommer
**á** f. 26 (-, ár, ár) Fluß
**ábyrgðarstarf** n. 47 (-i, -s, -störf) verantwortungsvolle Stellung
**að** kon. daß
**að** präp. mit dat. zu, bis, von
**að** Infinitivzeichen (2.10.0) zu; **að koma** zu kommen
**aðalbláber** n. 44 (-i, -s, -) Heidelbeere; Blaubeere
**aðalbláberjabrekka** f. 55 (-u, -ur) Abhang, wo Blaubeeren wachsen
**aðall** m. 2 (-ðli, -ls, ohne pl.) Adel
**aðalmáltíð** f. 29 (-, -ar, -ir) Hauptmahlzeit
**aðalsprungusvæði** n. 48 (-, -s, -) Hauptspaltengebiet
**aðeins** adv. nur; nicht mehr als
**aðfluttur** adj. 1 (aðflutt, aðflutt) zugewandert; eingewandert
**aðgreining** f. 24 (-u, -ar, ohne pl.) Unterscheidung; Trennung
**aðkomufólk** n. 43 (-i, -s, ohne pl.) Fremde; fremde Leute; Zuwanderer
**aðstaða** f. 58 (-stöðu, -stöður) Lage; Stellung
**aðstæða** f. 55 (-u, -ur) Umstand
**áður en** kon. bevor
**áður** adv. komp. früher, vorher; **áður fyrr** in früheren Zeiten
**af** präp. mit dat. von; aus
**áfangastaður** m. 12 (-, -ar, -ir) Reiseziel
**afgreiðsla** f. 55 (-u, -ur) Versandstelle; Bedienung; Abfertigung, Schalter
**afgreiðsluborð** n. 43 (-i, -s, -) Ladentisch
**afgreiðslustúlka** f. 55 (-u, -ur) Verkäuferin
**afhallandi** adj. unfl. geneigt; **að afhallandi miðjum morgni** morgens kurz vor 6 Uhr [8]
**afhenda** vt. 2 (afhenti, afhent) übergeben; überreichen
**afi** m. 51 (-a, -ar) Großvater, Opa
**afl** n. 47 (-i, -s, öfl) Kraft; Gewalt; Energie

**aflabrögð** n. pl. 47 Fischfang
**aflahrota** f. 55 (-u, -ur) großer Fischfang
**afleiðing** f. 24 (-u, -ar, -ar) Folge
**afli** m. 51 (-a, -ar) Fang, Fischfang
**aflíðandi** adj. unfl. sanft geneigt
**afmæli** n. 48 (-, -s, -) Geburtstag; Jahrestag
**afrakstur** m. 3 (-stri, -urs, ohne pl.) Resultat; Gewinn
**afreksmaður** m. 22 (-manni, -manns, -menn) Held; Künstler
**afskaplega** adv. sehr
**afskekktur** adj. 1 (-skekkt, -skekkt; -ari, -astur) entlegen, abseits
**afskiptalaus** adj. 1 (-laus, -laust; -(a)ri, -astur) passiv, teilnahmslos; unberücksichtigt
**aftur** adv. wieder
**afvikinn** adj. 4 (-vikin, -vikið; -viknari, -viknastur) abseits, entlegen
**ágúst** m. unfl. August
**ágætlega** adv. gut, ausgezeichnet
**ágætur** adj. 1 (ágæt, ágætt; -ari, -astur) gut, ausgezeichnet
**áhrif** n. pl. 43 Einfluß
**áhrínsorð** n. 43 (-i, -s, -); **það varð að áhrínsorðum** diese Worte gingen in Erfüllung [2]
**áhöfn** f. 30 (-, áhafnar, áhafnir) Besatzung
**aka** vt. abl. 6 (ók, ókum, ekið) fahren; **aka bíl** Auto fahren
**ákaft** adv. eifrig, heftig
**ákafur** adj. 1 (áköf, ákaft; -ari, -astur) eifrig, heftig
**akrein** f. 23 (-, -ar, -ar) Fahrbahn; Fahrspur
**akstur** m. 3 (-stri, -urs, ohne pl.) Fahren
**akur** m. 3 (-kri, -urs, -krar) Acker
**ákveða** vt. abl. 5 (ákvað, ákváðum, ákveðið) beschließen, entscheiden
**álag** n. 47 (-i, -s, álög) Belastung; pl. **álög** Verzauberung
**aldarfjórðungur** m. 1 (-i, -s, -ar) Vierteljahrhundert (25 Jahre)
**aldamót** n. pl. 43 Jahrhundertwende
**aldur** m. 3 (-ldri, -urs, ohne pl.) Alter; **fjörutíu ára að aldri** im Alter von vierzig Jahren; **á aldrinum 11 til 14 ára** im Alter von 11 bis 14 Jahren

**aleinn** adj. 5 (alein, aleitt) allein

**áleitinn** adj. 4 (áleitin, áleitið; áleitnari, áleitnastur) aufdringlich, persistent

**algengur** adj. 1 (-geng, -gengt; -ari, -astur) häufig, allgemein

**álit** n. 43 (-i, -s, -) Meinung; **að mínu áliti** meiner Meinung nach

**álíta** vt. abl. 1 (áleit, álitum, álitið) meinen; betrachten; dafürhalten

**alls** adv. insgesamt, zusammen; im ganzen

**allsherjarríki** n. 48 (-, -s, -) Staat (der das ganze Land umfaßt)

**allsherjarþing** n. 43 (-i, -s, -) Parlament (für das ganze Land) (eigentl. »Gesamtparlament«)

**allsráðandi** adj. unfl. vorherrschend, alleinherrschend

**alltaf** adv. immer, stets

**allur** ind. pron. (2.5.7) alle, ganz; **allan daginn** den ganzen Tag; **alla leiðina** den ganzen Weg; **allt í lagi** alles in Ordnung

**almennur** adj. 1 (-menn, -mennt; -(a)ri, -astur) allgemein, gewöhnlich

**Alþingi** n. 48 (-, -s) Parlament (Name des isländischen Parlaments)

**alþýðulýðveldi** n. 48 (-, -s, -) Volksrepublik

**amma** f. 58 (ömmu, ömmur) Großmutter, Oma

**án** präp. mit gen. ohne

**andi** m. 51 (-a, -ar) Geist; Atmosphäre

**andkaf** n. 47 (-i, -s, andköf) tiefes Einatmen; pl. **andköf** Atemnot

**andlegur** adj. 1 (-leg, -legt; -(a)ri, -astur) geistig; intellektuell

**andvari** m. 51 (-a, ohne pl.) leiser Wind; Wachsamkeit

**Anna** f. 58 (Önnu) weibl. Vorname

**annar** z. (2.4.1) der zweite; **annars staðar** an einem anderen Ort; anderswo

**annar** ind. pron. (2.5.7) der andere

**annars vegar** adv. einerseits, auf der einen Seite

**annast** vt. 4 (med.) (annaðist, annast) pflegen; besorgen; **annast vörslu e-s** etwas hüten

**annes** n. 44 (-i, -ness, -) Landzunge

**ánægjulegur** adj. 1 (-leg, -legt; -(a)ri, -astur) erfreulich

**apríl** m. unfl. April

**ár** n. 43 (-i, -s, -) Jahr; **á hverju ári** jedes Jahr, jährlich

**arðbær** adj. 1 (arðbær, arðbært; -ari, -astur) gewinnbringend

**áreiðanlegur** adj. 1 (-leg, -legt -(a)ri, -astur) zuverlässig; sicher

**arfur** m. 1 (-, -s, ohne pl.) Erbe **n.**

**ári** m. 51 (-a, -ar) Gefolgsmann; (kleiner) Teufel

**árset** n. 43 (-i, -s, -) Flußbett

**árshátíð** f. 29 (-, -ar, -ir) Jahresfest, Jahresfeier

**árstími** m. 51 (-a, -ar) Jahreszeit

**ástæða** f. 55 (-u, -ur) Grund, Ursache

**atburður** m. 12 (-i, -ar, -ir) Ereignis; Begebenheit

**athuga** vt. 4 (athugaði, athugað) untersuchen; überprüfen; betrachten

**athygli** f. 57 (-, ohne pl.) Aufmerksamkeit; **vekja athygli** Aufsehen erregen [5]

**athöfn** f. 30 (-, hafnar, -hafnir) Akt; Handlung; Feier

**Atlantshaf** n. 47 (-i, -s, -höf) Atlantischer Ozean

**átta** z. (2.4.0) acht

**áttavilltur** adj. 1 (-villt, -villt; -ari, -astur) verirrt

**atvinna** f. 55 (-u, ohne pl.) Arbeit; Beschäftigung

**atvinnulíf** n. 43 (-i, -s, ohne pl.) Arbeit; Wirtschaft

**auðveldur** adj. 1 (-veld, -velt; -ari, -astur) leicht; einfach

**auga** n. 59 (-, -u) Auge

**auglýsing** f. 24 (-u, -ar, -ar) Anzeige

**augnablik** n. 43 (-i, -s, -) Augenblick; Moment; **í augnablikinu** im Moment

**auk** þess adv. außerdem; darüber hinaus

**auka** vt. abl. 7 (jók, jukum, aukið; präs. eyk; impf. konj. yki) vermehren; **aukast** (med.) sich vermehren

**austari** adj. komp. (sup. austastur) weiter nach Osten

**austur** n. 46 (-stri, -urs, ohne pl.) Osten

**Austur-Húnavatnssýsla** f. 55 (-u, -ur) Provinz in Nordisland

**Austurstræti** n. 48 (-, -s, -) Straße in Reykjavík (eigentlich: »Straße des Ostens« oder »Oststraße«)

**ávallt** adv. immer

**áætlun** f. 31 (-, -ar, -anir) Plan; Schätzung; Programm

**áætlunarbíll** m. 2 (-, -s, -ar) Bus (im Überlandverkehr), der nach festem Fahrplan fährt

**áætlunarflug** n. 43 (-i, -s, -) planmäßiger Flug

B

**bábilja** f. 56 (-ju, -jur) Aberglaube; unbegründete Behauptung

**baðstofa** f. 55 (-u, -ur) Wohnraum, Stube (auf den alten isländischen Bauernhöfen)

**baggi** m. 51 (-a, -ar) Pack, Packen

**bak** n. 47 (-i, -s, bök) Rücken

**baka: til baka** adv. zurück

**bára** f. 55 (-u, -ur) Welle, Woge; **sjaldan er ein báran stök** ein Unglück kommt selten allein

**barátta** f. 55 (-u, ohne pl.) Kampf

**barn** n. 47 (-i, -s, börn) Kind

**barnabarn** n. 47 (-i, -s, -börn) Enkelkind

**barnslegur** adj. 1 (-leg, -legt; -gri, -astur) kindlich, kindisch

**bátur** m. 1 (-i, -s, -ar) Boot; Fischkutter

**beinn** adj. 5 (bein, beint; beinni, beinastur) gerade, aufrecht; direkt

**beint** adv. direkt

**beislisstöng** f. 30 (-, -stangar, -stangir oder -stengur) Zaumzeug

**ber** n. 44 (-i, -rs, -) Beere; **sækja til berja** Beeren aufsuchen [5]

**bera** vt. abl. 4 (bar, bárum, borið) tragen; **bera nafn** Namen haben (tragen); **bera við loft** herausragen, deutlich sein

**berhöfðaður** adj. 1 (-höfðuð, -höfðað) barköpfig, barhäuptig

**berjaland** n. 47 (-i, -s, -lönd) Landschaft, wo Beeren wachsen

**bernskustöðvar** f. pl. 27 Kindheitsgegend; Gegend, in der man seine Kindheit verbringt

**betri** adj. komp. besser, siehe **góður**

**betur** adv. komp. besser, siehe **vel**

**bíða** vt. abl. 1 (beið, biðum, beðið) warten; **bíða e-s, bíða eftir e-m** auf jemanden warten

**biðja** vt. abl. 5 (bað, báðum, beðið) bitten; erbitten; **biðja um e-ð** um etwas bitten

**bifreið** f. 29 (-, -ar, -ir) Auto

**bila** vi. 4 (bilaði, bilað) Schaden haben; kaputt gehen

**bílfær** adj. 1 (-fær, -fært; ari, -astur) fahrbar (für Autos)

**bíll** m. 2 (bíl, bíls, bílar) Auto, Wagen

**binda** vt. abl. 3 (batt, bundum, bundið) binden

**bindi** n. 48 (-, -s, -) Band (Buchwesen); Krawatte

**bíósalur** m. 9 (-, -s, -ir) Kinosaal

**birkikjarr** n. 47 (-i, -s, ohne pl.) Birkengesträuch

**birting** f. 24 (-u, -ar, -ar) Dämmerung; Veröffentlichung

**bíta** vt. abl. 1 (beit, bitum, bitið) beißen

**bjáni** m. 51 (-a, -ar) Dummkopf; Tropf

**bjarga** vt. 4 (bjargaði, bjargað) retten; **bjarga málum** die Probleme lösen, einen Ausweg finden

**Bjarnarflag** n. 47 (-i, -s) Ortsname (bei Mývatn in Nordisland)

**bjartsýni** f. 57 (-, ohne pl.) Optimismus

**bjartur** adj. 1 (björt, bjart; -ari, -astur) hell, klar

**bjóða** vt. abl. 2 (bauð, buðum, boðið) bieten, anbieten; einladen; befehlen; **bjóða e-m heim** oder **út** jemanden einladen; **bjóða upp á** anbieten; **gestirnir buðu sér inn** die Gäste luden sich ein [7]

**björgunarsveit** f. 29 (-, -ar, -ir) Rettungseinheit; Rettungsmannschaft

**bláber** n. 44 (-i, -s, -) Blaubeere

**blað** n. 47 (-i, -s, blöð) Blatt; Zeitung

**blár** adj. 3 (blá, blátt; blárri, bláastur) blau

**blasa** vi. 3 (blasti, blasað); **blasa við** deutlich sichtbar sein

**blása** vt., vi. abl. 7 (blés, blésum, blásið) blasen; pusten; wehen

**blek** n. 43 (-i, -s, – oder ohne pl.) Tinte

**blokk** f. 29 (-, -ar, -ir) Heft; Fischpfanne [4]; Haus mit vielen Wohnungen

**blóm** n. 43 (-i, -s, -) Blume

**blómlegur** adj. 1 (-leg, -legt; -(a)ri, -astur) blühend, frisch

**blotna** vi. 4 (blotnaði, blotnað) naß werden

**blýantur** m. 1 (-i, -s, -ar) Bleistift

**boð** n. 43 (-i, -s, -) Einladung; Befehl; Bitte; Auskunft

**bógur** m. 1 (-i, -s, -ar) Bug; **norður á bóginn** in nördliche Richtung

**bók** f. 34 (-, -ar, bækur) Buch

**bókasafn** n. 47 (-i, -s, -söfn) Bibliothek, Bücherei
**bókaútgáfa** f. 55 (-u, -ur) Verlag
**bolli** [potlı] m. 51 (-a, -ar) Tasse
**bolti** m. 51 (-, -ar) Ball
**bóndabær** m. 10 (-, -jar, -ir) Bauernhof
**bóndi** m. 53 (-a, bændur) Bauer, Landwirt
**borð** n. 43 (-i, -s, -) Tisch; Bord (Schiff, Flugzeug)
**borða** vt. 4 (borðaði, borðað) essen
**borg** f. 29 (-, -ar, -ir) Stadt
**borga** vt. 4 (borgaði, borgað) bezahlen, zahlen
**Borgarnes** n. 44 (-i, -ness) Ort im westlichen Island
**bót** f. 34 (-, -ar, bætur) Flicken; Abhilfe; **er það mjög til bóta** es ist wesentlich besser [3]
**bráðna** vi. 4 (bráðnaði, bráðnað) schmelzen
**bráðnauðsynlegur** adj. 1 (-leg, -legt; -legri, -legastur) absolut notwendig
**bráðum** adv. bald
**brátt** adv. bald; schnell
**brattur** adj. 1 (brött, bratt; brattari, brattastur) steil
**bréf** n. 43 (-i, -s, -) Brief; Papier
**bregða** vt. abl. 3 (bragð oder brá, brugðum, brugðið); **bregða sér í selslíki** sich in einen Seehund verwandeln
**Breiðafjörður** m. 14 (-firði, -fjarðar) Name einer Bucht im westlichen Island (eigentl. »Breite Bucht«)
**brekka** f. 55 (-u, -ur) Abhang, Steilhang
**brennivín** n. 43 (-i, -s, ohne pl.) Branntwein
**breyta** vt. 2 (breytti, breytt) ändern; verändern
**brim** n. 43 (-i, -s, ohne pl.) Brandung
**brjóta** vt. abl. 2 (braut, brutum, brotið) brechen; knikken
**bróðir** m. 18 (-ur, -ur, bræður) Bruder
**bros** n. 43 (-i, bross, -) Lächeln
**brottför** f. 30 (-, -farar, -farir) Abfahrt; Abreise; Ausreise
**brú** f. 35 (-, -ar, brýr) Brücke
**bryggja** f. 56 (-ju, -jur) Schiffsbrücke; Anlegebrükke, Kai
**bræðrabörn** n. pl. 47 Kinder von Brüdern
**bræðradætur** n. pl. 41 Töchter von Brüdern
**bræðrasynir** m. pl. 15 Söhne von Brüdern
**bræla** f. 55 (-u, -ur) schlechtes Fangwetter

**bú** n. 43 (-i, -s, -) Hof; Wirtschaft (vor allem landwirtschaftlicher Betrieb)
**búa** vi. abl. 7 (bjó, bjuggum, búið) wohnen; einen landwirtschaftlichen Betrieb haben; **búast við e-u** etwas erwarten; **búast til e-s** sich auf etwas vorbereiten
**búð** f. 29 (-, -ar, -ir) Laden; Geschäft
**búðarkassi** m. 51 (-a, -ar) Kasse
**búinn** adj. 4 (búin, búið) fertig; vorbereitet; ausgerüstet; **vel búinn** gut ausgerüstet [10]
**búnaður** m. 1 (-i, -s, ohne pl.) Anlage; Ausrüstung
**burtu (burt)** adv. weg
**búskapur** m. 9 (-, -s oder -ar, ohne pl.) Landwirtschaft
**buxur** f. pl. 34 (dat. buxum, gen. buxna) Hose
**byggð** f. 29 (-, -ar, -ir) Wohngebiet; bewohntes Land; Siedlung; Besiedlung
**byggðarlag** n. 47 (-i, -s, -lög) Gemeinde; Ort
**bygging** f. 24 (-u, -ar, -ar) Bau; Gebäude; Bauwerk
**byggja** vt. 2 (byggði, byggt) bauen
**bylur** m. 10 (-, -jar, -jir oder -ir) Schneesturm
**byrja** vi., vt. 4 (byrjaði, byrjað) beginnen, anfangen
**byrjun** f. 31 (-, -ar, -anir) Anfang, Beginn; **í byrjun** am Anfang; anfangs
**bæði – og** kon. sowohl – als auch
**bæjarhús** n. pl. 43 Bauernhof (eigentl. »die Häuser des Hofes«, wird vor allem für die alten isländischen Bauernhöfe verwendet)
**bæjarlíf** n. 43 (-i, -s, -) Leben in der Stadt; Stadtleben
**bæjarstjórn** f. 29 (-, -ar, -ir) Bürgerschaft; Gemeinderat
**bæli** n. 48 (-, -s, -) Bett; Höhle; Lager
**bændafjölskylda** f. 55 (-u, -ur) Bauernfamilie
**bær** m. 10 (bæ, -jar, bæir) Stadt; Kleinstadt; Gehöft; Bauernhof
**bæta** vt. 2 (bætti, bætt) verbessern; **bætast við** hinzukommen

## D

**dagblað** n. 47 (-i, -s, -blöð) Zeitung, Tageszeitung
**daglega** adv. täglich
**daglegur** adj. 1 (-leg, -legt; -legri, -legastur) täglich

**dagur** m. 1 (degi, -s, -ar, dat. pl. dögum) Tag; **í dag** heute; **á daginn** am Tage, tagsüber; **á dag** am Tage; täglich; jeden Tag; **að degi til** am Tage

**dagvinna** f. 55 (-u, ohne pl.) Tagesarbeit (d.h. die gesetzlichen acht Arbeitsstunden am Tage)

**dálítið** adv. etwas; ein wenig

**dalur** m. 9 (-, -s, -ir) Tal

**Dalvík** f. 36 (-, -ur) Ortsname (Stadt im Norden Islands)

**dapurlegur** adj. 1 (-leg, -legt; -(a)ri, -astur) traurig

**dást** vi. 2 (med.) (dáðist, dáðst) bewundern; **dást að e-u** etwas bewundern

**daunn** m. 2 (-i, -s, ohne pl.) Geruch

**dável** adv. sehr gut, ziemlich gut

**deila** vt. 2 (deildi, deilt) streiten; teilen; trennen

**dekkbátur** m. 1 (-i, -s, -ar) überdecktes Boot

**desember** m. unfl. Dezember

**deyja** vi. abl. 6 (dó, dóum, dáið) sterben; erlöschen

**dimma** vi. 3 (dimmdi, dimmt) dunkel werden

**Djúpifjörður** m. 14 (-firði, -fjarðar) Fjordname im westlichen Island (eigentl. »der tiefe Fjord«)

**djúpur** adj. 1 (djúp, djúpt; dýpri, dýpstur oder djúpari, djúpastur) tief

**dóttir** f. 41 (-ur, -ur, dætur) Tochter

**draga** vt. abl. 6 (dró, drógum, dregið) ziehen; schleppen; **draga fisk** fischen; **það dregur upp ský** Wolken ziehen auf den Himmel; **draga úr** verringern

**dragá** f. 26 (-, -ár, -ár) Fluß (der kein Gletscherwasser mitführt)

**Drangur** m. 1 (-i, -s) Eigenname (hier, Bootsname)

**draumaland** n. 47 (-i, -s, -lönd) Traumland

**dreifar** f. pl. 23 verstreutes Heu, Heureste

**drekka** vt. abl. 3 (drakk, drukkum, drukkið) trinken

**drengur** m. 10 (-, -s, -ir) Junge; Knabe; Held; edler Mensch

**dreyma** vt. 2 (dreymdi, dreymt) träumen

**drjúgur** adj. 1 (drjúg, drjúgt; drýgri, drýgstur oder drjúgari, drjúgastur) bedeutend, überraschend viel; beträchtlich

**Drottinn** m. 2 (akk. sg. Drottinn; -tni, -ins, -tnar) Herrgott

**dræmur** adj. 1 (dræm, dræmt; -ari, -astur) gering; zögernd

**duga** vi. 3 (dugaði, dugað) taugen; genug sein

**duglegur** adj. 1 (-leg, -legt; -(a)ri, -astur) tüchtig

**dynja** vi. 1 (dundi, dunið) dröhnen, toben

**dýpkun** f. 31 (-, -unar, -anir) Vertiefung; Ausgraben; Ausgrabung

**dyr** f. pl. 35 (dat. pl. dyrum) Tür

**dýr** n. 43 (-i, -s, -) Tier

**dýr** adj. 1 (dýr, dýrt; -ari, -astur) teuer

**dýralæknir** m. 4 (-i, -s, -ar) Tierarzt

**dýrlegur** adj. 1 (-leg, -legt; -(a)ri, -astur) wunderbar

**dæmi** n. 48 (-, -s, -) Beispiel; **til dæmis** zum Beispiel

**dæmigerður** adj. 1 (-gerð, -gert; -ari -astur) typisch

**dökkur** adj. 1 (dökk, dökkt; dekkri, dekkstur) dunkel

## E, É

**eða** kon. oder

**eðlilegur** adj. 1 (-leg, -legt; -(a)ri, -astur) natürlich; normal

**efast** vi. 4 med. (-aðist, -st) zweifeln; **efast um e-ð** an etwas zweifeln

**efni** n. 43 (-, -s, -) Stoff; Inhalt

**efri** adj. komp. (sup. efstur) der obere; **efri hluti** der obere Teil; **hið efra** im oberen Teil [5]

**eftir** präp. mit akk. oder dat. nach; **eftir hádegi** nachmittags

**eftirmiðdagur** m. 1 (-degi, -s, -ar) Nachmittag; **um eftirmiðdaginn** nachmittags

**eftirstöðvar** f. pl. 27 Rest(e); Rückstand

**eftirvinna** f. 55 (-u, ohne pl.) Überstunden

**ég** pers. pron. (2.5.1) ich

**egg** n. 44 (-i, -s, -) Ei

**Egill** m. 2 (Agli, Egils) männl. Vorname

**eiga** vt. ur. (á, átti, átt) (2.6.6) besitzen; **eiga að** + **Inf.** müssen, sollen; **hann á að koma** er muß kommen; **eiga heima** wohnen; **kóngurinn vissi dável, við hverja hann átti** der König wußte sehr gut, mit wem er zu tun hatte [1]; **eiga undir e-u** von etwas abhängig sein [6]

**eiginn** adj. 4 (eigin, eigið; ohne komp. und sup.) eigen (unregelmäßiges adj. von dem nur die Formen **eiginn, eigin, eigið** existieren und für alle Kasus verwendet werden)

**eimreið** f. 29 (-, -ar, -ir) Zugmaschine, Lokomotive

**einangrun** f. 31 (-, -ar, ohne pl.) Isolierung; Einsam keit

**Einar** m. 1 (-i, -s) männl. Vorname

**einbirni** n. 48 (-, -s, -) einziges Kind

**einfaldur** adj. 1 (-föld, -falt; -ari, -astur) einfach

**einkum** adv. vor allem, hauptsächlich; besonders

**einmitt** adv. genau

**einmunatíð** f. 29 (-, -ar, ohne pl.) sehr gutes Wetter

**einn** z. (2.4.0, 2.4.1) ein; **einu sinni** einmal

**einn** ind. pron. (2.5.7, Flexion wie die des Zahlwortes **einn** 2.4.1) ein; **kerling ein** eine alte Frau [2]

**einnig** adv. auch

**eins konar** adv. eine Art von

**eins og** kon. wie

**einstaklingur** m. 1 (-i, -s, -ar) Individuum

**einstakur** adj. 1 (-stök, -stakt; -ari, -astur) einzelner; einzeln; besonderer

**ekki** adv. nicht; kein (2.8.2)

**eldast** vi. 3 (eltist, elst) älter werden

**eldgos** n. 43 (-i, -goss, -) Vulkanausbruch

**elding** f. 24 (-u, -ar, -ar) Blitz; Dämmerung; erste Zeit [6]

**eldur** m. 3 (-i, -s, -ar) Feuer, Brand

**elstur** adj. sup. der älteste, siehe **gamall**

**en** kon. aber

**en** kon. als (nach Komparativ); **Ísland er minna en Þýskaland** Island ist kleiner als Deutschland

**enda** kon. (2.9.0) folglich, da

**endurreisa** vt. 2 (endurreisti, endurreist) neugründen, wiedereinführen

**engi** n. 48 (-, -s, -) Wiese

**enginn** ind. pron. (2.5.7) niemand, keiner; n. **ekkert** nichts; **engu að síður** trotzdem

**enn** adv. noch

**ennþá** adv. noch

**er** rel. pron. (2.5.5) der, die, das

**er** kon. als, wenn

**erfiðleiki** m. 51 (-a, -ar) Schwierigkeit

**erfiður** ad. 1 (erfið, erfitt; -ari, -astur) schwer, schwierig; beschwerlich, mühsam

**erlendis** adv. im Ausland
**erlendur** adj. 1 (erlend, erlent; -ari, -astur) ausländisch, fremd
**Esja** f. 55 (-u) Berg nördlich von Reykjavík
**Esperanto** n. unfl. Esperanto
**Evrópa** f. 55 (-u) Europa
**ey** f. 28 (-, -jar, -jar) Insel (mit Artikel sind die Formen Nom. Sg. **eyjan**, Akk. Sg. **eyjuna**, Dat. Sg. **eynni**, Gen. Sg. **eynnar** oder **eyjunnar**)
**eyða** vt. 2 (eyddi, eytt) vernichten; verwüsten; zerstören; verbringen (Zeit)
**eyja** f. 56, 28 (-ju-jar, -jar oder -jur) Insel
**Eyjafjöll** n. pl. 47 Berge in Südisland (eigentl. »Inselberge«)
**eyra** n. 59 (-, -u) Ohr

F

**fá** vt. abl. 7 (fékk, fengum, fengið) bekommen, erhalten; **fá sér e-ð að borða** etwas zum Essen bestellen (kaufen)
**faðir** m. 17 (föður, föður, feður) Vater
**fagur** adj. 2 (fögur, fagurt; fegri oder fegurri, fegurstur) schön
**fágætur** adj. 1 (fágæt, fágætt; -ari, -astur) selten
**fálki** m. 51 (-a, -ar) Falke
**falla** vi. abl. 7 (féll, féllum, fallið) fallen; **áin fellur til sjávar** der Fluß mündet ins Meer; **falla niður** nicht stattfinden; hinunterfallen
**fallegur** adj. 1 (falleg, fallegt; fallegri, fallegastur) schön
**fámennur** adj. 1 (-menn, -mennt; -(a)ri, -astur) arm an Leuten; wenig bewohnt; wenig (Personen)
**fáni** m. 51 (-a, -ar) Fahne; **draga fána að húni** die Fahne hissen
**far** n. 47 (-i, -s, för) Spur, Abdruck; Fahrgelegenheit; **frá fornu fari** seit alten Zeiten
**fár** adj. 3 (fá, fátt; færri, fæstur) wenig; pl. **fáir** wenige
**fara** vi. abl. 6 (fór, fórum, farið) fahren, gehen, reisen, sich begeben; **fara í** sich anziehen; **fara á eftir** folgen; **fara fram** Fortschritt machen; (S. 200) geschehen; **fara á fætur** aufstehen; **fara af stað** aufbrechen, eine Reise beginnen, sich auf den Weg begeben; **fara úr** sich ausziehen; **þá mun**

**best fara** dann werden die günstigsten Resultate erreicht [2]

**farast** vi. abl. 6 (med). (fórst, fórumst, farist) untergehen; **farast á mis** sich verfehlen

**farkostur** m. 12 (-i, -s, -ir) Verkehrsmittel

**farþegaflugvél** f. 23 (-ar, -ar) Passagierflugzeug

**farþegi** m. 51 (-a, -ar) Passagier, Fahrgast

**fas** n. 47 (-i, fass, ohne pl.) Haltung, Auftreten; Äußere(s); Wesen

**fat** n. 47 (-i, -s, föt) Kleidungsstück; **föt** pl. Anzug, Kleider

**fata** f. 58 (fötu, fötur) Eimer

**fé** n. 45 (koll.) (-, -s oder fjár, ohne pl.) Vieh; Schafe

**febrúar** m. unfl. Februar

**feðgar** m. pl. 1 Vater und Sohn

**feðgin** n. pl. 43 Vater und Tochter

**fegurð** f. 23 (-, -ar, ohne pl.) Schönheit

**félag** n. 49 (-i, -s, félög) Verein; Gesellschaft

**félagi** m. 51 (-a, -ar) Kamerad; Freund; Kollege; **í hópi félaga** unter Kollegen

**félagsheimili** n. 48 (-, -s, -) Versammlungshaus; Versammlungslokal

**félagslíf** n. 43 (-i, -s, ohne pl.) Vergnügen; Unterhaltung; Belustigung; Tanzabend

**félagsstarfsemi** f. 57 (-, ohne pl.) gesellschaftliche Tätigkeit

**félagsvist** f. 29 (-, -ar, -ir) Whist (Kartenspiel)

**fella** vt. 2 (felldi, fellt) fällen; **fellt inn í umgerð reykblárra veggja** in den Rahmen rauchblauer Wände eingebracht [8]

**fénaður** m. 1 (-i, -ar, ohne pl.) Vieh; Haustiere

**ferð** f. 29 (-, -ar, -ir) Reise

**ferðalag** n. 47 (-i, -s, -lög) Reise

**ferðalangur** m. 1 (-i, -s, -ar) Reisender, Tourist

**ferðamaður** m. 22 (-manni, -manns, -menn) Reisender, Tourist

**ferðast** vi. 4 med. (ferðaðist, ferðast) reisen

**fermeter** m. 3 (-tri, -ers, -trar) Quadratmeter

**fernir** z. vier, paarweise vier (2.4.1.)

**ferskur** adj. 1 (fersk, ferskt; -ari, -astur) frisch

**fertugur** adj. 1 (fertug, fertugt) vierzig Jahre alt; **um fertugt** um 40 Jahre alt

**festa** vt. 2 (festi, fest) festigen;

befestigen; **festast** (med.) fest werden; sich festigen

**festi** f. 57 (-, -ar) Seil, Tau; Kette; Halskette

**fimm** z. (2.4.0) fünf

**fimmtán** z. (2.4.0) fünfzehn

**fimmtudagur** m. 1 (-degi, -s, -ar) Donnerstag

**fingur** m. 21 (-ri, -urs, -ur) Finger

**fingurgull** n. 43 (-i, -s, -) Ring

**finna** vt. abl. 3 (fann, fundum, fundið; impf. konj. fyndi) finden; **finna e-ð á sér** etwas fühlen; **finna á sér veðrið** wetterfühlig sein; **finna sér borð** sich einen Tisch aussuchen; **finnast** (med.) scheinen; gefunden werden

**firma** n. 59 (-, -u) Firma

**fiska** vt. 4 (fiskaði, fiskað) fischen; **fiskast** (med.) gefischt werden

**fiskiðjuver** n. 43 (-i, -s, -) Fischverarbeitungsbetrieb; Fischfabrik

**fiskiðnaður** m. 1 (-i, -ar, ohne pl.) Fischverarbeitungsindustrie, Fischindustrie

**fiskimaður** m. 22 (-manni, -manns, -menn) Fischer

**fiskiþorp** n. 43 (-i, -s, -) Fischerdorf

**fiskur** m. 1 (-i, -s, -ar) Fisch; **róa til fiskjar** auslaufen, um Fisch zu fangen

**fiskverkun** f. 31 (-, -unar, -anir) Fischverarbeitung

**fiskverkunarhús** n. 43 (-i, -húss, -) Fischverarbeitungshaus

**fjall** n. 47 (-i, -s, fjöll) Berg; **á fjalli** in den Bergen

**fjallahlíð** f. 23 (-, -ar, -ar) Abhang, Berghang

**fjallsbrún** f. 29 (-, -ar, -ir) Berggipfelrand, Bergkante; Bergkamm

**fjara** f. 58 (fjöru, fjörur) Ebbe; Strand

**fjarðarbotn** m. 1 (-i, -s, -ar) der innerste Teil eines Fjords

**fjármál** n. pl. 43 Finanz; Geldwesen

**fjarska: í fjarska** adv. in der Ferne, weit weg; **úr fjarska** aus (in) der Ferne

**fjarvera** f. 55 (-u, ohne pl.) Abwesenheit

**fjórir** z. (2.4.0, 2.4.1) vier

**fjós** n. 43 (-i, fjóss, -) Kuhstall

**fjúka** vi. abl. 2 (präs. fýk; fauk; fukum, fokið) aufwirbeln, wegwehen, fliegen

**fjölbreyttur** adj. 1 (-breytt, -breytt; -ari, -astur) verschiedenartig; vielseitig

**fjöldi** m. 51 (-a, -ar) Menge; Anzahl; **fjöldinn allur** eine ganze Menge

**fjölga** vt. 4 (fjölgaði, fjölgað) vermehren

**fjölskylda** f. 55 (-u, -ur) Familie, Verwandschaft

**fjörður** m. 14 (firði, fjarðar, firðir) Fjord; Bucht

**fjötra** vt. 4 (fjötraði, fjötrað) fesseln

**flá** vt. 2 (fláði, fláð) das Fell abziehen; enthäuten

**Flatey** f. 28 oder f. 56 (-ju, -jar) Ortsname (eigentl. »Flache Insel«)

**flestur** adj. sup. die meisten, siehe **margur**

**fljótur** adj. 1 (fljót, fljótt; -ari, -astur) schnell; rasch

**fljúga** vi., vt. abl. 2 (präs. flýg; flaug, flugum, flogið) fliegen

**flóabátur** m. 1 (-i, -s, -ar) Küstenmotorboot

**flói** m. 51 (-a, -ar) Bucht

**flug** n. 43 (-i, -s, -) Flug

**flugfélag** n. 49 (-i, -s, -félög) Fluggesellschaft

**flugstöð** f. 27 (-, -var, -var) Flughafengebäude

**flugvél** f. 23 (-, -ar, -ar) Flugzeug

**flugvöllur** m. 13 (-velli, -vallar, -vellir) Flughafen, Flugplatz

**flutningur** m. 1 (-i, -s, -ar) Transport, Beförderung

**flýta** vt. 3 (flýtti, flýtt) beschleunigen; **flýta sér** sich beeilen; **klukkan (úrið) flýtir sér** die Uhr geht vor

**flytja** vt. 1 (flutti, flutt) befördern; transportieren; bringen; umziehen; **flytja inn** einführen; **flytja út** exportieren, ausführen; **flytjast** (med.) einziehen; umziehen; transportiert werden

**fm.** = **fermetrar** Quadratmeter

**fólk** n. 43 (-i, -s, ohne pl.) Leute; Personen; Volk

**foreldri** n. 48 (-, -s); pl. **foreldrar** m. 1 Eltern

**foringi** m. 52 (-ja, -jar) Führer, Leiter

**form** n. 43 (-i, -s, -) Form

**formæla** vt. 2 (formælti, formælt) fluchen; **formæla e-m** jemanden verdammen

**forn** adj. 1 (forn, fornt; -ari, -astur) alt; antik; **frá fornu fari** seit alten Zeiten, seit alters her

**forneskja** f. 56 (-ju, -jur) alte Gebräuche

**fornminjar** f. pl. 28 Altertümer; alte Gegenstände

**fornsaga** f. 58 (-sögu, -sögur) alte Geschichte (insbesondere die alte isländische Familiensaga)

**fornöld** f. 30 (-, -aldar, -aldir) Altertum; Vorzeit

**fótatak** n. 47 (-i, -s, -tök) Schritt

**fótur** m. 20 (fæti, fótar, fætur) Fuß

**fram** adv. vorwärts; hinaus; **fram á nótt** bis in die Nacht hinein; **fram eftir kvöldi** bis in den Abend hinein

**framkvæmd** f. 29 (-, -ar, -ir) Unternehmen

**frammi** adv. vorne; **frammi á annesjum** vorne auf den Landzungen (Halbinseln)

**framtíð** f. 29 (-, -ar, ohne pl.) Zukunft

**framtíðarmark** n. 47 (-i, -s, -mörk) Zukunftsziel

**frekar** adv. etwas, ziemlich

**frekari** adj. komp. genauer, deutlicher

**frelsi** n. 48 (-, -s, ohne pl.) Freiheit

**fremur** adv. ziemlich

**frestur** m. 8 (-i, -s, -ir) Frist; Aufschub; **á 30 ára fresti** alle 30 Jahre

**frétt** f. 29 (-, -ar, -ir) Nachricht

**frétta** vt. 2 (frétti, frétt) erfahren; hören; **fréttast** (med.) sich verbreiten (Nachricht); Nachricht erhalten

**fréttaritari** m. 51 (-a, -ar) Korrespondent

**friður** m. 1 (-i, -s oder -ar; ohne pl.) Frieden; Ruhe

**frilla** [frɪtla] f. 55 (-u, -ur) Geliebte; Konkubine; Dirne

**frítími** m. 51 (-a, -ar) Ferien; Erholungszeit; freie Stunde

**frjósa** vi. abl. 2 (fraus, frusum, frosið; präs. frýs) frieren, zufrieren

**fróðlegur** adj. 1 (-leg, -legt; -(a)ri, -astur) lehrreich, interessant

**frost** n. 43 (-i, -s, ohne pl.) Frost

**frostmark** n. 47 (-i, -s, -mörk) Gefrierpunkt

**frumsögulegur** adj. 1 (-leg, -legt; -(a)ri, -astur) urzeitlich; vorgeschichtlich

**frystihús** n. 43 (-i, -s, -) Gefrierhaus; Fabrikanlage zum Einfrieren von frischen Waren

**fræðsla** f. 55 (-u, ohne pl.) Unterricht, Belehrung

**frægur** adj. 1 (fræg, frægt; -ari, -astur) berühmt

**frændfólk** n. 43 (-i, -s, ohne pl.) Verwandte (pl.)

**frændi** m. 53 (-a, -ur) Verwandter, bes. Vetter oder Onkel

**frænka** f. 55 (-u, -ur) Verwandte, bes. Tante oder Kusine

**fugl** m. 1 (-i, -s, -ar) Vogel
**fuglaveiði** f. 57 (-, -ar, -ar) Vogeljagd, Vogelfang
**fullorðinn** adj. 4 (-orðin, -orðið; -ari, -astur) erwachsen
**fullyrða** vt. 3 (-ti, -yrt) behaupten; versichern; **fullyrða má** man kann behaupten
**fundur** m. 12 (-i, -ar, -ir) Versammlung, Sitzung
**fylgja** vt. 2 (fylgdi, fylgt) folgen; **fylgja ráði (ráðum)** einem Ratschlag folgen; **fylgja með** mitkommen; zu etwas gehören
**fyrir** präp. mit dat. oder akk. (2.7.0) für; **fyrir framan** vor
**fyrirferðarmikill** adj. 6 (-mikil, -mikið; -meiri, -mestur) von großem Umfang; bedeutend; sehr groß
**fyrirtæki** n. 48 (-, -s, -; dat. pl. fyrirtækjum, gen. pl. fyrirtækja) Firma; Betrieb; Industriebetrieb
**fyrra: í fyrra** adv. im letzten Jahr
**fyrramál: í fyrramálið** adv. morgen früh
**fyrrgreindur** adj. 1 (-greind, -greint) schon erwähnt
**fyrst** adv. zuerst; anfangs
**fyrsti** z. (2.4.0) der erste; **í fyrstu** anfangs, in der ersten Zeit
**fýsilegur** adj. 1 (-leg, -legt; -(a)ri, -astur) schön; reizend
**fæða** vt. 2 (fæddi, fætt) gebären; ernähren; **fæðast** (med.) geboren werden
**fær** adj. 1 (fær, fært; -ari, -astur) befahrbar; geschickt, klug
**færa** vt. 2 (færði, fært) bringen; führen; rücken; verrücken; **það má til sanns vegar færa** es stimmt, es ist wirklich wahr
**Færeyjar** f. pl. 56 die Färöinseln
**föðurafi** m. 51 (-a, -ar) Vater des Vaters (Großvater)
**föðuramma** f. 58 (-ömmu, -ömmur) Mutter des Vaters (Großmutter)
**föðurbróðir** m. 18 (-ur, -ur, -bræður) Onkel (Bruder des Vaters)
**föðurnafn** n. 47 (-i, -s, -nöfn) Vatersname
**föðursystir** f. 42 (-ur, -ur, -ur) Tante (Schwester des Vaters)
**föstudagur** m. 1 (-degi, -s, -ar) Freitag
**föt** n. pl. 47 Kleider, Anzug (siehe **fat**)

**gagn** n. 47 (-i, -s, gögn) Nutzen; pl. **gögn** Unterlagen, Quellen
**gagna** vt. 4 (gagnaði, gagnað) nützen
**gamall** adj. 5 (gömul, gamalt; eldri, elstur) alt
**gaman** adv. interessant
**gaman** n. 46 (gamni, gamans, ohne pl.) Spaß; Vergnügen
**gamlárskvöld** n. 43 (-i, -s, -) Silvesterabend
**ganga** vi. abl. 7 (Präs. geng; gekk, gengum, gengið) gehen; **úrið gengur ekki** die Uhr geht nicht; zu Fuß gehen; Fortschritt machen; **ganga undir** untergehen (Sonne, Mond); **ganga um borð** an Bord gehen; **ganga frá borði** von Bord gehen; **ganga að e-u** etwas akzeptieren; **ganga frá e-u** etwas ausarbeiten; **gekk síðan frá hleranum** (ich) habe nachher die Falltür angelegt [8]
**ganga** f. 58 (göngu, göngur) Gang, Wanderung; pl. **göngur** Wanderungen; Ansammeln der Schafherden von der Hochebene Islands im Herbst
**gangur** m. 1 (-i, -s, -ar) Gang; Korridor; Hausflur; **vera á gangi** gehen; unterwegs sein
**garður** m. 1 (-i, -s, -ar) Garten; Zaun oder Erdwall, wo das Heu für den Winter gelagert wird [2]
**gata** f. 58 (götu, götur) Straße, Gasse; **allar götur síðan** seit damals [9]
**gaumgæfilega** adv. sorgfältig
**gefa** vt. abl. 5 (gaf, gáfum, gefið) geben; **gefa út** veröffentlichen; **gefa sig á tal við e-n** mit jemandem sprechen; **gefa sig fram** sich vorstellen; erscheinen; **gefast** (med.) sich ergeben; **gefast upp** aufgeben; kapitulieren
**gegn** präp. mit dat. gegen
**gegna** vt. 2 (gegndi, gegnt) gehorchen; antworten; **gegna starfi (störfum)** einen Beruf ausüben
**gegnt** präp. mit dat. gegenüber
**gegnum** präp. mit akk. durch, gegen
**gera** vt. 3 (gerði, gert) tun, machen; **gera innkaup** einkaufen; **gera kleyft** möglich machen; **gera við e-ð** etwas reparieren; **gera við e-u** gegen etwas etwas unternehmen; **gera ráð fyrir** annehmen; **gera út bát** ein Boot

betreiben [3]; **gera að fiski** dem Fisch das Eingeweide ausnehmen [4]; **gera upp orð** jemandem etwas nachsagen (was in der Tat nie gesagt worden ist) [6]

**gerast** vi. 3 (med.) (gerðist, gerst) geschehen, sich ereignen

**Germani** m. 51 (-a, -ar) Germane

**germanskur** adj. 1 (germönsk, germanskt; -ari, -astur) germanisch

**gestur** m. 8 (-i, -s, -ir) Gast, Besucher

**geta** vt. abl. 4 (gat, gátum, getað) können; imstande sein

**geta** vi. abl. 4 (gat, gátum, getið) erwähnen; **hann gat um það** er erwähnte es

**geyma** vt. 2 (geymdi, geymt) aufbewahren, bewahren

**geysilegur** adj. 1 (-leg, -legt; -(a)ri, -astur) enorm, ungeheuer, kolossal

**geysimikill** adj. 6 (-mikil, -mikið) sehr groß, riesengroß

**gifta** vt. 2 (gifti, gift) trauen, verheiraten; **giftast** vi. (med.) heiraten

**giftur** adj. 1 (gift, gift) verheiratet

**gildi** n. 48 (-, -s, -) Wert

**gildna** vi. 4 (gildnaði, gildnað) dicker werden

**girðing** f. 24 (-u, -ar, -ar) Zaun; Gehege; Umzäunung

**gjarnan** adv. (komp. heldur, sup. helst) gern

**glaður** adj. 1 (glöð, glatt; glaðari, glaðastur) froh, fröhlich

**glaðvær** adj. 1 (-vær, -vært; -ari, -astur) froh, fröhlich

**glamur** m. 9 (-, -s, ohne pl.) Lärm

**gleði** f. 57 (-, ohne pl.) Freude

**gleðilegur** adj. 1 (-leg, -legt; -(a)ri, -astur) erfreulich, fröhlich

**gleðja** vt. 1 (gladdi, glatt) freuen; **gleðjast** vi. (med.) sich freuen

**gleyma** vt. 2 (gleymdi, gleymt) vergessen

**gluggi** m. 51 (-a, -ar) Fenster

**góður** adj. 1 (góð, gott; betri, bestur) gut

**gola** f. 55 (-u, ohne pl.) Brise; leichter Wind

**gola** vi. 4 (golaði, golað); **það golar** eine Brise kommt auf

**gólf** n. 43 (-i, -s, -) Boden, Fußboden

**gos** n. 43 (-i, goss, -) Ausbruch; Limonade, Brause [4]

**grár** adj. 3 (grá, grátt; grárri, gráastur) grau

**gras** n. 47 (-i, grass, grös) Gras

**grein** f. 23 (-, -ar, -ar) Artikel, Aufsatz; Ast; **koma til greina** möglich sein
**grennd** f. 29 (-, -ar, ohne pl.) Nähe, Nachbarschaft, Umgebung
**Grímsey** f. 28 (-, -jar) Insel an der Nordküste Islands
**grípa** vt. abl. 1 (greip, gripum, gripið) greifen; fassen; fangen; **grípa til e-s** zu etwas greifen; etwas verwenden
**grjótflutningur** m. 1 (-i, -s, -ar) Gestein-, Gerölltransport
**gróa** vi. ur. (2.6.16) (græ, gréri, gróið) wachsen; heilen
**gróður** m. 3 (-ðri, -urs, ohne pl.) Vegetation
**grúfa** f. 55 (-u, -ur); **liggja á grúfu** auf dem Bauch liegen
**grunnur** adj. 1 (grunn, grunnt; grynnri, grynnstur oder grunnari, grunnastur) wenig tief; flach; seicht
**Grænland** n. 47 (-i, -s) Grönland
**grænn** adj. 5 (græn, grænt; grænni, grænastur) grün
**guð** [kvʏ:ð] (1.0 Tabelle 1) m. 8 (-i, -s, -ir) Gott
**Guðlaug** [kvʏ:ðlöiɣ] f. 24 (-u, -ar) weibl. Vorname
**Guðmundur** [kvʏ:ðmʏntʏr] m. 1 (-i, -ar) männl. Vorname
**Guðrún** [kvʏ:ðrun] f. 24 (-u, -ar) weibl. Vorname
**gufa** f. 55 (-u, -ur) Dampf
**gulur** adj. 1 (gul, gult; -ari, -astur) gelb
**Gunna** f. 55 (-u) weibl. Vorname
**Gunnar** m. 1 (-i, -s) männl. Vorname
**Gylfi** m. 51 (-a) männl. Vorname
**gæði** n. pl. 48 Güte, Qualität
**gæfa** f. 55 (-u, ohne pl.) Glück
**gæftir** f. pl. 29 Fangwetter; **gæftir hafa verið góðar** das Fangwetter ist gut gewesen [9]
**gær: í gær** adv. gestern
**gærkvöld** n. 43 (-i, -s, -) der gestrige Abend; **í gærkvöldi** gestern abend
**gærmorgunn** m. 2 (-rgni, -guns, -rgnar) der gestrige Morgen; **í gærmorgun** gestern morgen
**gæs** f. 29 (-, -ar, -ir) Gans
**gætilega** adv. vorsichtig
**göng** n. pl. 47 Gang; Tunnel
**göngustafur** m. 9 (-, -s, -ir) Spazierstock; Stock
**götuhorn** n. 43 (-i, -s, -) Straßenecke

H

**há** vt. 2 (háði, háð) hindern; verhindern; schwierig machen

**hádegi** n. 48 (-, -s, -) Mittag

**hádegismatur** m. 12 (-, -ar, ohne pl.) Mittagessen

**hádegisverður** m. 8 (-i, -ar, -ir) Mittagessen

**haf** n. 47 (-i, -s, höf) Meer

**hafa** vt. ur. (2.6.3) (hafði, haft) haben, besitzen; **hafa með** mitbringen, mithaben

**háfa** vt. 4 (háfaði, háfað) mit Fangnetz fangen

**hafgola** f. 55 (-u, -ur) Meeresbrise

**hafnargarður** m. 1 (-i, -s, -ar) Mole

**hafnargerð** f. 29 (-, -ar, -ir) Hafenbau

**hafnarmannvirki** n. 48 (-, -s, -) Hafenanlage

**Hafsteinn** m. 2 (-i, -s) männl. Vorname

**hagkvæmur** adj. 1 (-kvæm, -kvæmt; -ari, -astur) günstig, praktisch

**hákarlaskip** n. 43 (-i, -s, -) Haischiff; Schiff zum Haifang

**hákarlaveiði** f. 57 (-, -ar) Haifang

**halda** vt. abl. 7 (präs. held; hélt, héldum, haldið) halten; glauben; meinen; denken; **halda hátíðlegt** feiern; **halda föstum** festhalten; **halda á miðin** die Fanggründe aufsuchen; **halda áfram** fortsetzen; **halda upp um sig** tragen (Kleider) [7]

**hálendi** n. 48 (-, -s, -) Hochebene, Hochgebirge

**Hálfdán** m. 1 (-i, -s oder -ar) männl. Vorname

**hálfnaður** adj. 1 (hálfnuð, hálfnað) zur Hälfte abgeschlossen; **hálfnað verk þá hafið er** ein begonnenes Werk ist bereits zur Hälfte abgeschlossen (Sprichwort)

**hálfsmánaðargamall** adj. 5 (-gömul, -gamalt) fünfzehn Tage alt (halbmonatlich)

**hálfunninn** adj. 4 (-unnin, -unnið) halbgewonnen, halbbearbeitet

**háls** m. 1 (-i, -s, -ar) Hals; Hügel

**hálsmál** n. 43 (-i, -s, -) Halsweite

**haltra** vi. 4 (haltraði, haltrað) hinken

**hamast** vi. 4 (med.) (hamaðist, hamast) sich anstrengen; wie besessen arbeiten; sich unartig benehmen; rasen, toben

**handa** präp. mit dat. für
**handan** präp. mit. gen. auf der anderen Seite von
**handfæri** n. 48 (-i, -s, -) Angelleine
**handknattleiksmaður** m. 22 (-manni, -manns, -menn) Handballspieler
**handknattleikssamband** n. 47 (-i, -s, -sambönd) Handballverein
**handrit** n. 43 (-i, -s, -) Manuskript
**hani** m. 51 (-a, -ar) Hahn
**hann** pron. pers. m. (2.5.1) er
**hár** n. 43 (-i, -s, -) Haar
**hár** adj. 3 (há, hátt; hærri, hæstur) hoch
**háskóli** m. 51 (-a, -ar) Universität
**hátíð** f. 29 (-, -ar, -ir) Fest, Feier; Feiertage
**hátíðlegur** adj. 1 (-leg, -legt; -(a)ri, -astur) feierlich
**hattur** m. 1 (-i, -s, -ar) Hut
**háttur** m. 16 (hætti, háttar, hættir) Art, Weise; **lítils háttar** ein wenig, ein bißchen
**haus** m. 1 (-, hauss, -ar) Kopf
**haust** n. 43 (-i, -s, -) Herbst
**hefill** m. 2 (-fli, -ils, -flar) Hobel
**hefjast** vi. abl. 6 (med.) (hófst, hófumst, hafist) beginnnen; **hundurinn hefst upp á bæjarhúsin** der Hund springt auf das Dach des Bauernhofes hinauf [7]; **hefja** vt. beginnen
**heiði** f. 57 (-, -ar) oder f. 25 (-, -ar, -ar) Heide, Hochebene
**heildverslun** f. 31 (-, -unar, -anir) Großhandel
**heill** adj. 5 (heil, heilt; heilli, heilastur) ganz, voll; gesund, genesen
**heilsast** vi. 4 (med.) (heilsaðist, heilsast) sich begrüßen; gesund werden; **heilsa** vt. 4 begrüßen
**heim** adv. nach Hause
**heima** adv. zu Hause, daheim
**heimafólk** n. 43 (-i, -s, ohne pl.) Leute (die in demselben Haushalt wohnen), Hausgesinde
**heimfæra** vt. 2 (-færði, -fært) zuordnen
**heimild** f. 29 (-, -ar, -ir) Quelle, Belegmaterial; Erlaubnis, Recht
**heimkoma** f. 55 (-u, -ur) Ankunft nach Hause, Heimkehr

**heimsfrétt** f. 29 (-, -ar, -ir) Nachricht aus der Welt; ausländische Nachricht, Auslandsnachricht
**heimskautaland** n. 47 (-i, -s, -lönd) Polarland
**heimsókn** f. 29 (-, -ar, -ir) Besuch
**heimur** m. 1 (-i, -s, -ar) Welt; Erde; Erdball
**heita** vt. abl. 7 (hét, hétum, heitið) heißen; versprechen; **hvað heitir hann?** wie heißt er?
**heiti** n. 48 (-, -s, -) Name; Titel; Benennung; Bezeichnung
**heitur** adj. 1 (heit, heitt; heitari, heitastur) warm, heiß
**heldur** adj. 1 (held, helt; -ari, -astur) haltbar, tragbar; der halten kann, tragfähig (Eisdecke, Argumente usw.)
**heldur** adv. komp. (sup. helst) lieber, komp. von **gjarnan** gerne (2.8.1.)
**heldur** kon. sondern, aber
**helga** vt. 4 (helgaði, helgað) widmen
**helmingur** m. 1 (-i, -s, -ar) Hälfte
**hempa** f. 55 (-u, -ur) Talar
**heppnast** vt. 4 (med.) (heppnaðist, heppnast) gelingen
**hér** adv. hier
**héraðssafn** n. 47 (-i, -s, -söfn) Regionalmuseum
**herbergi** n. 48 (-, -s, -) Zimmer
**hestasveinn** m. 2 (-ni, -ns, -nar) Pferdewärter
**hestur** m. 1 (-i, -s, -ar) Pferd; **á hesti, á hestum** zu Pferd
**hetta** f. 55 (-u, -ur) Kapuze
**hey** n. 44 (-i, -s, -) Heu; pl. **hey** Heulast
**heyhirðing** f. 24 (-u, -ar, -ar) Einbringen der Heuernte
**heyra** vt. 2 (heyrði, heyrt) hören; **heyrast** vi. (med.) gehört werden; undeutlich hören, scheinen
**hika** vi. 4 (hikaði, hikað) zögern; wanken; schwanken
**hilla** [hɪtla] f. 55 (-u, -ur) Brett, Bord, Fach; pl. **hillur** Regal; Bretter
**himinblámi** m. 51 (-a, ohne pl.) blaue Farbe des Himmels
**himinn** m. 2 (-mni, -ins, -mnar) Himmel
**himneskur** adj. 1 (-nesk, -neskt; -ari, -astur) wunderbar, wunderschön
**hingað** adv. hier
**hinn** art. (hin, hið 2.1.1) der, die, das
**hinn** dem. pron. (hin, hitt 2.5.4) der andere

**hins vegar** adv. andererseits, auf der anderen Seite

**hitastig** n. 43 (-i, -s, -) Temperatur

**hiti** m. 51 (-a, -ar) Wärme, Hitze; Fieber; pl. **hitar** Wärmeperiode

**hitta** vt. 2 (hitti, hitt) treffen; **hittast** vi. (med.) sich treffen

**hjá** präp. mit dat. bei

**hjálp** f. 23 (-, -ar, ohne pl.) Hilfe

**hjarta** n. 60 (-, hjörtu) Herz

**hjóla** vi. 4 (hjólaði, hjólað) radfahren

**hjón** n. pl. 43 Ehepaar, Eheleute

**hlaða** vt. abl. 6 (präs. hleð; hlóð, hlóðum, hlaðið; impf. konj. hlæði) laden; beladen; aufschichten; **að nú sé þörf að duga að hlaða úr** daß es nun notwendig sei, beim Laden (des Heus) tüchtig zu sein [2]

**hlaða** f. 58 (hlöðu, hlöður) Scheune

**hláka** f. 55 (-u, -ur oder ohne pl.) Tauwetter

**hlána** vi. 4 (hlánaði, hlánað) tauen

**hlaupa** vi. abl. 7 (präs. hleyp; hljóp, hlupum, hlaupið; impf. konj. hlypi) laufen

**hlaupár** n. 43 (-i, -s, -) Schaltjahr

**hleri** m. 51 (-a, -ar) Fensterladen; Falltür

**hljóta** vt. abl. 2 (präs. hlýt; hlaut, hlutum, hlotið; konj. impf. hlyti) müssen; erhalten; erreichen; **hann hlýtur að koma** er muß kommen

**hlusta** vt., vi. 4 (hlustaði, hlustað) hören, zuhören, anhören

**hluti** m. 51 (-a, -ar) Teil

**hlutur** m. 12 (-, -ar, -ir) Gegenstand; Ding; Sache;

**hlýðinn** adj. 4 (hlýðin, hlýðið; hlýðnari, hlýðnastur) gehorsam

**hlýr** adj. 3a (hlý, hlýtt; hlýrri, hlýjastur) warm

**hlæja** vi. abl. 6 (hló, hlógum, hlegið) lachen; **hlæja að e-m** über jemanden lachen

**hnarreistur** adj. 1 (-reist, -reist, -ari, -astur) hochnäsig

**hnýsast** vi. 3 (med.) (hnýstist, hnýst oder hnýstst); **hnýsast í** nachforschen, neugierig sein

**hófur** m. 1 (-i, -s, -ar) Huf

**hollusta** f. 55 (-u, -ur) Treue, Gunst; Ergebenheit; Bekömmlichkeit

**hólmi** m. 51 (-a, -ar) kleine Insel, Holm

**hópur** m. 1 (-i, -s, -ar) Gruppe, Menge, Schwarm
**horfa** vt. 3 (horfði, horft) schauen, betrachten; **horfa á e-ð** etwas ansehen; **horfa til vandræða** Problem sein
**horfur** f. pl. 55 Aussichten, Perspektiven
**Hornafjörður** m. 14 (-firði, -fjarðar) Stadt im südöstlichen Island
**hornaflokkur** m. 1 (-i, -s, -ar) Blasinstrumentorchester
**hráefni** n. 48 (-, -s, -) Rohstoff
**hráefnisþró** f. 35 (-, þróar, -þrær) Rohstoffgrube
**hraun** n. 43 (-i, -s, -) Lava, Lavafeld
**hreiður** n. 46 (-ðri, -urs, -) Nest
**hreinn** adj. 5 (hrein, hreint; hreinni, hreinastur) sauber, rein, klar
**hreppstjóri** m. 51 (-a, -ar) Gemeindevorsteher
**hríð** f. 23 (-, -ar, -ar) Schneesturm; Zeitspanne
**hrífa** f. 55 (-u, -ur) Harke, Rechen
**hrífuskaftsendi** m. 51 (-a, -ar) Ende des Stiels der Harke
**hrím** n. 43 (-i, -s, ohne pl.) Rauhreif
**hríma** vi. 4 (hrímaði, hrímað); það **hrímar** es bildet sich Rauhreif
**hringja** vi., vt. 2 (hringdi, hringt) klingeln; telephonieren; anrufen
**hrútaber** n. 44 (-i, -s, -) Steinbeere
**Hrútafjörður** m. 14 (-firði, -fjarðar) Fjordname in Westisland (eigentl. »Fjord der Böcke«)
**húð** f. 29 (-, -ar, -ir) Haut; Fell; dünne Schicht
**hugmynd** f. 29 (-, -ar, -ir) Idee; Vorstellung
**hugsa** vt. 4 (hugsaði, hugsað) denken
**hugsi** adj. unfl. gedankenvoll; in Gedanken versunken (absorbiert)
**hugsun** f. 31 (-, -unar, -anir) Gedanke
**hugur** m. 8 (-i, -ar, -ir) Gedanke; Sinn, Geist, Gemüt, Mut, Interesse
**hún** pron. pers. f. (2.5.1) sie
**Húnaflói** m. 51 (-a, -ar) Bucht im westlichen Island (eigentl. »Bucht der Bärenjungen«)
**hundrað** z. n. 50 (-i, -s, hundruð) hundert, 100
**hundur** m. 1 (-i, -s, -ar) Hund
**húnn** m. 1 (húni, húns, hú-

nar) Knopf, Klinke; Bärenjunge; **draga fána að húni** die Fahne hissen

**hús** n. 43 (-i, húss, -) Haus

**húsakynni** n. pl. 48 Raum; Wohnräume; Arbeitsräume

**húsgagn** n. 47 (-i, -s, húsgögn) Möbelstück; pl. **húsgögn** Möbel

**húsnæðisekla** f. 55 (-u, ohne pl.) Wohnraummangel

**hvað** inter. pron. (2.5.6) was; **reyna, hvað þeir geta** versuchen das, was sie können [4]

**hvaða** inter. pron. (2.5.6) was für ein; wer; welcher

**Hvannadalshnjúkur** m. 1 (-i, -s) Name des höchsten Berggipfels Islands

**hvar** adv. wo

**hvassviðri** n. 48 (-, -s, -) stürmisches Wetter; Sturmböen

**hveiti** n. 48 (-, -s, ohne pl.) Weizen

**hvenær** adv. wann

**hver** inter. pron. (2.5.6) wer

**hver** ind. pron. (2.5.7) jeder

**hver** m. 11 (-, -s, -ir) heiße Quelle; Springquelle

**Hveragerði** n. 48 (-, -s) Ort etwa 35 km südöstlich von Reykjavík

**hverfa** vi. abl. 3 (hvarf, hurfum, horfið) verschwinden

**hvergi** adv. nirgends; gar nicht

**hvernig** adv. wie

**hvessa** vi. 3 (hvessti, hvesst) windig werden; vt. **hvessa augun (augum) á e-ð** etwas scharf ansehen

**hvíla** vi., vt. 3 (hvíldi, hvílt) ruhen, stehen; **hvíla sig** sich ausruhen; **brúin hvílir á stöplum** die Brücke steht auf Pfeilern

**hvítur** adj. 1 (hvít, hvítt; -ari, -astur) weiß

**hvor** inter. pron. (2.5.6) wer von beiden

**hvorki – né** kon. weder – noch

**hvort** kon. ob

**hyrningur** m. 1 (-i, -s, -ar) Bergspitze

**hæð** f. 29 (-, -ar, -ir) Höhe

**hægt** adv. möglich

**hæli** n. 48 (-, -s, -) Zufluchtsort; Sanatorium; **leita hælis** Asyl suchen, Zuflucht suchen

**hænsni** n. pl. 48 (koll.) Hühner

**hætta** vt. 2 (hætti, hætt) aufhören; riskieren; **hætta störfum** aufhören; aufgeben; seinen Beruf aufgeben

**höfðingi** m. 52 (-ja, -jar) Häuptling; pl. vornehme Leute

**höfn** f. 30 (-, hafnar, hafnir) Hafen

**höfuð** n. 46 (höfði, höfuðs, -) Kopf; Haupt

**höfuðborg** f. 29 (-, -ar, -ir) Hauptstadt

**hömlur** f. pl. 58 Beschränkungen; **leggja hömlur á** Beschränkungen auferlegen

**hönd** f. 36 (-, handar, hendur) Hand, Arm; **borga út í hönd** bar bezahlen; **hafa jöfnum höndum** gleichberechtigt sein (haben); **hafa e-ð með höndum** sich mit etwas beschäftigen (im dat. sg. existiert auch die Form **hendi**, die fast immer mit dem Artikel verwendet wird: **hendinni**)

## I, Í

**í** präp. mit dat. oder akk. in; **í Þýskalandi** in Deutschland; **í Reykjavík** in Reykjavík; **í dag** heute; **í gær** gestern

**íbúðarhús** n. 43 (-i, -húss, -) Wohnhaus; Wohnheim

**íbúi** m. 51 (-a, -ar) Einwohner

**iðnaður** m. 1 (-i, -ar, ohne pl.) Industrie

**illur** [itlʏr] adj. 1 (ill, illt; verri, verstur) schlecht, schlimm

**ímynd** f. 29 (-, -ar, -ir) Abbild; Symbol; Ebenbild

**indígóblár** adj. 3 (-blá, -blátt; -blárri, -bláastur) hellblau, indigoblau

**Inga** f. 55 (-u) weibl. Vorname

**Ingi** m. 51 (-a) männl. Vorname

**Ingólfur** m. 8 (-i, -s) Eigenname (hier, Bootsname)

**inn** adv. hinein, herein

**innanlands** adv. im Lande, im Inland

**innflutningur** m. 1 (-i, -s, ohne pl.) Einfuhr, Import

**inni** adv. drin, drinnen; innen

**innkaup** n. pl. 43 Einkauf; Einkaufen

**innkaupastjóri** m. 51 (-a, -ar) Einkaufsdirektor

**innkaupavagn** m. 1 (-i, -s, -ar) Einkaufswagen

**innlendur** adj. 1 (innlend, innlent; -ari, -astur) inländisch

**innri** adj. komp. (sup. innstur) innerer; weiter innen

**innsigling** f. 24 (-u, -ar, -ar) Einfahrt (in einen Hafen, eine Bucht usw.)

**ís** m. 1 (-, íss, ísar) Eis; pl. **ísar** Eisdecke

**ísaldarjökull** m. 2 (-kli, -kuls, -klar) Eiszeitgletscher

**ísbjörn** m. 14 (-birni, -bjarnar, -birnir) Eisbär

**Ísland** n. 47 (-i, -s) Island; **á Íslandi** in Island

**Íslandsklukkan** f. 55 die Islandglocke

**Íslendingur** m. 1 (-i, -s, -ar) Isländer

**íslenska** f. 55 (-u) Isländisch (isländische Sprache)

**íslenskur** adj. 1 (íslensk, íslenskt; -ari, -astur) isländisch

**ítak** n. 47 (-i, -s, ítök) Recht; Nutzung; **eiga ítök í e-u** Einfluß auf etwas haben [6]

**íþróttafólk** n. 43 (-i, -s, ohne pl.) Sportler (pl.)

**íþróttasamband** n. 47 (-i, -s, -sambönd) Sportverein

## J

**ja** adv. ja (bei schwankender unsicherer Antwort zwischen ja und nein)

**já** adv. ja

**jafn** adj. 1 (jöfn, jafnt; -ari, -astur) gleich; eben; **eru ekki allir hér jafnir hver öðrum?** sind nicht alle hier gleich?

**jafnóðum** adv. sofort

**jafnréttisboð** n. 43 (-i, -s, -) Gleichberechtigungsgebot

**jafnsnemma** adv. gleichzeitig

**jafnvel** adv. sogar

**jakkaföt** n. pl. 47 Anzug

**janúar** m. unfl. Januar

**jarðskjálfti** m. 51 (-a, -ar) Erdbeben

**járnbraut** f. 29 (-, -ar, -ir) Eisenbahn; Bahn, Zug

**jeppi** m. 51 (-a, -ar) Jeep

**Jóhann** m. 1 (-i, -s) männl. Vorname

**Jóhanna** f. 58 (-u) weibl. Vorn.

**Jói** m. 51 (-a) männl. Vorname

**jól** n. pl. 43 Weihnachten

**jólasveinn** m. 2 (-sveini, -sveins, -sveinar) Weihnachtsmann

**jólatré** n. 45 (-, -s, -) Weihnachtsbaum

**Jón** m. 1 (-i, -s) männl. Vorname

**Jónsmessuleytið: um Jónsmessuleytið** um den 24. Juni [8] (der 24. Juni ist ein alter isländischer Feiertag, der nach einem isländischen Bischof **Jónsmessa** (f. 55) »Messe des heiligen Jón« genannt wurde; ursprünglich: Messe des Heiligen Johannes)

**jú** adv. der Bejahung (2.8.2) doch

**júlí** m. unfl. Juli

**júní** m. unfl. Juni

**jöfnuður** m. 13 (jafnaði, jafnaðar, jöfnuðir) Ausgleich; **að jafnaði** in der Regel, im allgemeinen

**jökull** m. 2 (-kli, -uls, -klar) Gletscher

**jörð** f. 30 (32) (-, -ar, -ir) Erde; Boden; Humus; Grundbesitz; **á jörðu** auf der Erde

K

**kaf** n. 47 (-i, -s, köf); **fara í kaf** ins Wasser tauchen; untertauchen

**kaffi** n. 48 (-, -s, ohne pl.) Kaffee

**kaffibolli** m. 51 (-a, -ar) eine Tasse Kaffee

**kaffisalur** m. 9 (-, -s, -ir) Kaffeeraum

**kaldur** adj. 1 (köld, kalt; -ari, -astur) kalt

**Kálfur** m. 1 (-i, -s, -ar) männl. Vorname

**kálfur** m. 1 (-i, -s, -ar) Kalb

**kalla** vt. 4 (kallaði, kallað) rufen, nennen, benennen; **kalla á e-n** jemanden rufen

**kanna** vt. 4 (kannaði, kannað) erforschen, ergründen; **kannast við e-ð** (med.) etwas zugeben; sich an etwas erinnern; **kannast við e-n** sich an jemanden erinnern

**kannske** adv. vielleicht

**kápa** f. 55 (-u, -ur) Mantel

**karfa** f. 58 (körfu, körfur) Korb

**karlmaður** m. 22 (-manni, -manns, -menn) Mann

**karlmannsverk** n. 43 (-i, -s, -) Arbeit für Männer, Männerarbeit

**katólskur** adj. 1 (katólsks, katólskt; -ari, -astur) katholisch

**kaup** n. 43 (-i, -s, -) Lohn, Gehalt; pl. **kaup** Kauf; **verða af kaupinu** die Kaufbedingungen nicht einhalten; die Wette verlieren

**kaupa** vt. 2 (keypti, keypt) kaufen

**kaupfélag** n. 49 (-i, -s, -félög) kooperative Handelsgesellschaft

**kaupmaður** m. 22 (-manni, -manns, -menn) Kaufmann

**Kaupmannahöfn** f. 30 (-, -ar) Kopenhagen

**keðjukjallari** m. 51 (-a, -ar) Kettenkasten (im Vorschiff)

**Keflavíkurflugvöllur** m. 13 (-velli, -vallar) der Flughafen zu Keflavík (Islands internationaler Flughafen)

**kennari** m. 51 (-a, -ar) Lehrer, Lehrerin

**kennisetning** f. 24 (-u, -ar, -ar) Dogma, Lehre
**kennsla** f. 55 (-u, ohne pl.) Unterricht
**keppnisferð** f. 29 (-, -ar, -ir) Wettkampfreise; Sportbesuch
**kerling** f. 24 (-u, -ar, -ar) alte Frau
**kerra** f. 55 (-u, -ur) Karre; Anhänger
**Kína** n. unfl. China
**kind** f. 34 (-, -ar, -ur) Schaf
**Kínverji** m. 51 (-a, -ar) Chinese
**kirkja** f. 56 (-ju, -jur) Kirche
**Kísiliðja** f. 56 (-ju, -jur) Kiesel(gur)fabrik, Kieselgurwerk
**kjallaraop** n. 43 (-i, -s, -) Kelleröffnung
**kjarr** n. 47 (-i, -s, ohne pl.) Gesträuch; Busch
**kjóllaf** n. 47 (-i, -s, -löf) Kleiderrand
**kjörbúð** f. 29 (-, -ar, -ir) Selbstbedienungsladen; Supermarkt
**kjörorð** n. 43 (-i, -s, -) Wahlspruch, Motto
**kjörréttur** m. 8 (-i, -s oder -ar, -ir) beliebte Speise; gute Speise
**kjöt** n. 43 (-i, -s, ohne pl.) Fleisch
**klaki** m. 51 (-a, -ar) Eis
**klukka** f. 55 (-u, -ur) Uhr; Uhrzeit; **klukkan er 10** es ist 10 Uhr
**klukkustund** f. 29 (-, -ar, -ir) Stunde
**klæða** vt. 2 (klæddi, klætt) anziehen; **klæða sig, klæðast** (med.) sich anziehen
**klæðaþytur** m. 9 (-, -s, -ir) Kleiderrascheln; Geräusch von Kleidern
**kokkur** m. 1 (- oder -i, -s, -ar) Koch
**Kolbeinsey** f. 28 (-, -jar, -jar) Name einer kleinen unbewohnten Insel nördlich von Island
**koli** m. 51 (-a, -ar) Scholle
**kolsýrustækja** f. 56 (-ju, ohne pl.) Rauchgestank
**koma** vi. abl. 4 (kom, komum, komið; präs. kem; impf. konj. kæmi) kommen; **koma af e-u** von etwas stammen; **koma með** mitbringen; mitkommen; **koma sér saman um e-ð** sich über etwas einigen; **koma upp** aufgehen (Sonne, Mond); **koma fyrir** vorkommen, geschehen; **koma saman um** sich einig werden; **koma á land** ans Land bringen; er **komið undir þak** ist errich-

tet worden [3]; **vera kominn yfir e-ð** etwas überwunden haben [4]; **koma niður á e-m** jemand leidet für etwas [4]; **koma fram úr myrkri fornaldarinnar** aus dem Dunkel des Altertums hervortreten [6]; **koma í leitirnar** gefunden werden [9]; **koma út** erscheinen [9]; **koma til greina** möglich sein [10]

**komast** vi. abl. 4 (med.) (komst, komumst, komist; präs. kemst; impf. konj. kæmist) gelangen; ankommen; **komast upp á e-ð** sich an etwas gewöhnen; **komast að** Platz finden [4]; entdecken

**kona** f. 55 (-u, -ur; gen. pl. kvenna) Frau

**kóngur** m. 1 (-i, -s, -ar) König

**Kópavogsbúi** m. 51 (-a, -ar) Einwohner von Kópavogur

**Kópavogur** m. 1 (-i, -s) Ortsname (südliche Vorstadt von Reykjavík)

**korter** n. 43 (-i, -s, -) Viertelstunde (15 Minuten)

**kostnaður** m. 1 (-i, -ar, ohne pl.) Kosten, Kostenaufwand

**kostur** m. 12 (-, -ar oder -s, -ir) Vorteil; Alternative; Ausweg; **hann á ekki margra kosta völ** er hat nicht viele Alternativen; **eiga kost á** Möglichkeit haben [5]

**krakki** m. 51 (-a, -ar) Kind

**kring** adv. **í kring** rundum, herum; **árið um kring** das ganze Jahr; **í krók og kring** von allen Seiten

**kringum** präp. mit akk. um; gegen; ringsum

**Kristín** f. 24 (-u, -ar) weibl. Vorname

**kristni** f. 57 (-, ohne pl.) Christentum, christliche Religion

**krækiber** n. 44 (-i, -s, -) schwarze Krähenbeere

**kúabú** n. 43 (-i, -s, -) Hof für Milchwirtschaft; Rinderzucht, Rinderhaltung

**kuðungur** m. 1 (-i, -s, -ar) Schneckengehäuse

**kuldi** m. 51 (-a, -ar) Kälte; pl. **kuldar** Kälteperiode

**kunna** vt. ur (2.6.6) (kann, kunni, kunnað) können, wissen; **kunna við sig** sich wohl fühlen; **kunna við e-ð** etwas gefallen

**kunningi** m. 52 (-ja, -jar) Bekannter

**kútter** m. 1 (-, -s, -ar) Fischkutter

**kvarta** vt. 4 (kvartaði, kvartað) klagen, sich beklagen

**kveðast** vi. abl. 5 (med.) (kvaðst, kváðumst, kveðist) sagen, behaupten
**kveikja** vt. 2 (kveikti, kveikt) Licht machen; zünden
**kvenfólk** n. 43 (-i, -s, ohne pl.) Frauen; das weibliche Geschlecht
**kvenmaður** m. 22 (-manni, -manns, -menn) Frau; Weib
**kvenmannsverk** n. 43 (-i, -s, -) Frauenarbeit, Arbeit für Frauen
**kverk** f. 23 (-, -ar, -ar) Kinn; pl. **kverkar** Kehle
**kvöld** n. 43 (-i, -s, -) Abend; **á kvöldin** abends; **í kvöld** heute abend
**kvöldkaffi** n. 48 (-, -s, -) Abendkaffee
**kvöldmatur** m. 12 (-, -ar, ohne pl.) Abendessen
**kvöldsnarl** n. 43 (-, -s, ohne pl.) leichte Abendmahlzeit
**kvöldverður** m. 8 (-i, -ar, -ir) Abendessen
**kvæði** n. 48 (-, -s, -) Gedicht
**kynslóð** f. 29 (-, -ar, -ir) Generation
**kyrr** adj. 1 (kyrr, kyrrt; -ari, -astur) ruhig, still
**kyrrð** f. 29 (-, -ar, -ir) Ruhe, Stille
**kýr** f. 38 (kú, -, -) Kuh
**kölski** m. 51 (-a, -ar) (der) Teufel
**köttur** m. 13 (ketti, kattar, kettir) Katze

L

**lá** vt. 2 (láði, láð) verdenken; verübeln (**lá** wird nur mit Verneinung verwendet); **öngvum er láandi** es kann niemandem übel genommen werden
**lamb** n. 47 (-i, -s, lömb) Lamm
**lampi** m. 51 (-a, -ar) Lampe
**land** n. 47 (-i, -s, lönd) Land; **inni í landi** im Inneren des Landes
**landbúnaður** m. 1 (-i, -ar, ohne pl.) Landwirtschaft
**landfastur** adj. 1 (-föst, -fast; -ari, -astur) landfest
**landnám** n. 43 (-i, -s, -) Landnahme
**landnámsmaður** m. 22 (-manni, -manns, -menn) Kolonist, Landnehmer, Ansiedler
**Landsbókasafn** n. 47 (-i, -s, -söfn) Nationalbibliothek
**landsbyggð** f. 29 (-, -ar, -ir) Land (als Gegensatz zur Stadt)
**landslag** n. 47 (-i, -s, ohne pl.) Landschaft
**landslið** n. 43 (-i, -s, -) Landmannschaft (im Sport)

**langa** vt. 4 (langaði, langað) wollen, wünschen; **langa til e-s** etwas mögen; Lust zu etwas haben
**langafi** m. 51 (-a, -ar) Urgroßvater
**langamma** f. 58 (ömmu, -ömmur) Urgroßmutter
**langt** adv. entfernt, weit weg
**langur** adj. 1 (löng, langt; lengri, lengstur) lang
**láta** vt. abl. 7 (präs. læt; lét, létum, látið) lassen; hinlegen, legen, stellen
**laug** f. 23 (-, -ar, -ar) warme Quelle; Schwimmbassin
**laugardagur** m. 1 (-degi, -s, -ar) Sonnabend, Samstag
**laus** adj. 1 (laus, laust; -ari, -astur) frei, lose; locker; vakant; **laust eftir klukkan 10** kurz nach 10 Uhr [9]
**lausgöngufjós** n. 43 (-i, -fjóss, -) Kuhstall, in dem die Kühe frei herumlaufen können
**lausn** f. 29 (-, -ar, -ir) Lösung
**lax** m. 1 (-i, -s, -ar) Lachs
**leggja** vt. 1 (lagði, lagt) legen, hinlegen; **leggja upp hjá frystihúsinu** dem Gefrierhaus den Fisch bringen [4]; **leggja af stað** aufbrechen; abfahren
**leið** f. 29 (-, -ar, -ir) Weg, Route; **á leiðinni** unterwegs; **heim á leið** auf den Heimweg; Buslinie [9]
**leiða** vt. 2 (leiddi, leitt) führen, leiten; **leiða af e-u** aus etwas folgen; **leiðast** vi. (med.) Arm in Arm (Hand in Hand) gehen
**leiðangur** m. 3 (-ngri, -urs, -ngrar) Expedition
**leiðast** vi. 2 (leiddist, leiðst) sich langweilen
**leiðinlegur** adj. 1 (-leg, -legt; -(a)ri, -astur) langweilig, häßlich
**leifar** f. pl. 23 Reste, Überbleibsel
**leigubíll** m. 2 (-, -s, -ar) Taxe
**leiguhúsnæði** n. 48 (-, -s, ohne pl.) Mietwohnung; Mietwohnraum
**leika** vt. abl. 7 (lék, lékum, leikið) spielen; **leika sér** spielen
**leikfang** n. 47 (-i, -s, -föng) Spielzeug
**leikfélag** n. 49 (-i, -s, -félög) schauspielerischer Verein
**leikhús** n. 43 (-i, -húss, -) Theater; Schauspielhaus
**leit** f. 29 (-, -ar, -ir) Suche; pl. **leitir** Abtrieb der Schafe von der Hochweide im Herbst
**leita** vt. 4 (leitaði, leitað) suchen; **leita e-s** nach etwas

suchen; **leita að e-u** etwas suchen; **leita suður** nach Reykjavík fahren [4] (Redeweise auf dem Lande in Island)

**leitarmaður** m. 22 (-manni, -manns, -menn) Sucher; Mitglied einer Such- oder Rettungsmannschaft

**lenda** vt. vi. 2 (lenti, lent) landen

**lengi** adv. lange Zeit; lange

**lesa** vt. abl. 5 (las, lásum, lesið) lesen

**lest** f. 29 (-, -ar, -ir) Laderaum; Tonne (Gewichtseinheit, 1000 kg); Bahn, Eisenbahn

**lestrarbók** f. 34 (-, -ar, -bækur) Lesebuch

**léttur** adj. 1 (létt, létt; -ari, -astur) leicht, munter; einfach; **hann hefur léttan bíl** er hat einen einfachen Wagen; **verða léttari** entbunden werden

**leyti** n. 48 (-, -s); **að nokkru leyti** zum Teil; **að þessu leyti** in dieser Hinsicht

**líða** vi. abl. 1 (leið, liðum, liðið) schweben, gleiten; vergehen; gehen; leiden; **tíminn líður** die Zeit vergeht; **frá löngu liðnum tímum** von längst vergangenen Zeiten [6]

**líf** n. 43 (-i, -s, -) Leben; Lebenszeit

**lifa** vi., vt. 3 (lifði, lifað) leben

**lífsskoðun** f. 31 (-, -unar, -anir) Lebensansicht; Lebensphilosophie

**liggja** vi. abl. 5 (lá, lágum, legið) liegen; krank liegen; führen (Weg, Straße); **staðurinn liggur inni í landi** der Ort befindet sich (liegt) im Inneren des Landes

**líka** adv. auch

**líkami** m. 51 (-a, -ar) Körper

**líkamsburður** m. 8 (-i, -ar, -ir) körperliche Kraft; körperliche Gesundheit

**líklega** adv. wahrscheinlich

**líknsamur** adj. 1 (-söm, -samt; -ari, -astur) barmherzig

**líkur** adj. 1 (lík, líkt; líkari, líkastur) ähnlich, gleich

**líkþrá** f. 26 (-, líkþrár, ohne pl.) Lepra

**lína** f. 55 (-u, -ur) Linie; Angelleine

**listasafn** n. 47 (-i, -s, -söfn) Kunstmuseum; Kunsthalle

**líta** vi., vt. abl. 1 (leit, litum, litið) sehen, schauen; blikken; erblicken; **líta út** aussehen; **líta inn** einkommen, einblicken, kurz besuchen

**litaður** adj. 1 (lituð, litað; litaðri, litaðastur) gefärbt

**lítill** adj. 6 (lítil, lítið; minni, minnstur) klein

**litur** m. 9 oder 10 (-, -s oder -ar, -ir) Farbe

**litur** adj. 1 (lit, litt, ohne komp. und sup.) gefärbt; Farbe haben (wird nur prädikativ gebraucht)

**ljóðabók** f. 34 (-, -ar, -bækur) Gedichtsammlung

**ljóðrænn** adj. 5 (-ræn, -rænt; -rænni, -rænastur) lyrisch

**ljós** n. 43 (-i, -ljóss, -) Licht

**ljós** adj. 1 (ljós, ljóst; -ari, -astur) hell

**ljúka** vt. abl. 2 (präs. lýk; lauk, lukum, lokið; impf. konj. lyki) enden; beenden; abschließen; zu Ende führen (bringen); **ég hafði nýlokið við** ich war eben fertig mit [8]

**loðnuskip** n. 43 (-i, -s, -) Loddenschiff; Schiff, das Lodden fängt

**lófi** m. 51 (-a, -ar) Handfläche

**loft** n. 43 (-ri, -s, -) Luft; Atmosphäre; Decke; oberes Stockwerk; Boden, Dachboden; **sólin er á lofti** die Sonne steht am Himmel

**Loftleiðir** m. pl. (Flexion jedoch nach **leið** f. 29 »Weg«) Name der isländischen Fluggesellschaft (eigentl. »Luftwege«)

**logn** n. 43 (-i, -s, ohne pl.) Windstille

**lok** n. 43 (-i, -s, -) Deckel; pl. **lok** Schluß; **að lokum** endlich, am Ende

**loka** vt. 4 (lokaði, lokað) schließen, sperren

**loks** adv. endlich

**lokun** f. 31 (-, -unar, -anir) Schließung, Verschließen; **lokun verslana** Geschäftsschluß

**losa** vt. 4 (losaði, losað) befreien; lockern; **losa regnið** den Regen loslassen

**lúða** f. 55 (-u, -ur) Heilbutt

**lúgarsgólf** n. 43 (-i, -s, -) Boden im Mannschaftsraum im vorderen Teil des Schiffes

**lúkar** m. 9 (-, -s, -ir oder -ar) Vorderraum (im Schiff)

**lundi** m. 51 (-a, -ar) Papageitaucher

**lunga** n. 59 (-, -u) Lunge

**lýðveldi** n. 48 (-, -s, -) Republik

**lýsa** vi., vt. 2 (lýsti, lýst) beschreiben; beleuchten

**lægð** f. 29 (-, -ar, -ir) Tiefdruckkern, Tiefdruckgebiet; Niederung

**læknir** m. 4 (-i, -s, -ar) Arzt
**lögregla** f. 55 (-u, -ur) Polizei; Polizist
**lögreglumaður** m. 22 (-manni, -manns, -menn) Polizist
**löngu** adv. lange; **löngu síðar** viel später
**löstur** m. 13 (lesti, lastar, lestir) Laster; Nachteil

M

**maður** m. 22 (manni, manns, menn) Mann; Ehemann
**maður** ind. pron. (2.5.7) man
**mágkona** f. 55 (-u, -ur, gen. pl. mágkvenna) Schwägerin
**mágur** m. 1 (-i, -s, -ar) Schwager
**maí** m. unfl. Mai
**mál** n. 43 (-i, -s, -) Sache, Sachverhalt; Sprache
**mála** vt. 4 (málaði, málað) anstreichen, malen
**málsháttur** m. 16 (-hætti, -háttar, -hættir) Sprichwort; Spruch
**máltíð** f. 29 (-, -ar, -ir) Mahlzeit
**málverkasafn** n. 47 (-i, -s, -söfn) Galerie, Gemäldemuseum
**mamma** f. 58 (mömmu, mömmur) Mamma, Mutti
**mannanafn** n. 47 (-i, -s, -nöfn) Personenname
**mannamál** n. 43 (-i, -s, -) Stimme, menschliche Stimme
**manndómsár** n. pl. 43 Erwachsenenjahre
**mannkyn** n. 43 (-i, -s, -) Menschheit
**mannvirðingar** f. pl. 24 Ehre; Ansehen; Stellung
**mannvirki** n. 48 (-, -s, -) Bauwerk; Bau
**mánuður** m. 12 (-i, -aðar, -ir) Monat
**mánudagur** m. 1 (-degi, -dags, -dagar) Montag
**Margrét** f. 25 (-i, -ar) weibl. Vorname
**margur** adj. 1 (mörg, margt; fleiri, flestur) viel, viele; **margs konar** vielerlei; verschiedenartig
**margvíslega** adv. vielerlei; verschieden; **eru margvíslega litar** haben viele Farben, sind bunt
**margvíslegur** adj. 1 (-leg, -legt; -legri, -legastur) verschieden
**marka** vt. 4 (markaði, markað) markieren; **marka stefnu** die Richtung eines Programms bestimmen
**mars** m. unfl. März

**máttur** m. 16 (mætti, máttar, ohne pl.) Macht; Kraft; **af öllum mætti** mit seinen ganzen Kräften

**matur** m. 12 (-, -ar, ohne pl.) Essen

**með** präp. mit dat. oder akk. (2.7.0) mit

**meðal** präp. mit gen. unter; **meðal annars** unter anderem (abgekürzt **m. a.**)

**meðan** konj. während, solange

**meðlæti** n. 48 (-, -s, ohne pl.) Kaffeebrot; Kuchen (die mit Kaffee gegessen werden)

**mega** vt. ur. (2.6.6) (má, mátti, mátt) dürfen; **mega til** müssen, gezwungen sein

**meginland** n. 47 (-i, -s, -lönd) Festland, Kontinent

**meir** adv. mehr

**menning** f. 24 (-u, -ar, -ar) Kultur, Zivilisation

**mennskur** adj. 1 (mennsk, mennskt; -ari, -astur) menschlich

**menntun** f. 31 (-, -unar, ohne pl.) Ausbildung; Studium

**merki** n. 48 (-, -s, -) Zeichen, Anzeichen; Symptom; Marke; Signal; **bera merki e-s** Spuren von etwas zeigen

**merkilega** adv. bedeutungsvoll, bedeutend; ausgezeichnet

**Merkjalækur** m. 10 (-, -jar, -ir) Ortsname (eigentl. »Grenzbach«)

**merkur** adj. 1 (merk, merkt; -ari, -astur) berühmt, bekannt

**mestallur** ind. pron. (**allur** + Präfix **mest** »fast, beinahe«) fast alles, beinahe alles

**mestmegnis** adv. zum größten Teil hauptsächlich

**meta** vt. abl. 5 (mat, mátum, metið; impf. konj. mæti) schätzen, abschätzen

**metri** m. 51 (-a, -ar) oder **meter** m. 51 (-a, -ar) oder unregelmäßig (meters, pl. metrar) Meter

**mið** n. pl. 43 Fanggebiet(e); **taka mið af** vergleichen [4]

**miða** vt. 4 (miðaði, miðað) zielen; **miða við e-ð** mit etwas vergleichen

**miðbik** n. 43 (-i, -s, ohne pl.) mittlerer Teil

**miður** adj. 3a (mið, mitt) mitten, mittel-, mittlerer; **mið nótt** Mitternacht

**miðnætti** n. 48 (-, -s, -) Mitternacht

**miðnætursólarferð** f. 29 (-, -ar, -ir) Mitternachtssonnenreise

**miðvikudagur** m. 1 (-degi, -s, -ar) Mittwoch

**mikið** adv. (komp. meira, sup. mest) viel

**mikill** adj. 6 (mikil, mikið; meiri, mestur) groß

**mikilvægur** adv. 1 (-væg, vægt; -ari, astur) wichtig, bedeutsam

**mildi** f. 57 (-, ohne pl.) Milde, Güte

**milli** [mɪtlɪ] präp. mit gen. zwischen

**milljón** z. f. 29 (-, -ar, -ir) Million

**minn** poss. pron. (2.5.3) mein

**minna** vt. 2 (minnti, minnt) erinnern; **minna á e-ð** an etwas erinnern; **minnast e-s** (med.) sich an etwas erinnern

**minni** n. 48 (-i, -s, ohne pl.) Gedächtnis

**minni** adj. komp. (sup. minnstur) kleiner, siehe **lítill** klein (2.3.5)

**minning** f. 24 (-u, -ar, -ar) Erinnerung; Andenken

**minnisstæður** adj. 1 (-stæð, -stætt; -ari, -astur); **vera e-m minnisstæður** für jemanden unvergeßlich sein [5]

**minnstur** adj. sup. der kleinste (siehe **lítill**)

**mínúta** f. 55 (-u, -ur) Minute

**misjafn** adj. 1 (-jöfn, -jafnt; -ari, -astur) unterschiedlich

**mistök** n. pl. 47 (gen. pl. mistaka) Fehler; Irrtum; Versehen

**mitti** n. 48 (-, -s, -) Taille

**mjólka** vt. 4 (mjólkaði, mjólkað) melken

**mjúkur** adj. 1 (mjúk, mjúkt; mýkri, mýkstur oder mjúkari, mjúkastur) weich, sanft

**mjög** adv. sehr

**móðir** f. 40 (-ur, -ur, mæður) Mutter

**móðurafi** m. 51 (-a, -ar) Vater der Mutter (Großvater)

**móðuramma** f. 58 (-ömmu, ömmur) Mutter der Mutter (Großmutter)

**móðurbróðir** m. 18 (-ur, -ur, -bræður) Onkel (Bruder der Mutter)

**móðursystir** f. 42 (-ur, -ur, -ur) Tante (Schwester der Mutter)

**molakaffi** n. 48 (-, -s, ohne pl.) Kaffe mit Würfelzucker

**mórauður** adj. 1 (-rauð, -rautt; -rauðari, -rauðastur) hellbraun

**Morgunblaðið** n. 47 Morgenblatt (Islands größte Tageszeitung)

**morgunkaffi** n. 48 (-, -s, ohne pl.) Frühstück, Kaffee zum Frühstück

**morgunmatur** m. 12 (-, -ar, ohne pl.) Frühstück
**morgunn** m. 2 (-rgni, -guns, -rgnar) Morgen; **á morgun** morgen; **í morgun** heute morgen; **til morguns** bis morgen; **á morgun eftir hádegi** morgen nachmittag; **í býtið á morgun** morgen früh; **í býtið í morgun** heute morgen früh; **á morgnana** morgens, jeden Morgen
**morgunverður** m. 8 (-i, -ar, ir) Frühstück
**mót** n. 43 (-i, -s, -) Treffen, Zusammenkunft
**móta** vt. 4 (mótaði, mótað) formen; prägen; modellieren; **mótast** vi. (med.) sich formen, sich festigen
**móttakandi** m. 53 (-a, -takendur) Empfänger
**múli** m. 51 (-a, -ar) Vorgebirge
**muna** vt. ur. (2.6.6) (man, mundi, mundað; impf. konj. myndi) erinnern, sich erinnern
**munu** vi. def. (2.6.3) werden (Hilfsverb des Fut. und des Kond.)
**munur** m. 9 (-, -ar, -ir) Unterschied; pl. **munir** Sachen
**mynd** f. 29 (-, -ar, -ir) Bild, Photographie; Porträt
**mynda** vt. 4 (myndaði, myndað) bilden
**myndarlegur** adj. 1 (-leg, -legt; -(a)ri, -astur) stattlich; schön; geschickt
**myndast** vi. 4 (myndaðist, myndast) sich bilden, entstehen; photographiert werden
**myrkur** n. 46 (-rkri, -s, ohne pl.) Dunkelheit, Finsternis
**mæðgin** n. pl. 43 Mutter und Sohn
**mæðgur** f. pl. 55 Mutter und Tochter
**mægðir** f. pl. 29 Verschwägerung
**mæla** vt. 2 (mælti, mælt) sagen; **mæla sér mót** ein Treffen vereinbaren
**mæla** vt. 2 (mældi, mælt) messen
**m. ö. o = með öðrum orðum** mit anderen Worten
**mögulegur** adj. 1 (-leg, -legt; -(a)ri, -astur) möglich
**möguleiki** m. 51 (-a, -ar) Möglichkeit
**mörk** f. 36 (-, merkur oder markar, merkur) Wald; 1/2 Pfund, halbes Pfund

## N

**ná** vt. 2 (präs. næ; náði, náð) erreichen; **ná í strætó** den Bus erreichen; **ná saman**

zusammentragen, zusammenbringen; **ná tali af e-m** mit jemandem sprechen

**nafn** n. 47 (-i, -s, nöfn) Name; **er af nafni föður míns** wird vom Namen meines Vaters abgeleitet

**nágranni** m. 51 (-a, -ar) Nachbar

**náinn** adj. 4 (náin, náið; nánari, nánastur) intim; nahe; **nánar til tekið** genauer gesagt [5]; **í náinni framtíð** in der nächsten Zukunft [9]

**nálægur** adj. 1 (-læg, -lægt; -(a)ri, -astur) nahe, nahe gelegen; **nálægt árinu 870** um das Jahr 870

**náttúra** f. 55 (-u, ohne pl.) Natur

**náttúrlega** adv. gewiß, sicher; natürlich

**náttúrufyrirbæri** n. 48 (-, -s, -) Naturphänomen

**náttúruhamfarir** f. pl. 30 Naturereignisse; Naturkatastrophen

**nauðsynlega** adv. absolut; notwendig; unbedingt

**nauðsynlegur** adj. 1 (-leg, -legt; -(a)ri, -astur) notwendig

**naumast** adv. kaum

**neðan** adv. von unten; **neðan við** unterhalb

**neðanhríð** f. 23 (-, -ar, -ar) Schneesturm (von unten); Schneeverwehungen; Schneetreiben

**neðri** adj. komp. (sup. neðstur) der untere; **neðri hluti** der untere Teil; **hið neðra** im unteren Teil [5]

**nefna** vt. 2 (nefndi, nefnt) nennen; **nefnast** vi. (med.) genannt werden

**nefnd** f. 29 (-, -ar, -ir) Ausschuß, Kommission, Komitee

**nei** adv. nein

**neinn** ind. pron. (2.5.7) niemand, keiner; **ekki er nein leið** es ist unmöglich

**nema** vt. abl. 4 (nam, námum, numið) lernen; nehmen; **nema land** Land besiedeln (bewohnen, nehmen); **nema staðar** bremsen, anhalten

**nema** kon. außer, bis auf; ausgenommen, mit Ausnahme von

**nemandi** m. 53 (-a, nemendur) Schüler; Lehrling; Student

**net** n. 43 (-i, -s, -) Netz

**nettfingraður** adj. 1 (-finruð, -fingrað; -aðri, -aðastur) graziös, zierlich

**neyða** vt. 2 (neyddi, neytt) zwingen

**niður** adv. unter, hinunter
**ní(u)tíu** z. neunzig
**nítján** z. neunzehn
**níundi** z. der neunte
**njóta** vt. abl. 2 (präs. nýt; naut, nutum, notið) genießen
**nógur** adj. 1 (nóg, nógt oder nóg; ohne komp. und sup.) genug; genügend
**nokkur** ind. pron. (2.5.7) einige; etliche; **fyrir nokkru** vor einiger Zeit
**Nonni** m. 51 (-a) Koseform zu **Jón** (Eigenname)
**norðanvindur** m. 1 (-i, -s, -ar) Nordwind
**norðarlega** adv. nördlich; im Norden
**norður** n. 46 (-rðri, -urs, ohne pl.) Norden
**norður** adv. nach Norden, nordwärts
**Norðurárdalur** m. 9 (-, -s) Tal in Nordisland
**Norðurland** n. 47 (-i, -s, -lönd) Nordland, der nördliche Teil Islands; pl. **Norðurlönd** Norden, die skandinavischen Länder
**norrænn** adj. 5 (norræn, norrænt; norrænni, norrænastur) nordisch
**nota** vt. 4 (notaði, notað) benutzen, gebrauchen
**notkun** f. 31 (-, -unar, ohne pl.) Gebrauch
**nóvember** m. unfl. November
**nú** adv. jetzt, nun
**númer** n. 43 (-i, -s, -) Nummer
**núna** adv. jetzt, nun
**nútíðarmaður** m. 22 (-manni, -manns, -menn) Zeitgenosse, Mann der heutigen Zeit
**nútíma** adj. unfl. modern, zeitgenössisch
**nýár** n. 43 (-i, -s, -) Neujahr
**nýbyrjaður** adj. 1 (-byrjuð, -byrjað) neubegonnen
**nýlentur** adj. 1 (nýlent, nýlent; -ari, -astur) soeben gelandet
**nýlokið** siehe unter **ljúka**
**nýr** adj. 3a (ný, nýtt; nýrri, nýjastur) neu; frisch
**nýunninn** adj. 4 (-unnin, -unnið) neugewonnen
**nægur** adj. 1 (næg, nægt; -ari, -astur) genug, genügend
**næmur** adj. 1 (næm, næmt; -ari, -astur) empfindlich; leicht lernend
**nærri** adv. ungefähr; **nærri markinu** nahe dem Ziel
**næst** adv. **næst honum** gleich nach ihm [7]
**næsta** adv. fast, beinahe
**næstum** adv. beinahe
**næstur** adj. 1 (næsta, næsta; ohne komp. und sup.) nächster, (der) nächste

**næturstaður** m. 12 (-, -ar, -ir) Nachtquartier, Ruhestätte; Ort, an dem man die Nacht verbringt

## O, Ó

**ó-** Präfix der Verneinung un-, nicht

**Oddi** m. 51 (-a) Ortsname (Hauptort einer Gemeinde in der Provinz Rangárvallasýsla im südlichen Island)

**of** adv. zu; **of stór** zu groß

**ofanhríð** f. 23 (-, -ar, -ar) Schneesturm (von oben)

**ófáanlegur** adj. 1 (-leg, -legt; -(a)ri, -astur) unerhältlich; vergriffen

**ofar** adv. höher; **ofar öðrum daun** stärker als jeder andere Geruch [7]

**Ófeigur** m. 8 (-i, -s, -ir) Eigenname (eigentl. »der Unsterbliche«)

**o. fl. = og fleira** und mehr

**ofsalega** adv. sehr

**oft** adv. (komp. oftar, sup. oftast) oft, öfters; häufig

**ofurhægur** adj. 1 (-hæg, -hægt; -ari, -astur) sehr langsam

**ofurlítið** adv. ein bißchen

**ófær** adj. 1 (ófær, ófært; -ari, -astur) unbefahrbar, unpassierbar

**og** kon. und

**og** adv. auch, gerade; **það var og** gerade das war es

**ógleymanlegur** adj. 1 (-leg, -legt; -(a)ri, -astur) unvergeßlich

**óháður** adj. 1 (óháð, óháð; -ari, -astur) unabhängig

**október** m. unfl. Oktober

**Ólafsfjörður** m. 14 (-firði, -fjarðar) Ortsname (Stadt im Norden Islands)

**Ólafur** m. 1 (-i, -s) männl. Vorname

**ólíkur** adj. 1 (ólík, ólíkt; -ari, -astur) verschieden; ungleich

**ómur** m. 1 (-i, -s, ohne pl.) (ferner) Klang

**opna** vt. 4 (opnaði, opnað) öffnen

**orð** n. 43 (-i, -s, -) Wort

**orða** vt. 4 (orðaði, orðað) sagen; sich ausdrücken

**orðstofn** m. 1 (-i, -s, -ar) Wortstamm; Wurzel

**orka** f. 55 (-u, ohne pl.) Energie

**o. s. frv. = og svo framvegis** usw. und so weiter

**óska** vt. 4 (óskaði, óskað) wünschen; **óska e-s** oder **óska eftir e-u** etwas wünschen

**óskast** vi. 4 (med.) (óskaðist,

óskast) gewünscht werden; gesucht werden
**óskastund** f. 29 (-, -ar, -ir) Wunschmoment; im Volksmund, derjenige Augenblick, in dem ein gehegter Wunsch in Erfüllung geht
**óskyldur** adj. 1 (óskyld, óskylt; -ari, -astur) nicht verwandt
**óspilltur** adj. 1 (óspillt, óspillt; -ari, -astur) unverdorben, rein
**óstöðugur** adj. 1 (-ug, -ugt; -ugri, -ugastur) instabil, unbeständig
**ótrúlega** adv. unglaublich
**óttast** vt. 4 (óttaðist, óttast) (sich) fürchten, bangen
**ótvíræður** adj. 1 (ótvíræð, ótvírætt; -ðari, -ðastur) unzweifelhaft
**óveraldlegur** adj. 1 (-leg, -legt; -(a)ri, -astur) wirklichkeitsfremd
**óþekktur** adj. 1 (óþekkt, óþekkt; -ari, -astur) unbekannt

P

**pabbi** m. 51 (-a, -ar) Papa, Vati
**Páll** m. 2 (Páli, Páls) männl. Vorname
**par** n. 47 (-i, -s, pör) Paar
**panta** vt. 4 (pantaði, pantað) bestellen
**penni** m. 51 (-a, -ar) Schreibfeder; Füllfederhalter
**Pétur** m. 3 (-tri, -urs) männl. Vorname
**plan** n. 47 (-i, -s, plön) Platz; Plan; flache Fläche; Absicht
**pólarsvæði** n. 48 (-, -s, -) Polarregion
**pollur** m. 1 (-i, -s, -ar) Pfütze; Tümpel
**póstkassi** m. 51 (-a, -ar) Postkasten, Briefkasten
**póstur** m. 1 (-i, -s, ohne pl.) Post
**prestur** m. 1 (-i, -s, -ar) Pfarrer, Priester
**pund** n. 43 (-i, -s, -) Pfund
**pusa** f. 55 (-u, -ur) (Wasser-)-Guß, (Regen-)Guß
**pusa** vt. 4 (pusaði, pusað) mit Wasser übergießen; spritzen
**pökkun** f. 33 (-, -unar, pakkanir) Einpacken, Packen

R

**ráð** n. 43 (-i, -s, -) Rat; Ausweg; Plan; Mittel; Einverständnis
**raða** vt. 4 (raðaði, raðað) ordnen

**ráða** vt. abl. 7 (präs. ræð; réð, réðum, ráðið) raten, deuten; bestimmen; herrschen; anstellen

**ráðstöfun** f. 33 (-, -ar, -anir) Ordnung; Maßnahme; **til ráðstöfunar** zur Verfügung

**raka** vt. 4 (rakaði, rakað) rechen; harken; **raka sig** sich rasieren

**ránfugl** m. 1 (-i, -s, -ar) Raubvogel

**rangsleitni** f. 57 (-, ohne pl.) Ungerechtigkeit

**rangur** adj. 1 (röng, rangt; -ari, -astur) falsch; unwahr

**rauður** adj. 1 (rauð, rautt; -ari, -astur) rot

**raun** f. 29 (-, -ar, -ir) Erfahrung, Erlebnis; Kummer; Bedrängnis; **í rauninni** in der Tat, eigentlich; **í raun og veru** in Wirklichkeit, tatsächlich

**regn** n. 43 (-i, -s, ohne pl.) Regen

**regnskúr** m. 9 (-, -s, -ir) Regenschauer

**reiðhempa** f. 55 (-u, -ur) Reitanzug

**reiðhestur** m. 1 (-i, -s, -ar) Reitpferd

**reiði** f. 57 (-, ohne pl.) Zorn, Wut

**reika** vi. 4 (reikaði, reikað) wandern, herumstreifen

**reikna** vt. 4 (reiknaði, reiknað) rechnen; **reikna saman** addieren

**reikningur** m. 1 (-i, -s, -ar) Rechnen; Rechnung; Konto

**reisulegur** adj. 1 (-leg, -legt; -(a)ri, -astur) schön; schön gebaut

**reka** vt. abl. 5 (rak, rákum, rekið) treiben; vertreiben; jagen; betreiben; **reka stórt bú** einen großen landwirtschaftlichen Betrieb haben

**reknet** n. 43 (-i, -s, -) Treibnetz

**rekstur** m. 3 (-kstri, -urs, -kstrar) Wirtschaft; Betrieb; Treiben von Vieh

**renna** vi., vt. 2 (renndi, rennt) fließen lassen; **sem kerling renndi hrífuskaftinu undir** unter die die alte Frau den Stiel der Harke setzte [2]

**renna** vi. abl. 3 (rann, runnum, runnið) fließen; rinnen, gleiten

**réttur** adj. 1 (rétt, rétt; -ari, -astur) richtig; **rétt hjá** dicht daneben

**reykblár** adj. 3 (-blá, -blátt) rauchblau

**Reykjavík** f. 36 (-, -ur) Name der isländischen Hauptstadt (eigentl. »Dampfbucht«)

**reykur** m. 10 (-s, -jar, -ir)

Rauch; Dampf; pl. **Reykir** Ortsname in Westisland

**Reykvíkingur** m. 1 (-i, -s, -ar) Einwohner von Reykjavík

**reyna** vt. 2 (reyndi, reynt) versuchen; prüfen; erfahren; dulden; **reynast** vi. (med.) sich erweisen, sich bewähren, sich behaupten

**reyndar** adv. eigentlich; in der Tat

**reyndur** adj. 1 (reynd, reynt; -ari, -astur) erfahren

**reynihrísla** f. 55 (-u, -ur) Vogelbeerbaum (einzelner Baum; Artbezeichnung **reynir** m. 4)

**rigna** vi. 2 (rigndi, rignt) regnen

**rigning** f. 24 (-u, -ar, -ar) Regen; **undan rigningunni** vor dem Regen; bevor der Regen beginnt

**rigningarlega** adv. regnerisch

**ríki** n. 48 (-, -s, -) Staat

**ríkistrú** f. 35 (-, -ar, ohne pl.) Staatsreligion

**ríkisvald** n. 47 (-i, -s, ohne pl.) Staatsmacht

**ríkja** vi. 2 (ríkti, ríkt) herrschen

**rithöfundur** m. 1 (-i, -ar, -ar) Schriftsteller; Verfasser

**ritvél** f. 23 (-, -ar, -ar) Schreibmaschine

**rjóður** adj. 1 (rjóð, rjótt; -ari, -astur) rotwangig, frisch

**rjómi** m. 51 (-a, ohne pl.) Sahne, Rahm

**rjúfa** vt. abl. 2 (präs. rýf; rauf, rufum, rofið; impf. konj. ryfi) brechen

**rjúka** vi. abl. 2 (präs. rýk; rauk, rukum, rokið; impf. konj. ryki) dampfen; rauchen; fliegen; stöbern; stieben (Schnee)

**rjúpnaskytta** f. 55 (-u, -ur) Schneehuhnjäger

**róa** vi. ur (2.6.16) (ræ, réri, róið) rudern

**róður** m. 3 (-ðri, -urs/-ðrar, -ðrar) Rudern; (Fisch-) Fangfahrt

**rok** n. 43 (-i, -s, ohne pl.) Sturm

**rólega** adv. ruhig, langsam

**rómverskur** adj. 1 (-versk, -verkst; -ari, -astur) römisch

**róta** vt. 4 (rótaði, rótað) wühlen; **róta sér** sich bewegen; **J. H. rótaði sér hvergi** J. H. bewegte (rührte) sich überhaupt nicht [7]

**rúða** f. 55 (-u, -ur) Scheibe, Fensterscheibe

**rúm** n. 43 (-i, -s, -) Bett; Raum

**rúma** vt. 4 (rúmaði, rúmað) enthalten; fassen; Platz haben für (Zimmer, Koffer usw.)

**rúmlega** adv. mehr als; **klukkan rumlega níu að morgni** kurz nach neun Uhr morgens [8]
**röð** f. 30 (-, raðar, raðir) Reihe, Reihenfolge
**rödd** f. 30 (-, raddar, raddir) Stimme
**röskun** f. 33 (-, -unar, ohne pl.) Störung

S

**sá** dem. pron. (2.5.4) der, dieser
**safn** n. 47 (-i, -s, -söfn) Museum; Sammlung
**safngripur** m. 9 (-, -s, -ir) Museumsgegenstand
**saga** f. 58 (sögu, sögur gen. pl. sagna) Geschichte; Roman; Erzählung
**sagnasafn** n. 47 (-i, -s, -söfn) Geschichtensammlung
**sakir** präp. mit gen. wegen
**sakna** vt. 4 (saknaði, saknað) vermissen; **sakna e-s** jemanden vermissen
**sala** f. 58 (sölu, sölur) Verkauf; **til sölu** zu verkaufen
**sálmaskáld** n. 43 (-i, -s, -) Psalmendichter
**salt** n. 47 (-i, -s, sölt) Salz
**Saltari** m. 51 (-a, -ar) Psalter
**saltfiskur** m. 1 (-i, -s, -ar) Klippfisch; Stockfisch
**saltfiskverkunarhús** n. 43 (-i, -húss, -) Haus, in dem Fisch gesalzen wird; Salzhaus; Stockfischhaus
**salur** m. 9 (-, -s, -ir) Saal
**saman** adv. zusammen; **allt saman** alles zusammen; **brjóta saman** knicken; **leggja saman** addieren
**samband** n. 47 (-i, -s, sambönd) Verbindung; Zusammenhang; Verein; **í sambandi við** im Zusammenhang mit; **í þessu sambandi** in diesem Zusammenhang [9]
**samfleyttur** adj. 1 (-fleytt, -fleytt; -ari, -astur) ununterbrochen (wenn von Zeit gesprochen wird)
**samt** adv. trotzdem; doch, jedoch; **samt sem áður** trotzdem
**samtímis** adv. gleichzeitig
**samur** dem. pron. (2.5.4) derselbe, der gleiche; **sama og** dasselbe wie; gleichbedeutend mit, identisch mit; **mér er sama** es ist mir egal (gleich)
**sandkökusneið** f. 23 (-, -ar, -ar) Sandkuchenscheibe
**sannur** adj. 1 (sönn, satt; -ari, -astur) wahr

**sáta** f. 55 (-u, -ur) Heulast

**sefi** m. 51 (-a, -ar) Gemüt; geistiges (inneres) Gefühlsleben

**segja** vt. 3 (sagði, sagt; präs. segi, pl. segjum) sagen; behaupten; **segja e-ð fyrir** etwas voraussagen; **meira að segja** sogar; **segjast** vi. (med.) sagen, behaupten
**segja má** man kann sagen, es wird gesagt

**seinka** vt. 4 (seinkaði, seinkað) verzögern; **klukkan (úrið) seinkar sér** die Uhr geht nach

**seinn** adj. 5 (sein, seint; seinni, seinastur) spät

**seint** adv. spät

**selja** vt. 1 (seldi, selt) verkaufen; **selja e-m e-ð** jemandem etwas verkaufen

**selslíki** n. 48 (-, -s, -) Seehundegestalt

**selur** m. 9 (-, -s, -ir) Seehund

**sem** rel. pron. (2.5.5) der, die, das

**sement** n. 43 (-i, -s, ohne pl.) Zement

**semja** vt. 1 (samdi, samið) verfassen; verhandeln; **semja um e-ð** um (über) etwas verhandeln

**senda** vt. 2 (sendi, sent) senden, schicken; **sendast** vi. (med.) geschickt werden

**sending** f. 24 (-u, -ar, -ar) Sendung

**senn; í senn** adv. gleichzeitig

**september** m. unfl. September

**sérflokkur** m. 1 (-i, -s, -ar) spezielle Gruppe

**sérsafn** n. 47 (-i, -s, -söfn) Spezialmuseum

**sérstakur** adj. 1 (sérstök, sérstakt; -ari, -astur) bestimmt; besonders; speziell; sonderbar

**setja** vt. 1 (setti, sett) setzen; **setja á land** ans Land setzen; **setja upp net** Netze vorbereiten und reparieren [4]; **setja sig á háan hest** sich hochspielen [4]; **setjast** vi. (med.) sich setzen; **setjast niður** sich hinsetzen; **setjast inn** sich hineinsetzen

**sex** z. sechs

**sextíu** z. sechzig

**síð** adv. (síðar, síðast) spät

**síðan** adv. dann, darauf, danach, daraufhin

**síðar** adv. komp. siehe **síð**

**síðastliðinn** adj. 4 (-liðin, -liðið; ohne komp. und sup.) letzte(r)

**síðastur** adj. sup. (komp. síðari, ohne pos.) der letzte

**síður** adv. komp. weniger; **ekki síður** genau wie

**síga** vi. abl. 1 (seig, sigum, sigið) sinken, fallen; sich senken; **síga eftir eggjum** an Kliffwänden Seevogeleier einsammeln [3]

**sigla** vi., vt. 2 (sigldi, siglt) segeln; ins Ausland reisen

**Siglufjörður** m. 14 (-firði, -fjarðar) Ortsname (Stadt im Norden Islands)

**sigur** m. 3 (-gri, -urs, -grar) Sieg

**Sigurður** m. 1 (-i, -ar) männl. Vorname

**silfurkross** m. 1 (-i, -kross, -ar) Silberkreuz

**silfurspöng** f. 30 (-, -spangar, -spangir oder -spengur) Silberspange

**silkiklútur** m. 1 (-, -s, -ar) Seidentuch

**silungsgengd** f. 29 (-, -ar, -ir) Forellenvorkommen

**sími** m. 51 (-a, -ar) Telephon

**sinn** poss. pron. (2.5.3) sein, ihr

**sinn** n. 43 (-i, -s, -) Mal; **í fyrsta sinn** zum ersten Mal; **að þessu sinni** diesmal; **nokkru sinni** je; **einu sinni** einst; einmal

**sitja** vi. abl. 5 (sat, sátum, setið) sitzen; **sitja** vt.; **sitja fund** an einer Sitzung teilnehmen

**sjá** vt. abl. 5 (sá, sáum, séð) sehen, schauen; blicken; erblicken; einsehen; **þegar alls ekki sást út úr aflanum** als man gar nicht mehr die (an Land gebrachte) Fischmenge überblicken konnte [4]

**sjaldan** adv. (komp. sjaldnar, sjaldnast) selten

**sjálfstæði** n. 48 (-, -s, ohne pl.) Unabhängigkeit

**sjálfstæðishetja** f. 56 (-ju, -jur) Freiheitskämpfer; Unabhängigkeitsheld

**sjálfur** dem. pron. (2.5.4) selbst

**sjávarþorp** n. 43 (-i, -s, -) Fischerdorf

**sjóferð** f. 29 (-, -ar, -ir) Seereise

**Sjóhús** n. 43 (-i, -húss, -) Seehaus

**sjómaður** m. 22 (-manni, -manns, -menn) Seemann

**sjóminjasafn** n. 47 (-i, -s, -söfn) Meeresmuseum, Seefahrtsmuseum

**sjónarsvið** n. 43 (-i, -s, -) Schauplatz; Blickfeld

**sjónvarp** n. 47 (-i, -s, sjónvörp) Fernsehen, Fernsehgerät

**sjór** m. 6 (-, sjávar, sjóir) Meer, See **f.**; pl. **sjóir**

Wellen (hauptsächlich große Wellen)
**sjósetja** vt. 1 (sjósetti, sjósett) vom Stapel laufen lassen
**sjúklingur** m. 1 (-i, -s, -ar) Kranker, Patient
**sjö** z. sieben
**sjötíu** z. siebzig
**skafa** vi., vt. abl. 6 (skóf, skófum, skafið) schaben; kratzen
**skafrenningur** m. 1 (-i, -s, -ar) das Stöbern von Schnee; Schneegestöber; Schneeverwehungen
**skáld** n. 43 (-i, -s, -) Dichter
**skáldsaga** f. 58 (-sögu, -sögur) Roman
**skamma** vt. 4 (skammaði, skammað) beschimpfen; **skammast** vi. (med.) beschimpfen; **skammast sín** sich schämen
**skammdegi** n. 48 (-, -s, -) die kurzen dunklen Wintertage (in Island vom November bis Februar)
**skammur** adj. 1 (skömm, skammt; -ari, -astur) kurz; **að skömmum tíma liðnum** nach kurzer Zeit [2]; **fyrir skömmu** kürzlich
**skapa** vt. 4 (skapaði, skapað) bilden; schaffen
**skápur** m. 1 (-, -s, -ar) Schrank
**skáti** m. 51 (-a, -ar) Scout; Pfadfinder
**ske** vi. 1 (präs. skeður; skeði, skeð) geschehen
**skel** f. 28 (-, -jar, -jar) Muschel
**skemmtilegur** adj. 1 (-leg, -legt; -(a)ri, -astur) interessant; lustig; unterhaltsam, reizvoll
**skemmtun** f. 31 (-, -unar, -anir) Vergnügen; Tanzabend
**skepna** f. 55 (-u, -ur) Tier; Kreatur; Vieh
**sker** n. 44 (-i, -s, -) Schäre, Klippe
**skera** vt. abl. 4 (skar, skárum, skorið) schneiden; schlachten
**skerast** vi. abl. 4 (med.) (skarst, skárumst, skorist) sich schneiden; **skerast í odda** streiten; **þarna skerast margir firðir inn í landið** dort ist das Land von vielen Fjorden zerschnitten [5]
**skilja** vt. 1 (skildi, skilið) verstehen
**skína** vi. abl. 1 (skein, skinum, skinið) scheinen; strahlen, leuchten
**skip** n. 43 (-i, -s, -) Schiff
**skipa** vt. 4 (skipaði, skipað) befehlen; ernennen; **skipa fyrir verkum** befehlen, was zu tun ist [7]

**skipan (skipun)** f. 31 (-, -anar, -anir) Ordnung; Befehl
**skipstjóri** m. 51 (-a, -ar) Kapitän
**skipulag** n. 47 (-i, -s, ohne pl.) Organisation; System; Ordnung
**skipuleggja** vt. 1 (-lagði, -lagt) organisieren
**skítaskán** f. 29 (-, -ar, -ir) Dreckschicht
**skjal** n. 47 (-i, -s, skjöl) Dokument; Original; Aktenstück
**skjökta** vi. 2 (skjökti, skjökt) hinken
**skjöldóttur** adj. 1 (-ótt, -ótt; -ari, -astur) gefleckt, bunt
**skoðun** f. 31 (-, -ar, -anir) Meinung; **að við hér séum allflestar þessarar skoðunar** daß die allermeisten von uns diese Meinung vertreten [4]
**Skógar** m. pl. 1 Ortsname in Südisland (eigentl. »Wälder«)
**skógur** m. 1 (-i, -ar, -ar) Wald
**skólastofa** f. 55 (-u, -ur) Klasse, Unterrichtsraum
**skóli** m. 51 (-a, -ar) Schule
**skór** m. 1 (skó, skós; pl. nom. skór, akk. skó, dat. skóm, gen. skóa) Schuh
**Skorarhlíðar** f. pl. 23 Name von Klippen (Felsen) im westlichen Island
**skordýr** n. 43 (-i, -s, -) Insekt
**skorða** vt. 4 (skorðaði, skorðað) stützen; versteifen; **með skorðuðum kennisetningum** mit festgesetzten Dogmen [6]
**skorta** vi. 3 (skorti, skort) fehlen
**skósíður** adj. 1 (-síð, -sítt; -ari, -astur) lang, bis zu den Schuhen hinabreichend
**skrafræður** f. pl. 55 Gespräch
**skreið** f. 23 (-, -ar, ohne pl.) Dörrfisch; Stockfisch
**skriða** f. 55 (-u, -ur) Erdrutsch, Mure **f.**
**skriðrunninn** adj. 4 (-runnin, -runnið; -ari, -astur) von Erdrutschen bedeckt, vermurt
**skrifa** vt. 4 (skrifaði, skrifað) schreiben; **skrifast á** korrespondieren
**skrifstofustarf** n. 47 (-i, -s, -störf) Büroarbeit
**skrúbba** vt. 4 (skrúbbaði, skrúbbað) scheuern
**skulu** vi. def. (2.6.3) (skal, impf. konj. skyldi) sollen
**skúr** m. 9 (-, -s, -ir) Regenschauer, Schauer; kleine Hütte; Schuppen
**ský** n. 44 (-i, -s, -) Wolke

**skýjaður** adj. 1 (skýjuð, skýjað; -(a)ri, -astur) bewölkt, wolkig, bedeckt

**skýjakápa** f. 55 (-u, -ur) Wolkenmantel

**skyldfólk** n. 43 (-i, -s, ohne pl.) Verwandte

**skyldmenni** n. pl. 48 Verwandte

**skynvilla** [scɪnvɪtla] f. 55 (-u, -ur) Täuschung

**skýr** adj. 1 (skýr, skýrt; -ari, -astur) deutlich

**skær** adj. 1 (skær, skært; skærari, skærastur) hell, klar; leuchtend

**slá** vt. abl. 6 (präs. slæ; sló, slógum, slegið) schlagen; mähen (Gras); **lýsti af slegnu hárinu** das flachgekämmte Haar leuchtete [7]

**slakna** vt. 4 (slaknaði, slaknað) locker werden, schlaff werden; tauen, schmelzen

**slasa** vt. 4 (slasaði, slasað) verletzen; **slasast** vi. (med.) sich verletzen; verletzt werden

**sléttur** adj. 1 (slétt, slétt; -ari, -astur) eben, flach

**slíkur** dem. pron. (2.5.4) solche(r)

**slóð** f. 29 (-, -ar, -ir) Trampelpfad; pl. **slóðir** Gegend; **á þessum slóðum** in dieser Gegend

**slys** n. 43 (-i, -slyss, -) Unfall

**slysadeild** f. 29 (-, -ar, -ir) Unfallstation

**slysarannsóknardeild** f. 29 (-, -ar, -ir) Unfallabteilung (bei der Verkehrspolizei)

**slysavarnarfélag** n. 49 (-i, -s, -félög) Verein um Unfälle zu verhüten

**slæmur** adj. 1 (slæm, slæmt; verri, verstur) schlimm, schlecht

**smáatriði** n. 43 (-, -s, -) Kleinigkeit; Einzelheit; Detail; Besonderheit

**smálest** f. 29 (-, -ar, -ir) Tonne (Gewichtseinheit, 1000 kg)

**smár** adj. 3 (smá, smátt; smærri, smæstur) klein, winzig

**smíða** vt. 4 (smíðaði, smíðað) bauen, konstruieren

**smiður** m. 9 (-, -s, -ir) Tischler, Schmied

**snarl** n. 43 (-i, -s, ohne pl.) leichte Mahlzeit

**snemma** adv. (komp. fyrr, sup. fyrst) früh

**snjóa** vi. 4 (snjóaði, snjóað) schneien

**snjór** m. 7 (-, snævar, snjóar) Schnee; **pl. snjóar** örtlich gefallene Schneemenge

**snyrta** vt. 2 (snyrti, snyrt) verschönern; schmücken; ordnen

**snyrting** f. 24 (-u, -ar, -ar) Schönheitspflege; Verschönerung; Toilette

**Snæfellsjökull** m. 2 (-kli, -kuls, -klar) Eigenname (Gletscher im westlichen Island)

**sofa** vi. abl. 4 (svaf, sváfum, sofið; präs. sef; impf. konj. svæfi) schlafen

**sofna** vi. 4 (sofnaði, sofnað) einschlafen

**sokkur** m. 1 (-, -s, -ar) Sock; **í brugðnum sokkum** in gestrickten Socken [7]

**sól** f. 29 (-, -ar, -ir, gen. pl. sólna) Sonne

**sólarhringur** m. 1 (-, -s, -ar) Tag (= 24 Stunden)

**sómi** m. 51 (-a, ohne pl.) Ehre

**sonur** m. 15 (syni, sonar, synir) Sohn

**sópa** vt. 4 (sópaði, sópað) fegen

**sortulitaður** adj. 1 (-lituð, -litað; -ðri, -astur) mit Heidekraut gefärbt

**spá** vt. 2 (spáði, spáð) voraussagen

**spenning** f. 24 (-u, -ar, -ar) Spannung

**spila** vt. 4 (spilaði, spilað) spielen (Karten, Musikinstrumente)

**spjalla** vi. 4 (spjallaði, spjallað) sich unterhalten; plaudern; **spjalla saman** sich unterhalten

**spor** n. 43 (-i, -s, -) Spur; Fußabdruck; **í spor hennar** nach ihr [7]

**sprengja** vt. 2 (sprengdi, sprengt) sprengen; **sprengja í loft upp** in die Luft sprengen

**spurning** f. 24 (-u, -ar, -ar) Frage

**spyrja** vt. 1 (spurði, spurt) fragen; **spyrja eftir e-m** nach jemandem fragen; **spyrja e-s** nach etwas fragen

**spölur** m. 9 (-, spöls oder spalar, ohne pl.) kurze Strecke

**staðaldri: að staðaldri** adv. ununterbrochen; auf die Dauer; ständig

**staður** m. 12 (-, -ar, -ir) Ort; Stelle; **í staðinn (fyrir)** dagegen, statt dessen; **einhvers staðar** irgendwo; **á stærri stað** an einem größeren Ort [4]

**stakur** adj. 1 (stök, stakt; -ari, -astur) einzeln; einzig, einmalig; ungerade; **stök tala** ungerade Zahl

**standa** vi. abl. 6 (präs. stend; stóð, stóðum, staðið; impf. konj. stæði) stehen; **stand-**

**ast allar náttúruhamfarir** allen Naturereignissen widerstehen [9]

**starf** n. 47 (-i, -s, störf) Beruf; Tätigkeit; Arbeit; Dienst; Beschäftigung

**starfsmaður** m. 22 (-manni, -manns, -menn) Bediensteter, Angestellter; Mitarbeiter

**starfsreynsla** f. 55 (-u, ohne pl.) Erfahrung im Beruf

**stefna** vt. 3 (stefndi, stefnt) in eine Richtung steuern oder zielen

**stefna** f. 55 (-u, -ur) Richtung; Kurs; Programm

**stelpa** f. 55 (-u, -ur) Mädchen; Tochter

**stemming** f. 24 (-u, -ar, -ar) Stimmung

**sterkur** adj. 1 (sterk, sterkt; -ari, -astur) stark; kräftig

**steypa** vt. 2 (steypti, steypt) betonieren; umstürzen

**stífla** vt. 4 (stíflaði, stíflað) dämmen; stauen; verstopfen

**stig** n. 43 (-i, -s, -) Grad; **þá ertu kominn á rétt stig** dann bist du richtig drin [4]

**stíga** vi. abl. 1 (steig oder sté, stigum, stigið) steigen, treten

**stílabók** f. 34 (-, -ar, -bækur) Schreibheft

**stimpla** vt. 4 (stimplaði, stimplað) stempeln

**stinga** vt. abl. 3 (stakk, stungum, stungið) stechen; stekken; sticken; **stinga í stúf við e-ð** sich von etwas abheben [5]

**stjórn** f. 29 (-, -ar, -ir) Regierung

**stjórna** vt. 4 (stjórnaði, stjórnað) steuern; regieren; lenken; leiten; führen

**stjórnun** f. 31 (-, -unar, -anir) Steuerung; Direktion

**stjúpa** f. 55 (-u, -ur) Stiefmutter

**stjúpfaðir** m. 17 (-föður, -föður, -feður) Stiefvater

**stjúpi** m. 51 (-a, -ar) Stiefvater

**stjúpmóðir** f. 40 (-ur, -ur, -mæður) Stiefmutter

**stofna** vt. 4 (stofnaði, stofnað) gründen, stiften

**stofnandi** m. 53 (-a, -endur) Gründer

**stofnun** f. 31 (-, -unar, -anir) Gründung; Institut; Stiftung

**stóll** m. 2 (-, -ls, -ar) Stuhl; Arbeitsstelle [4]

**stólpi** m. 51 (-a, -ar) Pfeiler; Pfahl

**stór** adj. 1 (stór, stórt; stærri, stærstur) groß; hoch gewachsen

**Stóragrunn** n. 43 (-i, -s, Stórugrunn) Name von Fanggebieten nördlich von Island

**stormur** m. 1 (-i, -s, -ar) Sturm

**Strandir** f. pl. 30 Name der Küste in der Provinz Strandasýsla im westlichen Island

**strákústur** m. 1 (-i, -s, -ar) Strohbesen

**strax** adv. sofort

**stríð** n. 43 (-i, -s, -) Krieg, Kampf

**strokleður** n. 46 (-i, -s, -) Radiergummi

**stromphattur** m. 1 (-i, -s, -ar) hoher Hut, Zylinderhut

**stýrishús** n. 43 (-i, -húss, -) Steuerhaus

**strætisvagn** m. 1 (-i, -s, -ar) Bus (im Stadtverkehr)

**strætisvagnaskýli** n. 48 (-, -s, -) Wartehäuschen an einer Bushaltestelle

**strætó** m. 54 (-, -ar) Bus (im Stadtverkehr)

**strönd** f. 36 (-, strandar, strendur) Strand, Meeresufer; Küste

**stúlka** f. 55 (-u, -ur, gen. pl. stúlkna) Mädchen

**stunda** vt. 4 (stundaði, stundað) betreiben; **stunda nám** studieren; **stunda veiðar** jagen; **stunda sjóinn** Fischerei betreiben

**stundum** adv. ab und zu, bisweilen, gelegentlich

**stuttur** adj. 1 (stutt, stutt; styttri, stytstur oder stystur) kurz; klein

**stútungskerling** f. 24 (-i, -ar, -ar) tüchtige Frau; durch das Leben erhärtete Frau

**stytta** vt. 2 (stytti, stytt) kürzen, verkürzen; **styttast** vi. (med.) kürzer werden

**stöðugur** adj. 1 (-ug, -ugt; -ugri, -astur) stabil, dauerhaft

**stökkva** vt. abl. 3 (präs. stekk; stökk, stukkum, stokkið; impf. konj. stykki) springen

**stöpull** m. 2 (-pli, -puls, stöplar) Pfeiler

**suðrænn** adj. 5 (-ræn, -rænt; -rænni, rænastur) südlich, südländisch

**suðurhluti** m. 51 (-a, -ar) südlicher Teil

**Suðurland** n. 47 (-i, -s, -lönd) Südland, der südliche Teil Islands; pl. **Suðurlönd** die südlichen Länder (insbesondere die Länder im Mittelmeergebiet)

**suðvestanátt** f. 29 (-, -ar, -ir) südwestliche Richtung; Wind aus südwestlicher Richtung

**suðvestanlands** adv. im südwestlichen Island

**suðvesturhluti** m. 51 (-a, -ar) südwestlicher Teil

**sumar** n. 50 (-mri, -ars, sumur) Sommer; **í sumar** in diesem Sommer; **á sumrin** im Sommer

**sumardagur** m. 1 (-degi, -s, -ar) Sommertag

**sumarfegurð** f. 23 (-, -ar, ohne pl.) schöner Sommer

**sumarlag; að sumarlagi** adv. im Sommer, in der Sommerzeit

**sumarmánuður** m. 12 (-i, -ar, -ir) Sommermonat

**sumir** ind. pron. (2.5.7) einige

**sums staðar** adv. an einigen Stellen

**sundurlaus** adj. 1 (-laus, -laust, -ari, -astur) unzusammenhängend, inkohärent, inkonsequent

**sunnudagur** m. 1 (-degi, -s, -ar) Sonntag

**svar** n. 47 (-i, -s, svör) Antwort

**svara** vt. 4 (svaraði, svarað) antworten; beantworten

**Svartiskóli** m. 51 (akk., dat., gen. Svartaskóla) die Pariser Universität Sorbonne

**svartur** adj. 1 (svört, svart; -ari, -astur) schwarz

**sveigja** f. 56 (-ju, -jur) Kurve; Krümmung; Biegung; Elastizität

**sveipa** vt. 4 (sveipaði, sveipað) hüllen

**sveit** f. 29 (-, -ar, -ir) Gemeinde; Gegend; Distrikt; Trupp, Mannschaft; Land (als Gegensatz zur Stadt); **búa úti á landi** oder **búa úti í sveit** auf dem Lande wohnen

**sveitaheimili** n. 48 (-, -s, -) Heim, Wohnung, Wohnsitz auf dem Lande

**svið** n. 43 (-i, -s, -) Bühne; Bereich; Gebiet

**svili** m. 51 (-a, -ar) ein Mann, der zu einem anderen Mann dadurch im Verwandtschaftsverhältnis steht, daß jeder von ihnen mit je einer Schwester aus einer Familie verheiratet ist

**svipa** f. 55 (-u, -ur) Peitsche

**svipaður** adj. 1 (svipuð, svipað; -ðri, -astur) ähnlich

**svipléttur** adj. 1 (-létt, -létt; -ari, -astur) hell; froh; mit fröhlicher Miene

**svipur** m. 8 (-, -s, -ir) Gesichtsausdruck; Miene; Ähnlichkeit; Gespenst; Persönlichkeit [6]

**Svíþjóð** f. 29 (-, -ar) Schweden

**svo** adv. dann, daraufhin; so

**svo að** kon. so daß

**svona** adv. so; solch ein; derartig; adj. so (unfl.)
**svæði** n. 48 (-, -s, -) Gebiet
**sýna** vt. 2 (sýndi, sýnt) zeigen
**synda** vt. 2 (synti, synt) schwimmen
**syngja** vt. abl. 3 (söng, sungum, sungið) singen
**systir** f. 42 (-ur, -ur, -ur) Schwester
**systkini** n. pl. 43 Geschwister
**systkinabörn** n. pl. 47 Kinder von Geschwistern
**systkinadætur** f. pl. 41 Töchter von Geschwistern
**systkinasynir** m. pl. 15 Söhne von Geschwistern
**systrabörn** n. pl. 47 Kinder von Schwestern
**systradætur** f. pl. 41 Töchter von Schwestern
**systrasynir** m. pl. 15 Söhne von Schwestern
**sækja** vt. 2 (sótti, sótt) holen; **bátar hafa ekki getað sótt eins mikið út á Stóragrunn** die Boote haben nicht so viel auf dem Fanggebiet Stóragrunn fischen können [3]; **sækja til berja** Beere aufsuchen [5]; **sækja í e-ð** etwas vorziehen; etwas bevorzugt aufsuchen
**sælkeri** m. 51 (-a, -ar) Person, die gerne gute, süße Speisen ißt
**Sæmundur** m. 1 (-i, -ar) männl. Vorname
**sænskur** adj. 1 (sænsk, sænskt) schwedisch
**sæsímakapall** m. 2 (-pli, -als, -plar) unterseeisches Telephonkabel
**sæta** vt. 2 (sætti, sætt) eine Heulast zusammentragen
**sök** f. 30 (-, sakar, sakir) Schuld; **af þessum sökum** aus diesem Grunde
**sökkva** vi., vt. abl. 3 (präs. sekk; sökk, sukkum, sokkið; impf. konj. sykki) sinken; senken; versinken; untergehen
**söngur** m. 5 (-, -s, söngvar) Gesang

## T

**tá** vt. 2 (táði, táð) kämmen; **tá ull** Wolle kämmen
**tá** f. 34 (-, táar; pl. nom., akk. tær, dat. tám, gen. táa) Zehe; Landspitze
**taða** f. 58 (töðu, ohne pl.) Heu von der Hauswiese (gedüngter Boden); **S. átti mikið af þurri töðu undir** bei S. lag eine große Menge

trockenes Heu flach auf dem Boden [2]

**tafla** f. 58 (töflu, töflur) Tafel

**taka** vt. abl. 6 (präs. tek; tók, tókum, tekið; impf. konj. tæki) nehmen; **taka eftir** bemerken, beobachten; **taka til** vorbereiten; **taka að + Inf.** beginnen; **það tók að dimma** es begann dunkel zu werden; **taka fastan** festnehmen; **taka á móti** empfangen; **taka mið af** vergleichen; **taka vel (illa)** gut (schlecht) empfangen; **tekin saman ofarlega í mittið** hoch in der Taille zusammengeschnürt [7]

**takast** vi. abl. 6 (med.) (tókst, tókumst, tekist) gelingen; **mér tekst það** es gelingt mir; **takast e-ð á hendur** etwas unternehmen

**takk** adv. danke; **takk fyrir** danke schön

**tal** n. 47 (-i, -s, ohne pl.) Sprechen; **daglegt tal** täglicher Sprachgebrauch

**tala** vi., vt. 4 (talaði, talað) sprechen, reden; berichten; **tala um e-ð** von (über) etwas sprechen

**talsamband** n. 47 (-i, -s, -sambönd) Sprechverbindung; Telephonverbindung

**talsverður** adj. 1 (-verð, -vert; -ari, -astur) ziemlich groß, wesentlich

**talsvert** adv. ziemlich viel; wesentlich

**taminn** adj. 4 (tamin, tamið; tamdari, tamdastur oder betur taminn, best taminn) zahm; gezähmt; dressiert

**tandurhvítur** adj. 1 (-hvít, hvítt) völlig weiß, sehr weiß

**tannlæknaþjónusta** f. 55 (-u, ohne pl.) zahnärztlicher Dienst

**tannlækningar** f. pl. 24 zahnärztliche Praxis

**tannlæknir** m. 4 (-i, -s, -ar) Zahnarzt

**taska** f. 58 (tösku, töskur) Tasche; Koffer; Mappe; Aktentasche

**t. d. = til dæmis** z. B. = zum Beispiel

**telja** vt. 1 (taldi, talið) zählen; meinen; glauben; **telja fram** deklarieren (zum Zoll); **teljast** vi. (med.) angesehen werden; betrachtet werden

**tendra** vt. 4 (tendraði, tendrað) zünden; **tendra ljós** Licht anmachen

**tengdadóttir** f. 41 (-ur, -ur, -dætur) Schwiegertochter

**tengdafaðir** m. 17 (-föður, -föður, -feður) Schwiegervater

**tengdafólk** n. 43 (-i, -s, ohne pl.) Personen, die durch Heirat eines Verwandten miteinander verbunden sind

**tengdaforeldrar** m. pl. 1 Schwiegereltern

**tengdamóðir** f. 40 (-ur, -ur, -mæður) Schwiegermutter

**tengdasonur** m. 15 (-syni, -sonar, -synir) Schwiegersohn

**tenging** f. 24 (-u, -ar, -ar) Schaltung; Verbindung; Anschluß

**tengja** vt. 2 (tengdi, tengt) verbinden; schalten; **tengjast** vi. (med.) verschwägert sein; verbunden sein

**teygja** vt. 2 (teygði, teygt) strecken, ausstrecken; spannen; ziehen

**tíð** f. 29 (-, -ar, -ir) Zeit, Wetter; pl. **tíðir** Menstruation; **í seinni tið** in letzter Zeit; **í tæka tið** rechtzeitig

**tíðarfar** n. 47 (-i, -s, ohne pl.) Wetter; Wetterverhältnisse; Wetterbedingungen

**tign** f. 23 (29) (-, -ar, ohne pl.) Hoheit; Würde; Rang

**tignarmaður** m. 22 (-manni, -manns, -menn) vornehmer Mann

**til** präp. mit gen. (2.7.0) zu, nach, für, um

**tilbúinn** adj. 4 (tilbúin, tilbúið; tilbúnari, tilbúnastur) bereit, vorbereitet; künstlich

**tilefni** n. 48 (-, -s, -) Anlaß; **í tilefni af** anläßlich

**tilheyrandi** adj. unfl. zugehörig; entsprechend

**tilkynning** f. 24 (-u, -ar, -ar) Mitteilung, Meldung, Bekanntmachung

**tiltölulega** adv. ziemlich

**tímamótamaður** m. 22 (-manni, -manns, -menn) Mann der Wende; bedeutender Mann

**tími** m. 51 (-a, -ar) Zeit; Periode; Stunde; **ég kem eftir tvo tíma** in zwei Stunden bin ich da

**tóbak** n. 43 (-i, -s, ohne pl.) Tabak

**togari** m. 51 (-a, -ar) (Schleppnetz-)Fischdampfer; Trawler

**tóm** n. 43 (-i, -s, -) Leere; Vakuum; Muße; **það varð ekki tóm** es blieb (wurde) keine Zeit [7]

**tollskýrsla** f. 55 (-u, -ur) Zollerklärung; Zollformular

**tollur** m. 1 (-i, -s, -ar) Zoll

**tollvörður** m. 13 (-verði, -varðar, -verðir) Zollbeamter

**tonn** n. 43 (-i, -s, -) Tonne (Gewichtseinheit, 1000 kg)
**tónn** m. 1 (-i, -s, -ar) Ton
**tré** n. 45 (-, -s, -) Baum
**treglega** adv. zögernd, wenig
**trésmiðja** f. 56 (-ju, -jur) Tischlerei
**trésmiður** m. 9 (-, -s, -ir) Tischler
**treysta** vt. 2 (treysti, treyst) vertrauen; **treysta á e-n** oder **treysta e-m** sich auf jemanden verlassen
**trilla** [t$^h$rɪl:a] f. 55 (-u, -ur) kleines offenes Motorboot
**trillubátur** m. 1 (-i, -s, -ar) kleines offenes Motorboot
**trillukarl** m. 1 (-i, -s, -ar) Seemann (der mit einem kleinen offenen Motorboot fischt)
**trillusjómaður** m. 22 (-manni, -manns, -menn) Seemann (der mit einem kleinen offenen Motorboot fischt)
**trilluútgerð** f. 29 (-, -ar, -ir) Betrieb eines kleinen offenen Motorboots
**troða** vt. abl. 6 (präs. treð; tróð oder trað, tróðum, troðið; impf. konj. træði) treten, trampeln; hineinstopfen
**troll** [t$^h$rol:] n. 43 (-i, -s, -) Schleppnetz
**trúa** vt. 4 (trúði, trúað) glauben
**tugur** m. 8 (-i oder -, -s, -ir) Zehner
**tún** n. 43 (-i, -s, -) Hauswiese (eine für Island charakteristische Grasfläche um jeden Bauernhof)
**tungl** n. 43 (-i, -s, -) Mond
**tungumál** n. 43 (-i, -s, -) Sprache
**tuttugu** z. zwanzig
**tveir** z. (2.4.0, 2.4.1) zwei
**tvennir** z. zwei, paarweise zwei (2.4.1.)
**tvisvar** z. unfl. zweimal
**tækifæri** n. 48 (-, -s, -) Gelegenheit
**tækjaaðstaða** f. 58 (-u, ohne pl.) Geräteausrüstung
**tækur** adj. 1 (tæk, tækt; -ari, -astur) annehmbar, zugelassen; **í tæka tíð** zur rechten Zeit
**töluvert** adv. ziemlich, ziemlich viel

## U, Ú

**ufsi** m. 51 (-a, -ar) Seelachs, Köhler
**ull** f. 23 (-, -ar, ohne pl.) Wolle
**um** präp. mit akk. um, über
**umferð** f. 29 (-, -ar, ohne pl.) Verkehr

**umferðarslys** n. 43 (-i, -slyss, -) Verkehrsunfall

**umgerð** f. 29 (-, -ar, -ir) Rahmen

**umhverfis** präp. mit akk. rings um

**ummæli** n. pl. 48 Worte; Äußerung

**umsókn** f. 29 (-, -ar, -ir) Gesuch; Antrag

**una** vi., vt. 3 (undi, unað) zufrieden sein mit; sich aufhalten

**undanfarinn** adj. 4 (undanfarin, undanfarið; ohne komp. und sup.) vorangegangen

**undantekning** f. 24 (-u, -ar, -ar) Ausnahme

**undanþága** f. 55 (-u, -ur) Befreiung (von einer Pflicht); Ausnahme

**undir** präp. mit dat. oder akk. unter; **undir eins** sofort; **voru þeir eftir lítinn tíma komnir undir land** sie waren nach kurzer Zeit bis an die Küste gelangt [1]

**undirbúa** vt. abl. 7 (-bjó, -bjuggum, -búið) vorbereiten

**undirlendi** n. 48 (-, -s, -) Ebene, flaches Land, Flachlandschaft `

**undrast** vt. 4 (med.) (undraðist, undrast) über etwas verwundert sein

**ungdæmi** n. 48 (-, -s, -); **í ungdæmi mínu** in meinen jungen Jahren

**ungi** m. 51 (-a, -ar) Junges (Vogel)

**ungur** adj. 1 (ung, ungt; yngri, yngstur) jung

**unna** vt. ur. (2.6.6) (ann, unni, unnað) lieben

**uns** kon. bis

**upp** adv. auf, hinauf; **upp undir fjallsbrúnir** bis zum Berggipfel hinauf

**upphæð** f. 29 (-, -ar, -ir) Summe

**uppihald** n. 47 (-i, -s, ohne pl.) Lebensunterhalt; Aufenthaltskosten

**upplok** n. 43 (-i, -s, -) Öffnen; **með miklu upploki** mit großem Lärm [7]

**upplýsingar** f. pl. 24 Auskunft, Information

**uppreisn** f. 29 (-, -ar, -ir) Aufstand; Aufruhr

**úr** präp. mit dat. aus, von

**úr** n. 43 (-i, -s, -) Taschenuhr, Armbanduhr

**úrkoma** f. 55 (-u, ohne pl.) Niederschlag, Regen

**út** adv. nach außen; **út af fyrir sig** für sich; **fara út** ausgehen; ins Ausland reisen

**utan** adv. von außen, außen,

draußen; **að utan** von außen, außen; an der Außenseite; **koma að utan** aus dem Ausland kommen

**utanlands** adv. im Ausland

**útgerð** f. 29 (-, -ar, -ir) Betrieb; Reederei; Ausrüstung eines Fischers

**úthaf** n. 47 (-i, -s, -höf) Ozean, hohes Meer

**úthafsloftslag** n. 47 (-i, -s, ohne pl.) ozeanisches Klima, Meeresklima

**úti** adv. draußen

**útihús** n. pl. 43 Viehstall; die Häuser eines Bauernhofs (mit Ausnahme des Wohnhauses)

**útivinna** f. 55 (-u, ohne pl.) Arbeit (in der frischen Luft)

**útland** n. 47 (-i, -s, -lönd) Ausland, fremdes Land; **frá útlöndum** aus dem (vom) Ausland; **til útlanda** ins Ausland

**útlendingaeftirlit** n. 43 (-i, -s, -) Ausländerbehörde

**útlit** n. 43 (-i, -s, -) Aussehen

**útsýn** f. 23 (-, -ar, ohne pl.) oder **útsýni** n. 48 (-, -s, ohne pl.) Aussicht; Überblick; Ausblick; **njóta útsýnis** (die) Aussicht genießen

**útvarp** n. 47 (-i, -s, útvörp) Rundfunk; Radio; Rundfunkgerät

**útvörður** m. 13 (-verði, -varðar, -verðir) Vertreter; Zeichen; Wahrzeichen

## V

**vafasamt** adv. zweifelhaft

**vafasamur** adj. 1 (-söm, -samt; -ari, -astur) zweifelhaft

**vafi** m. 51 (-a, -ar) Zweifel; **á því er ekki (enginn) vafi** daran besteht kein Zweifel

**vagn** m. 1 (-i, -s, -ar) Wagen; Fuhre

**vakna** vi. 4 (vaknaði, vaknað) aufwachen

**vakt** f. 29 (-, -ar, -ir) Wache; Wacht; Arbeitsschicht

**valda** vt. ur. (präs. veld; olli, ollum, valdið; impf. konj. ylli) verursachen

**valdsmannslegur** adj. 1 (-leg, -legt; -(a)ri, -astur) herrisch; imposant; majestätisch

**vandræði** n. pl. 48 Problem; Schwierigkeit

**vanta** vt. 4 (vantaði, vantað) fehlen

**vanur** adj. 1 (vön, vant; -ari, -astur) gewöhnt, üblich; gewöhnlich; **vanur að gera e-ð** etwas zu tun pflegen

**var** adj. 1 (vör, vart; -ari, -astur) gewahr; vorsichtig; **verða var við e-ð** etwas bemerken; **vera var um sig** auf der Hut sein, scheu sein

**vara** f. 58 (vöru, vörur) Ware

**varða** vt. 4 (-aði, -að) betreffen; angeben; berühren; **hvað varðar þig um það?** was geht es dich an?

**varðandi** präp. mit akk. bezüglich; was angeht

**varðveita** vt. 2 (-veitti, -veitt) aufbewahren, bewahren

**varla** adv. kaum

**varningur** m. 1 (-i, -s, ohne pl.) Ware(n); Gut; Güter

**varsla** f. 58 (vörslu, ohne pl.) Aufbewahrung

**vatn** n. 47 (-i, -s, vötn) Wasser, See **m.**; pl. **vötn** Fluß, Flüsse

**Vatnsfjörður** m. 14 (-firði, -fjarðar) Fjord in Westisland

**vatnslítill** adj. 6 (-lítil, lítið; -minni, -minnstur) mit wenig Wasser, wasserarm

**vatnsorka** f. 55 (-u, ohne pl.) Wasserkraft, Wasserenergie

**vaxa** vi. abl. 7 (präs. vex; óx, uxum, vaxið; impf. konj. yxi) zunehmen, wachsen; **vaxa upp** aufwachsen

**veður** n. 46 (-ðri, -urs, -) Wetter

**veðurblíða** f. 55 (-u, -ur) gutes mildes Wetter

**veðurglöggur** adj. 1 (-glögg, -glöggt; -gleggri, -gleggstur) wetterfühlig

**veðurhorfur** f. pl. 34 Wetteraussichten

**veðurspá** f. 23 (-, -spár, -spár) Wettervorhersage

**veðurstofa** f. 55 (-u, -ur) meteorologisches Institut

**vefja** vt. 1 (vafði, vafið) wikkeln, winden; **vefja að sér kápunni** den Mantel fester um sich umwickeln

**vegabréf** n. 43 (-i, -s, -) Paß

**vegavinna** f. 55 (-u, ohne pl.) Straßenbauarbeit

**veggur** m. 10 (-, -jar oder -s, -ir) Wand

**vegna** präp. mit gen. wegen

**vegur** m. 12 (-i, -ar, -ir) Weg, Straße; Route; **það er langan veg að fara** es ist eine lange Strecke; **á tvo vegu** in zwei Richtungen [6]

**veiði** f. 57 (-, -ar) Jagd; Fang; **vera á veiðum** auf Fangfahrt sein [9]

**veiðiferð** f. 29 (-, -ar, -ir) Jagd; Fischfangfahrt

**veiðimaður** m. 22 (-manni, -manns, -menn) Jäger

**veikur** adj. 1 (veik, veikt; -ari, -astur) krank

**veita** vt. 2 (veitti, veitt) gewähren; bewirten; **báðu þeir þá allir kónginn að veita sér hann** sie baten dann alle den König, sie (d. h. die Gemeinde zu Oddi) ihnen zu gewähren [1]

**veitingahús** n. 43 (-i, -húss, -) Restaurant, Gasthaus

**vekja** vt. 1 (vakti, vakið) wekken; erwecken; **vekja athygli** Aufsehen erregen

**vel** adv. (komp. betur, sup. best) gut

**vél** f. 23 (-, -ar, -ar) Maschine

**vélbátur** m. 1 (-i, -s, -ar) Motorboot

**velja** vt. 1 (valdi, valið) wählen, auswählen

**vélritun** f. 31 (-, -unar, ohne pl.) Maschinenschreiben, Schreibmaschinenschreiben

**vélvæðing** f. 24 (-, -ar, ohne pl.) Mechanisierung

**venja** f. 56 (-ju, -jur) Gewohnheit; Sitte; Brauch

**venjulega** adv. (-ar, -ast) gewöhnlich

**vera** vi. ur. (2.6.3) (präs. er; var, vorum, verið; präs. konj. sé; impf. konj. væri) sein; **vera við** da sein, anwesend sein; **vera til** existieren, da sein; geben; **það er til** es gibt; **vera e-m til sóma** jemandem Ehre sein; **vera viðstaddur** anwesend sein; **vera við e-ð** sich mit etwas beschäftigen; **vera með e-ð** etwas mitbringen; etwas haben; **vera með e-m** für jemanden sein

**vera** f. 55 (-u, -ur) Wesen, Lebewesen; Kreatur; Anwesenheit; Aufenthalt (in diesen zwei letzten Bedeutungen nur sg.)

**veraldleikur** m. 9 (-, -s, ohne pl.) Wirklichkeit

**verð** n. 43 (-i, -s, -) Preis

**verða** vi. abl. 3 (varð, urðum, orðið; impf. konj. yrði) (2.6.3) werden; müssen; gezwungen sein; **ég verð að fara** ich muß gehen

**verðlaun** n. pl. 43 Preis; Belohnung; Prämie

**verðmerkja** vt. 2 (-merkti, -merkt) den Preis aufkleben, mit dem Preis auszeichnen (Waren)

**verðreikningur** m. 1 (-i, -s, -ar) Preisberechnung

**verk** n. 43 (-i, -s, -) Werk; Arbeit

**verka** vt. 4 (verkaði, verkað) sauber machen, reinigen; **verka fisk í salt** den Fisch salzen (um daraus Stockfisch zu machen); **verka á e-ð** auf etwas einwirken

**verkamaður** m. 22 (-manni, -manns, -menn) Arbeiter, Arbeitnehmer

**verkefni** n. 43 (-, -s, -) Aufgabe

**verksmiðja** f. 56 (-ju, -jur) Fabrik, Betrieb

**verkstjóri** m. 51 (-a, -ar) Vorarbeiter; Werkmeister

**verri** adj. komp. von **illur, vondur** oder **slæmur** (2.3.5) (sup. verstur) schlimmer

**versna** vi. 4 (versnaði, versnað) verschlimmern, schlimmer werden

**verstur** adj. sup. der schlimmste (siehe **slæmur, vondur, illur**)

**vertíð** f. 29 (-, -ar, -ir) Fischsaison; Fangzeit

**verulegur** adj. 1 (-leg, -legt; -(a)ri, -astur) ziemlich groß; wesentlich

**verslun** f. 31 (-, -unar, -anir) Laden, Geschäft

**vestan** präp. mit gen. westlich von

**Vestfjarðamið** n. pl. 43 Eigenname (Fanggebiete westlich des nordwestlichen Teils Islands)

**vetrarmánuður** m. 12 (-i, -ar, -ir) Wintermonat

**Vestmannaeyjar** f. pl. 56 die Westmannainseln (Inselgruppe vor der isländischen Südküste)

**vetur** m. 19 (-tri, -trar, -) Winter; **í vetur** in diesem Winter; **á veturna** im Winter

**við** präp. mit dat. oder akk. bei, an; **við og við** ab und zu

**við** pron. pers. (2.5.1) wir

**víða** adv. (komp. víðar, sup. víðast) an vielen Stellen; vielerorts, weit, weit und breit; **víða um land** an vielen Stellen des Landes

**viðdvöl** f. 30 (-, -dvalar, -dvalir) Aufenthalt

**viðgerð** f. 29 (-, -ar, -ir) Reparatur; **í viðgerð** zur Reparatur

**viðhald** n. 47 (-i, -s, -höld) Instandhaltung

**viðskiptavinur** m. 12 (-i, -ar, -ir) Kunde

**viðskipti** n. pl. 48 Geschäfte; Handel; Handelsverbindung

**viðstaddur** adj. 1 (-stödd, -statt; ohne komp. und sup.) anwesend

**viðtal** n. 47 (-i, -s, -töl) Gespräch; Interview

**víðtækur** adj. 1 (-tæk, -tækt; -ari, -astur) umfangreich, breit, umfassend

**víður** adj. 1 (víð, vítt; -ari, -astur) ausgedehnt, weit, räumig

**vigtun** f. 31 (-, -unar, vigtanir) Wiegen, Abwiegen

**vika** f. 55 (-u, -ur) Woche

**víkingaöld** f. 30 (-, -aldar, -aldir) Jahrhundert der Wikinger, Wikingerzeit

**vilja** vt. ur. (2.6.6) (vil, vildi, viljað) wollen

**vinabær** m. 10 (-, -jar, -ir) Partnerstadt

**vindgustur** m. 8 (-i, -s, -ir) kleiner Wind; Windböen

**vindur** m. 1 (-i, -s, -ar) Wind

**vínflaska** f. 58 (-flösku, -flöskur) Weinflasche

**vinna** f. 55 (-u, ohne pl.) Arbeit; das Arbeiten; Beschäftigung; Beruf

**vinna** vt. abl. 3 (vann, unnum, unnið; impf. konj. ynni) arbeiten

**vinnugalli** [vɪn:ʏkal:ɪ] m. 51 (-a, -ar) Arbeitsanzug

**vinnumaður** m. 22 (-manni, -manns, -menn) Arbeiter

**vinnumöguleiki** m. 51 (-a, -ar) Arbeitsmöglichkeit; Arbeitsaussichten; Beschäftigungsmöglichkeit

**vinnustaður** m. 12 (-, -ar, -ir) Arbeitsplatz

**vinsamlega** adv. freundlich, höflich

**vinsæll** adj. 5 (-sæl, -sælt; -sælli, -sælastur) beliebt, populär

**vinur** m. 12 (-i, -ar, -ir) Freund

**virðing** f. 24 (-u, -ar, -ar) Würde

**virkilega** adv. wirklich

**vísindamaður** m. 22 (-manni, -manns, -menn) Wissenschaftler

**vísindi** n. pl. 48 Wissenschaft

**víst** adv. sicher (komp. vissara, sup. vissast), gewiß

**vísu: að vísu** adv. zwar

**vita** vt. ur. (2.6.6) (veit, vissi, vitað) wissen; **vita á móti suðri eða vestri** in südliche oder westliche Richtung gehen [5]

**vitja** vt. 4 (vitjaði, vitjað); **vitja sjúklings** einen Krankenbesuch machen

**vitjun** f. 31 (-, -unar, -anir) Besuch; Krankenbesuch; **fara í vitjun** Krankenbesuch machen

**vitni** n. 48 (-, -s, -) Zeuge

**vogskorinn** adj. 4 (-skorin, -skorið; -skornari, -skornastur) von Fjorden zerschnitten

**von** f. 29 (-, -ar, -ir) Hoffnung

**vona** vt. 4 (vonaði, vonað) hoffen

**vondur** adj. 1 (vond, vont;

verri, verstur) schlecht, schlimm

**vopn** n. 43 (-i, -s, -) Waffe

**vor** n. 43 (-i, -s, -) Frühling; **í vor** im nächsten Frühjahr; in diesem Frühjahr

**voralda** f. 58 (-öldu, -öldur) Frühlingswelle, sanfte kleine Welle

**vortúr** m. 1 (-i oder -, -s, -ar) Frühjahrsreise

**votur** adj. 1 (vot, vott; -ari, -astur) naß

**vænta** vt. 2 (vænti, vænt) erwarten

**væta** vt. 2 (vætti, vætt) naß machen

**vætutíð** f. 29 (-, -ar, ohne pl.) regnerisches Wetter

**vökna** vi. 4 (vöknaði, vöknað) naß werden

**vökva** vt. 4 (vökvaði, vökvað) bewässern

**vörubíll** m. 2 (-, -s, -ar) Lastwagen

**vöruúrval** n. 47 (-i, -s, ohne pl.) Warenauswahl

**vöxtur** m. 13 (vexti, vaxtar, ohne pl.) Wachstum, Größe; Körperbau; Wachsen

## Y, Ý

**yfir** präp. mit dat. oder akk. über, oberhalb

**yfirgefa** vt. abl. 4 (-gaf, -gáfum, -gefið; impf. konj. yfirgæfi) verlassen

**yfirleitt** adv. im allgemeinen, überhaupt

**yfirvinna** f. 55 (-u, ohne pl.) Überstunden

**yfirvinnubann** n. 47 (-i, -s, -bönn) Verbot gegen Überstunden; Überstundenverbot

**ykkar** pron. pers. siehe **þið** (2.5.1)

**ýmis** ind. pron. (2.5.7) verschieden; irgendwer; bald der eine, bald der andere

**yndislegur** adj. 1 (-leg, -legt; -(a)ri, -astur) wunderbar

**yrkja** vt. 2 (orti, ort) dichten

**ýsa** f. 55 (-u, -ur) Schellfisch

**ýtarlegur** adj. 1 (-leg, -legt; -(a)ri, -astur) ausführlich

**ytri** adj. komp. (sup. ystur) äußere, äußerlich; weiter außen

## Þ

**þá** adv. dann, damals

**það** pron. pers. n. (2.5.1) es

**þagga** vt., vi. 4 (þaggaði, þaggað); **þagga e-ð niður** etwas vertuschen; **þagga niður í e-m** jemanden zum Schweigen bringen

**þak** n. 47 (-i, -s, þök) Dach
**þangað** adv. dort, dorthin
**þannig** adv. auf diese Weise; derart
**þar** adv. dort
**þarna** adv. dort
**þáttaka** f. 58 (-töku, ohne pl.) Teilnahme
**þáttur** m. 16 (þætti, þáttar, þættir) Teil; Abschnitt
**þegar** kon. wenn, als
**þegar** adv. schon, bereits
**þeir** pron. pers. m. pl. (2.5.1) sie
**þekja** vt. 1 (þakti, þakið) bedecken
**þekkja** vt. 2 (þekkti, þekkt) kennen; erkennen
**þekktur** adj. 1 (þekkt, þekkt; -ari, -astur) bekannt
**þessi** dem. pron. (2.5.4) dieser
**þess vegna** adv. deshalb, daher
**þetta** dem. pron. n. (2.5.4) siehe **þessi**
**þéttur** adj. 1 (þétt, þétt; -ari, -astur) dicht; wasserdicht; fest
**þið** pers. pron. (2.5.1) ihr
**þiggja** vt. 1 (þáði, þáð) akzeptieren; empfangen; entgegennehmen
**þilfar** n. 47 (-i, -s, -för) Deck
**þing** n. 43 (-i, -s, -) Parlament; Kongreß, Tagung
**þinghald** n. 47 (-i, -s, -höld oder ohne pl.) Parlamentssitzung; Abhalten von Parlamentssitzungen
**þingpallur** m. 1 (-i, -s, -ar, dat. pl. þingpöllum) Sitzbank (im Parlament)
**Þingvallavatn** n. 47 (-i, -s) Name des größten Sees Islands
**Þingvellir** m. pl. 13 Versammlungsort des alten isländischen Parlaments (eigentl. »Dingplatz«)
**Þingvöllur** m. 13 (-velli, -vallar, -vellir) siehe **Þingvellir**
**þinn** poss. pron. (2.5.3) dein
**þjóð** f. 29 (-, -ar, -ir) Volk; Nation
**þjóðfélag** n. 49 (-i, -s, -félög) Gesellschaft; Staat
**þjóðfélagslíf** n. 43 (-i, -s, -) gesellschaftliches Leben; Leben in einer Gesellschaft
**Þjóðminjasafn** n. 47 (-i, -s, -söfn) Nationalmuseum
**þjóðsaga** f. 58 (-sögu, -sögur) Volksmärchen, Märchen; Erzählung
**Þjóðskjalasafn** n. 47 (-i, -s, -söfn) Nationales Dokumentenmuseum (oder Dokumentenarchiv)
**þjóðvegur** m. 8 (-i, -ar, -ir) Nationalstraße; Hauptstraße

**þjófur** m. 1 (-i, -s, -ar) Dieb
**þjónn** m. 2 (þjóns, þjónar) Kellner; Ober; Diener
**þjónusta** f. 55 (-u, ohne pl.) Dienst; Bedienung; Service; Kundendienst
**Þjórsá** f. 26 (-, -ár) Name von Islands längstem Fluß
**þó** adv. doch, jedoch
**þoka** f. 55 (-u, -ur) Nebel
**Þórhildur** f. 25 (-i, -ar) weibl. Vorname
**þorp** n. 43 (-i, -s, -) Dorf
**Þorskafjörður** m. 14 (-firði, -fjarðar) Fjordname in Westisland
**þorskanet** n. 43 (-i, -s, -) Dorschnetz
**þorskur** m. 1 (-i, -s, -ar) Dorsch
**þrekvaxinn** adj. 4 (-vaxin, -vaxið; þrekvaxnari, þrekvaxnastur) stark, stämmig; kräftig
**þrennir** z. drei, paarweise drei (2.4.1.)
**þreyttur** adj. 1 (þreytt, þreytt; -ari, -astur) müde
**þriðjudagur** m. 1 (-degi, -s, -ar) Dienstag
**þrír** z. (2.4.0, 2.4.1) drei
**þrjátíu** z. dreißig
**þró** f. 35 (-, þróar, þrær) Grube; Bassin; Zisterne
**þröngbýli** n. 48 (-, -s, ohne pl.) Wohndichte; enge Bebauung; enger Wohnraum
**þröngur** adj. 1 (þröng, þröngt; þrengri, þrengstur) eng
**þröskuldur** m. 1 (-i, -s, -ar) Schwelle
**þú** pers. pron. (2.5.1) du
**þúfa** f. 55 (-u, -ur) Grashökker; **fara út um þúfur** zu nichts werden; erfolglos werden (bleiben)
**þurfa** vt. ur. (2.6.6) (þarf, þurfti, þurft; impf. konj. þyrfti) brauchen, bedürfen; **þurfa á e-u að halda** etwas benötigen
**þurr** adj. 1 (þurr, þurrt; -ari, -astur) trocken
**þurrskynsamur** adj. 1 (-söm, -samt; -ari, -astur) rationell; vernünftig; von trockener Vernunft
**þúsund** z. (2.4.0, 2.4.1) f. 29 (-, -, -ir) oder n. 43 (-i, -s, -) Tausend (im f. wird meistens nur der pl. **þúsundir** verwendet)
**þver** adj. 1 (þver, þvert; -ari, -astur) quer; eigensinnig; **þvert á móti** im Gegenteil
**því** adv. deshalb, daher; **því miður** leider
**því að** kon. weil, denn
**því** – sem – **því** kon. je – desto

**þvo** vt. 4 (präs. þvæ; þvoði, þvegið; konj. impf. þvægi) waschen, spülen, abwaschen

**þýðingarmikill** adj. 6 (-mikil, -mikið; -meiri, -mestur) wichtig, bedeutungsvoll

**þykja** vt. 2 (þótti, þótt; impf. konj. þætti) dünken; scheinen; halten für; **að þykja erfitt að sofna** daß man es schwierig hat einzuschlafen [4]

**þykjast** vi. 2 (med.) (þóttist, þóst; impf. konj. þættist) sich einbilden; simulieren; sich etwas vorstellen

**þýska** f. 55 (-u) Deutsch (deutsche Sprache)

**Þýskaland** n. 47 (-i, -s) Deutschland

**þægilegur** adj. 1 (-leg, -legt; -(a)ri, -astur) angenehm, bequem; nett, liebenswürdig

**þægur** adj. 1 (þæg, þægt; -ari, -astur) artig; fügsam

**þörf** f. 30 (-, þarfar, þarfir) Bedarf; **nú er þörf** nun ist es notwendig

## Æ

**æ** adv. immer, stets (wird fast nur **vor** einem Komparativ verwendet)

**ær** f. 39 (á, -, -) Mutterschaf

**æska** f. 55 (-u, ohne pl.) Jugend; die jungen Leute

**ætla** vt. 4 (ætlaði, ætlað) wollen; werden; beabsichtigen; vorhaben; glauben; annehmen; **ætlast til e-s** etwas erwarten

**ætt** f. 29 ( -, -ar, -ir) Stamm; Familie; Geschlecht; Sippe

**ættleiða** vt. 2 (-leiddi, -leitt) adoptieren

**ættleiddur** adj. 1 (-leidd, -leitt) adoptiv (p. p. von ættleiða)

**ættarnafn** n. 47 (-i, -s, -nöfn) Familienname

**ævi** f. 57 (-, ævir) Leben, Lebenszeit

## Ö

**öðruvísi** adv. anders

**öld** f. 30 (-, aldar, aldir) Jahrhundert

**önd** f. 36 (-, andar, endur; dat. pl. öndum, gen. pl. anda) Ente

**örugglega** adv. sicher; mit Sicherheit

**öruggur** adj. 1 (örugg, öruggt; -ari, -astur) sicher

**Öræfajökull** m. 2 (-kli, -uls) Gletscher in Südisland

**öxi** f. 30 (-, axar, axir) Axt